旅游管理专业"3+2"中高职衔接办学改革试点项目资助

农家乐
经营管理

NONGJIALE JINGYING GUANLI

丁　杰 ◎ 主编　　郇宜秀　苑　鑫 ◎ 副主编

北京·旅游教育出版社

策　　划：何　玲
责任编辑：陈　志

图书在版编目（CIP）数据

农家乐经营管理 / 丁杰主编. -- 北京：旅游教育出版社，2020.1
　　ISBN 978-7-5637-4058-1

Ⅰ.①农… Ⅱ.①丁… Ⅲ.①农村－旅游业－经营管理－中国－高等学校－教材 Ⅳ.①F592

中国版本图书馆CIP数据核字(2019)第300008号

农家乐经营管理

丁　杰　主　编

郇宜秀　苑　鑫　副主编

出版单位	旅游教育出版社
地　　址	北京市朝阳区定福庄南里1号
邮　　编	100024
发行电话	（010）65778403　65728372　65767462（传真）
本社网址	www.tepcb.com
E-mail	tepfx@163.com
排版单位	北京旅教文化传播有限公司
印刷单位	三河市灵山芝兰印刷有限公司
经销单位	新华书店
开　　本	720毫米×960毫米　1/16
印　　张	16
字　　数	237千字
版　　次	2020年1月第1版
印　　次	2020年1月第1次印刷
定　　价	49.00元

（图书如有装订差错请与发行部联系）

前言

农家乐，乐农家。一个诞生起就是为了让农村农民幸福的产业在短短30年的时间以燎原之势火遍中华大地的东西南北，无数的村镇、无数的农民也确确实实因为开办形式多样的农家乐走向了小康，走向了富裕，走向了幸福！

党的十九大提出实施乡村振兴的战略部署，全面推进农村"产业兴旺、生态宜居、乡风文明、治理有效、生活富裕"。产业兴旺是所有一切的基础，没有符合农村实际的产业，乡村振兴根本无从谈起。大力奏响以"农家乐"为主的乡村旅游交响曲，势必获得乡村振兴产业兴旺的"满堂彩"，促进"三农"发展，推进乡村振兴战略的有效实施。

为了让读者能够在全面了解农家乐旅游发展过程的同时，真正有能力和信心去开办并经营和管理好一家农家乐，本书在撰写之初将大纲确定为四个模块：认知篇、经营篇、管理篇、趋势篇。其中，认知篇分三章向大家介绍农家乐的发展过程及国内外农家乐发展的典型模式；经营篇从国内农家乐的开办、设计和营销等三个环节对农家乐的经营做了梳理；管理篇重点关注了服务、安全、投诉三个农家乐管理的问题爆发点；最后的趋势篇从农家乐的商品创新、住宿升级、模式重塑对农家乐的未来发展方向进行了展望。

本书由丁杰、郇宜秀、苑鑫共同编著完成，具体分工：丁杰负责大纲制定、全书统稿及编写第一、四、五、六、十章；郇宜秀编写第二、八、九、十二章及附录部分的整理；苑鑫编写第三、七、十一章。

此外，在本书的编写过程中还查阅、参考了大量相关文献及资料，谨向相关作者表示诚挚的敬意！特别感谢延庆区文化和旅游局张秀利主任提供民宿行业发展的最新案例和图片资料。因编者能力所限，本书难免存在疏漏不当之处，敬请批评指正。

编 者
2019年7月

目 录

认知篇

第一章　农家乐发展概述 ……………………………………… 3
　一、概念辨析 …………………………………………………… 3
　二、农家乐的类型 ……………………………………………… 5
　三、农家乐的特点 ……………………………………………… 6
　四、农家乐的历史 ……………………………………………… 7
　五、农家乐的未来 ……………………………………………… 9

第二章　我国农家乐典型发展模式 …………………………… 11
　一、成都农家乐 ………………………………………………… 11
　二、北京农家乐 ………………………………………………… 16
　三、湖州民宿 …………………………………………………… 23
　四、台湾民宿 …………………………………………………… 31

第三章　国外农家乐典型发展模式 …………………………… 35
　一、日本 ………………………………………………………… 35
　二、美国 ………………………………………………………… 41
　三、法国 ………………………………………………………… 46
　四、澳大利亚 …………………………………………………… 53

经营篇

第四章 农家乐的开办 …… 61
　　一、市场调查与分析 …… 61
　　二、地理位置的选择 …… 63
　　三、设施设备的筹备 …… 64
　　四、开办的相关手续 …… 72

第五章 农家乐的设计 …… 77
　　一、环境设计 …… 77
　　二、建筑设计 …… 83
　　三、项目设计 …… 87

第六章 农家乐营销 …… 95
　　一、市场营销目标 …… 95
　　二、市场营销策略 …… 97

管理篇

第七章 服务管理 …… 107
　　一、住宿管理 …… 107
　　二、餐饮管理 …… 111
　　三、卫生管理 …… 116
　　四、服务礼仪 …… 121

第八章 安全管理 …… 125
　　一、农家乐安全管理的原则及内容 …… 125
　　二、餐饮卫生与食品安全 …… 129
　　三、消防安全 …… 132
　　四、治安安全 …… 135

五、旅游安全事故的处理 …………………………………………… 138

第九章　投诉管理 ………………………………………………………… 142
　一、投诉类型及处理要点 …………………………………………… 142
　二、投诉心理及处理原则 …………………………………………… 145
　三、投诉处理流程 …………………………………………………… 147

趋势篇

第十章　商品创新——乡村文创 ………………………………………… 153
　一、传统乡村旅游商品的概念、类型、特征 ……………………… 153
　二、传统乡村旅游商品设计开发存在的问题 ……………………… 154
　三、乡村文创产品开发的现实意义 ………………………………… 155
　四、乡村文创商品的设计 …………………………………………… 157
　五、乡村文创产品的发展策略 ……………………………………… 163

第十一章　住宿升级——精品民宿 ……………………………………… 166
　一、农家乐旅游住宿升级的原因 …………………………………… 166
　二、民宿的概念及类别 ……………………………………………… 166
　三、民宿的主要特点 ………………………………………………… 167
　四、精品民宿的设计原则 …………………………………………… 168
　五、升级精品民宿需要注意的问题 ………………………………… 172
　六、精品民宿运营与管理中需要注意的问题 ……………………… 173
　七、我国精品民宿业提升的方法 …………………………………… 175

第十二章　模式重塑——田园综合体 …………………………………… 177
　一、田园综合体的概念及特征 ……………………………………… 177
　二、田园综合体的建设 ……………………………………………… 181
　三、无锡阳山田园东方——"田园综合体"概念的提出者 ……… 185

参考文献···190

附录　相关法律法规·····································195
　01 《中华人民共和国旅游法》（2018年修正）·········195
　02 《食品经营许可管理办法》（2017年修正）··········210
　03 《餐饮企业经营规范》（SB/T 10426-2007）·········220
　04 《住宿业卫生规范》···································224
　05 《农家乐（民宿）建筑防火导则（试行）》··········234
　06 《旅游安全管理办法》································241

认知篇

1

一 大正篇

第一章 农家乐发展概述

一、概念辨析

(一) 乡村旅游

"农家乐"是中国特有的旅游名词,国外并没有农家乐一说,而与之类似的旅游方式称为乡村旅游。

国外现代意义的乡村旅游起源于19世纪60年代,对于乡村旅游的研究则源于20世纪80年代,即国际自然保护联盟(IUCN)特别顾问谢贝洛斯·拉斯喀瑞(Ceballos-Lascurain)在1983年提出生态旅游(ecotourism)的概念之后,类似的词语应运而生,其中就包括乡村旅游。事实上国外对乡村旅游的定义并不统一,比较权威的是来自WTO的界定,即旅游者在乡村(通常指偏远地区的传统乡村)及其附近逗留、学习、体验乡村生活方式的活动。

国内学者对乡村旅游的界定往往是从自身的研究需要出发,比较有代表性的有:

杨旭(1992)提出乡村旅游是以农业生物资源、农业经济资源、乡村社会资源所构成的立体景观为对象的旅游活动。

杜江(1999)把乡村旅游定义为"以乡野农村的风光和活动为吸引物,以都市居民为目标市场,以满足旅游者娱乐、求知和回归自然等方面为目的的一种旅游方式"。

程道品(2003)认为乡村旅游是指以远离都市乡野地区为目的,以乡村特有的自然和人文景观为吸引物,以城镇居民为主要目标市场,通过满足旅游者休闲、求知和回归自然等需求而获取经济和社会效益的一种旅游方式。

吴必虎(2007)认为"乡村旅游就是发生在乡村和自然环境中的旅游活动的总和"。

吴焕成(2010)认为"乡村旅游是以乡村地区为活动场所,利用乡村独特的自然环境、田园景观、生产经营形态、民俗文化风情、农耕文化、农舍村落等资源,为城市游客提供观光、休闲、体验、健身、娱乐、购物、度假的一种新的旅游经营活动"。

（二）农家乐

对于"农家乐"这一概念的定义，学者们都从自身专业出发进行了不同角度的研究和概括，得出了多种概念的定义，从笔者的掌握情况来看，笔者认为下列是比较准确和概括性强的：

1. 李学东、郭焕成（2001）

农家乐是以农民家庭经营为基础，以田园风光和农家情趣为特色的一种新兴旅游、休闲和度假方式。与以往常规意义上的旅游相比较，"农家乐"呈现出一系列新特点，主要表现为：①交通便捷。农家乐经营点位于城市郊区，距离不远，游客可以方便地运用各种交通工具前往。②花费较少，一般人均日消费在二三十元。③田园风光和农家情趣吸引城市游客。"农家乐"的风景虽不能与名山大川的秀丽险峻相比较，但交通便捷、花费少、农家风情怡人等是农家乐旅游的优势。

2. 田喜洲（2002）

农家乐的狭义概念：从购买者的角度来讲，它是指游客在农家田园寻求乐趣，体验与城市生活不同的乡村意味；从经营者的角度来讲，它是指农民利用自家院落所依傍的田园风光、自然景点，以低廉的价格吸引市民前来吃、住、玩、游、娱、购的旅游形式。

广义概念：源于农业的概念，即广义的农业，包括农、林、牧、副、渔。广义的农家乐概念不仅包括狭义的农家乐，还包括林家乐、渔家乐等形式。这种形式可以定位于休闲类，旅游主题既是民俗旅游又是生态旅游，是农业经济与旅游。

3. 何红（2003）

农家乐就是以农民所拥有的土地、庭院、经济作物和地方资源为特色，以为游客服务为经营手段的农村家庭经营方式吸引市民来此休闲度假、观光娱乐和体验劳作的一种新型旅游活动。换言之，"农家乐"休闲旅游是以田园风光和别有情趣的农家生活为依托，以农民为市场经营主体，以城市居民为目标市场，以满足旅游者娱乐、求知和回归自然等为目的的一种旅游方式。"农家乐"休闲旅游本质上是一种农家乐。

4. 廖军华（2009）

农家乐旅游是以农民家庭为接待单位，利用田园景观、自然生态、农村民宿文化及农民生活等资源，以农村体验为特色的吃农家饭、住农家屋、干农家活、享农家乐等乡村旅游活动，是旅游景区景点周边或旅游通道附近的农民自发参与旅游业的一种典型方式。

综上所述，国内学术界对于农家乐概念的研究集中在农家乐产生和迅速发展的2001—2010年，对于其概念的定义多是建立在对乡村旅游、休闲农业、观光农业等进行辨析的基础之上，最终提出具有自身研究立场的农家乐概念。面对不断发展变化的农家乐经营，到目前为止，对于农家乐的概念并无统一定论。

本书尝试给出的定义：农家乐是以城郊或乡村的农户家庭为接待单位和地点，以城郊或乡村的田园风光、自然景色、农业旅游资源、地方民俗文化、周边旅游景点为旅游资源，以为游客提供住宿、旅游咨询或观光游览为旅游活动项目的一种旅游形式。它是以"吃农家饭，品农家菜，住农家屋，干农家活，享农家乐，购农家品"为主要内容的一种新兴旅游活动，它凸显了现代农业旅游自然、纯朴、宁静的主题，满足了人们走出城市、亲近自然的心理。

二、农家乐的类型

农家乐作为一种旅游形式，其经营形态多种多样，所以农家乐的类型也比较多，可以从不同角度来划分。

（一）农家乐按依托的产业划分

表1-1 农家乐按依托的产业划分

类型	概念	举例
种植型农家乐	具有观光功能的现代化种植。包括利用现代农业技术开办具有较高观赏价值的作物品种园地和利用现代化农业栽培手段向游客展示农业的最新成果	引进优质蔬菜、绿色食品、高产瓜果、观赏花卉，组建多姿有趣的农业观光园、水果采摘园、农俗园、农果品尝中心等
林业型农家乐	利用人工森林与自然森林所具有的多种旅游功能和观光价值，为游客观光、野营、探险、避暑、科考、森林浴等提供空间场所	具有观光功能的人工林场、天然林地、林果园、绿色造型公园等
牧业型农家乐	具有观光性的牧场、养殖场、狩猎场、森林动物园等。为游人提供观光和参与牧业生活的情趣和乐趣	奶牛场观光、草原放牧、马场比赛、猎场狩猎等各项活动
渔业型农家乐	利用滩涂、湖面、水库、池塘等水体，开展具有观光、参与功能的旅游项目	参观捕鱼、驾驶渔船、水中垂钓、品尝水鲜、参与捕捞等活动。还可以让游人学习养殖技术
副业型农家乐	与农业相关的具有地方特色的工艺品及其加工制作过程，都可作为观光副业项目进行开发	利用竹子、麦秸、玉米叶等编造的多种美术工艺品；利用椰子壳制作的兼有实用和纪念用途的茶具；利用棕榈纺织的人物、脸谱及玩具等。可以让游人观看艺人的精湛造艺或组织游人自己参加编织活动

续表

类型	概念	举例
生态型农家乐	以农林牧渔土地综合利用的生态模式,强化生产过程的生态性、趣味性、艺术性,生产丰富多彩的绿色食品和观赏花卉,为游人提供观赏和研究生产环境的良好场所,形成林果粮间作、农林牧渔结合等农业生态景观	林果粮间作、农林牧渔结合等农业景观
民俗型农家乐	借助原始的自然生态和人文生态景观及古朴的乡情民俗所构成的一个个特色浓郁、带有极强的文化与生态色彩的观光休闲农业旅游基地	用乡村特色地域文化或风俗习惯或民族特色的村庄和农场,开设农家旅舍,建立乡村休闲民俗农庄,让游客住农家屋、吃农家饭、干农家活、享农家乐,开展度假、休闲、观光、体验生态等旅游活动

（二）农家乐按本身功能划分

表1-2 农家乐按本身功能划分

类型	举例
观赏型农家乐	蔬菜观赏园、瓜果观赏园、花卉观赏园、观赏林区、珍稀水产观赏馆、编造工艺观赏中心、生态农业观赏等
品尝型农家乐	瓜果品尝园、山珍品尝中心、奶制品品尝中心、野菜品尝中心、水产品品尝中心等
购物型农家乐	观光农业新鲜农产品购物中心、山珍野味购物中心、畜牧产品销售中心、水产品购物中心、工艺品购物中心等
参与型农家乐	自摘瓜果园、挤奶场、垂钓场、捕捞场、渔船驾驶中心、编织中心、生态农业研究场等
娱乐型农家乐	森林野营地、跑马场、斗马场、斗牛场、斗鸡场、狩猎场等
疗养型农家乐	观光农业森林浴疗场、海滨浴疗场等
度假型农家乐	森林避暑营地、生态农业休养地等

三、农家乐的特点

（一）"农"字当先,乡土特征鲜明

这是农家乐最为显著的特点,无论是作为旅游吸引物还是作为农家乐旅游的载体,村社组织、乡村生活和田园风光在农家乐旅游中都具有举足轻重的意义。农家乐不同于文化古迹和风景名胜点,农家乐是将农村风貌与乡土文化融为一体,展示的是现代农家特有的风貌,而非人工刻意雕琢的景观。通过农家乐的休闲旅游活动,让人们亲身感受现代农民生活和农村乡土气息。

（二）游客以平民家庭为主

尽管农家乐的参与者中也不乏富人,但总体而言,农家乐的接待主体主要

还是以工薪阶层为主的城市或城镇平民和注重生活情调的知识分子。平民性特点强调，进行农家乐旅游活动的主体，是来自城市（或城镇）之中的居民，他们的身份和职业不尽相同，但收入水平和消费指向却有相同或相似之处。

（三）游客参与度高、体验性强

游客在农家乐休闲旅游中的参与度是其他旅游形式所不可企及的，在农家乐旅游中，游客不仅可以自己采摘蔬菜瓜果，还可以自己进行烹饪。另外，游客也可以亲自参加农业生产劳动，参与赶牛犁地、播种栽苗、浇水施肥、松土除草等农事作业，让游客在体验劳作乐趣的过程中，既能强身健体，又能享受到来自农家生活的无限意趣。

（四）家庭经营，费用低廉

现今我国农家乐旅游主要以家庭为经营单位，农家乐中提供服务的人员也一般为经营者的家庭成员，经营活动与农户自己的生产生活挂钩，游客住宿及使用的物品都是农家的现成房间及物品，因此，农家乐经营者在人力及物力如住宿房间等条件中都无须再投入更多资金，所以农家乐旅游也以其相较于其他旅游形式更为低廉亲民的价格而广受游客的青睐与多次惠顾。另外，在交通方面，因为农家乐地处位置多离城市中心较近，因此游客可采用自驾及搭乘交通工具等方式来此游玩，不仅减少了游客的出行费用，而且也可缩短游客的旅游时间成本，如游客遇到紧急事务需回城市时，可方便游客缩减路途时间成本。

（五）城乡居民双赢

农家乐是在依托农村居民生活层面的基础上进行开发的，因此，我国许多农家乐景区既是农户生活区也是游客欣赏风景的区域，通过农家乐旅游将城市居民引进来后，一方面可打开并提升农户生产劳作的农产品的销售渠道及销量，另外一方面，由于农家乐旅游所带来的人口流量及地区间的经济增长，还可促进当地道路及现代化设施的建设力度。与此同时，城市居民可在消费中感受农家生活乐趣，将自己放归自然，体验乡村生活的美妙。而农村居民可在此过程中，通过提供服务及农产品来提升家庭收入，实现靠旅游产业及自然景观资源进行创收，从而带动农村居民的生产生活积极性，为开创及建设社会主义新农村作出贡献。

四、农家乐的历史

（一）国外乡村旅游的发展历程

20世纪60年代初，当时的旅游大国西班牙把乡村的城堡进行了一定的装修改造，建成饭店，用以留宿过往客人，这种饭店称为"帕莱多国营客栈"；同时，对大农场、庄园进行规划建设，提供徒步旅游、骑马、滑翔、登山、漂流、参加农事活动等项目，从而开创了世界乡村旅游的先河。

随后，乡村旅游在美国、法国、波兰、日本等国家得到倡导和发展。1990年，美国农村客栈总收入为40亿美元。1997年，美国有1800万人前往乡村、农场度假，仅在美国东部就有1500个观光农场，在西部还有为数众多的专门用于旅游的牧场。法国有1.6万多户农家建立了家庭旅馆，推出农庄旅游，全国33%的游人选择了乡村度假，乡村旅游每年接待游客200万人次，能给农民带来700亿法郎的收入，相当于全国旅游收入的1/4。

现今，许多欧美国家的乡村旅游已具有相当规模，并已走上了规范化发展的道路，显示出极强的生命力和巨大的发展潜力。

（二）国内农家乐的发展历程

国内真正意义上的乡村旅游始于20世纪80年代，它在特殊的旅游扶贫政策指导下应运而生，但由于起步较晚，目前尚处于初期阶段。我国各地的乡村旅游开发均向融观光、考察、学习、参与、康体、休闲、度假、娱乐于一体的综合型方向发展，其中国内游客参加率和重游率最高的乡村旅游项目是：以"住农家屋，吃农家饭，干农家活，享农家乐"为内容的民俗风情旅游，以收获各种农产品为主要内容的务农采摘旅游，以民间传统节庆活动为内容的乡村节庆游。

1. 萌芽阶段（1987—1991年）

我国农业生产结构开始发生变化，传统农业开始向现代农业转变，一部分农民利用自己的庭院和责任田从事旅游接待活动。四川省郫县友爱乡农科村就是这一时期农家乐旅游发展的典型。1987年，农科村花木种植户为了方便接待花木交易客商，利用宅基地和花木院落添置了一些简易的接待设施，接待客商用餐和休息，进行非营业性接待。这一阶段最明显的特征是简单粗放，尚未形成现代旅游服务理念和服务意识，属于自发行为，但就此形成了农家乐旅游的雏形。

2. 发展阶段（1992—2001年）

随着农家乐旅游逐渐被游客接受和喜爱，农家乐旅游发展步伐大大加快，从事旅游接待的农户迅速增加，规模不断扩大。全国逐渐形成了开展农家乐的高潮，在大中小城市的周边开展农家乐，在旅游景区的周边开展农家乐，在特色农业产业周边开展农家乐，在特色村镇开展农家乐。这一阶段最明显的特征是，简单的经营设施逐渐得以改善，逐渐树立起了现代服务意识和服务理念，经营行为由自发逐渐转向自觉，农家乐旅游得以快速的发展。

3. 规范提升阶段（2002年至今）

随着农家乐的快速发展，竞争开始逐渐激烈，不正当竞争、不规范竞争的问题逐渐暴露，侵犯游客权益的行为时有发生，弊端逐渐显现。2002年10月18日，国家旅游局正式把《全国农业旅游示范点、全国工业旅游示范点检查验收标准（试行）》下发至各省、自治区、直辖市旅游局，标志着我国农业旅游开始进入了规范时期。例如，2004年四川省成都市在全国率先制定实施了《农家乐开业基本条件》《农家乐旅游服务质量等级划分及评定》等关于农家乐旅游的地方标准，标志着我国农家乐旅游进入了一个比较规范的提升阶段。此后，我国许多省份都根据当地实际，对农家乐旅游经营进行了一些较为细致的规范要求。2006年，四川省郫县友爱乡农科村被国家旅游局授予了"中国农家乐旅游发源地"的称号，标志着农家乐旅游进入了树立形象和打造品牌的新阶段。

五、农家乐的未来

农家乐乡村游以浓郁的乡土气息见长与取胜，但这绝不等于对乡村农民生活的"照搬"。乡村旅游业的建设与开发，也要摒弃"自然主义"，需要在相关部门的指导下挖掘农村传统文化，把旅游环境变成美的典型。农家乐乡村游要想永葆青春，就要与时俱进，跟上时代的发展步伐，不断探索新模式。

（一）实现由传统型消费向拓展型消费的创新

所谓拓展型消费创新，就是在原有"农"字产业消费的基础上，进一步拓展产业空间，形成既源于传统又超越传统的消费创新。传统农产品生产的目的，就是满足吃、穿、用等低端消费需求。经过创新思维，我们可以开发出供"玩"、供"乐"的农产品。如传统葫芦的生产目的主要是实用，经过加工将其做成葫芦表面绘画，甚至可以雕刻成集绘画、雕刻于一体的立体工艺品。这样，中国传统的国画、山水画、水彩画、人物画和民间的吉祥画、年画、农民画以及源远流长的中国书法作品等均可作为艺术品的主题，既有观赏价值，又有收藏价值，还有纪念意义。又如农村丰富的秸秆，传统消费无疑用于烧饭、煮菜、喂牲口，充其量也只是用于编织一些粗糙的蓑衣草垫。经过创新，完全可以将其加工成丰富多彩的秸秆画艺术草垫、沙发座椅及其他一些手工艺品，既环保又实用，实现可持续发展。

（二）实现由自然型农产品向控制型农产品的创新

所谓控制型农产品，就是通过物理、化学、杂交、基因突变等技术将传统自然状态下生产的农产品进行变形、变色、变味、变种等处理，以达到创新的目的。如利用物理技术，我们可以使用透明模具生产出正方形、三角形、扁形等多种形状的西瓜，既可食用，又可观赏，且便于运输，贮藏期也大大延长。更奇妙的是，这些大小各异的多形西瓜上面可刻各种祝福的话语，用于不同用途的馈赠。通过基因技术，可以生产出五颜六色的彩棉和番茄，生产出掌心大小的迷你南瓜和四五百斤重的巨型南瓜，极富观赏价值。如果将这些超大或超小的南瓜附之以上述绘画、雕刻等艺术手段，那么一定将人见人爱。

（三）实现由浅表型展示向深入型挖掘的创新

不少地方的农家乐没有深入挖掘乡村旅游资源和环境的文化内涵，旅游活动主要停留在观光、采摘等满足游客的物质欲望的层面上，缺乏精神满足和氛围；产品单一，缺乏精品，重游率低，不能适应现代旅游市场的需求。所谓挖掘型创新，就是对传统的农家素材进行全方位的、深层次的挖掘，使之形成全面的、整体的、系列的、科学的农家素材。比如，上海崇明的渔家文化，因其具有较长的历史，且具备江海相连、淡咸水交汇的特点，所以形成了其独特的渔具和捕鱼方式。通过深入挖掘和创新，营造出一个具有一定规模的渔家乐展示馆，充分展示渔家传统的捕鱼生活和捕鱼场景，让人领略到渔家生活的浪漫与艰辛。再如崇明东滩的候鸟乐，同样可以参照渔家乐的创新思路建设一座候鸟乐展示馆。

（四）实现由零散向集聚的创新

所谓集聚，就是将一个地方零散的农家乐资源加以整合集聚、统筹规划，整合资源，提高农家乐旅游资源的关联集聚度，使现有景点从单个的"小珍珠"转变为"大项链"，做到相互映衬、共同发展。比如，我们可以将"弄"建筑文化、"厅"建筑文化、庙宇建筑文化、闸堤建筑文化、茅草房建筑文化等以及建筑的历史沿革进行集聚展示，形成农家建筑文化群。还可以将崇明的扁担戏文化、牡丹亭文化、杨瑟岩文化、哭唱文化、垦拓文化、创业文化、知青文化等集聚展示，形成崇明传统文化与现代文化的集中整合展示群落。

农家乐的发展，对促进农村旅游、调整产业结构、建设区域经济、加快农业市场化进程产生了良好的经济效益。有些地方依托本地农业资源，分片开发出农家乐品种系列，像湖南南岳衡山、昆明的团结乡等地的农家乐已逐渐形成了自己的品牌。

农家乐发展起来后，带来的不仅仅是消费收入，还有产品信息、项目信息和市场信息，为当地经济的发展提供了契机。农家乐成为农民了解市场的"窗口"，成为城市与乡村互动的桥梁。各地游客为农村带来了新思想、新观念，使农民及时了解到市场信息，农村企业生产经营与市场需求相接轨。建议开办农家乐的农民经常到游客中间调查市场需求，然后有针对性地开展生产，比如建造无公害蔬菜基地，或做农产品深加工生意等，都可以让自己的农家乐办得越来越红火。

当今我国的农家乐模式主要出现在北方，其中又以北京、四川、天津、河北地区为主。农家乐最吸引游客的地方是：消费合理，价格实惠。"采菊东篱下，悠然见南山"，陶翁笔下那舒适闲逸的田园风光不知倾倒了多少身居都市、生活在钢筋水泥的丛林中、整日为功名利禄奔波的人们。如今，走进田园、走进大自然已不再是想想而已，越来越多的崇尚大自然的人们开始返璞归真，享受大自然的慷慨赐予和丰富多彩的民俗风情。

第二章 我国农家乐典型发展模式

一、成都农家乐

成都市是"中国农家乐旅游发源地","农家乐"这一用词首次出现在《成都晚报》上（1987年4月）。随后1992年5月，省政协主席为农科村的徐家大院题写了"农家乐"的牌匾，标志着"农家乐"名称的正式出现。

（一）成都农家乐发展的条件及背景

成都市有着丰富的资源，包括舒适的气候资源及多样性的生物资源、温泉资源和高山地貌资源，这些为成都市发展乡村旅游产品奠定了良好的基础。成都有着深厚的农耕文化和典型的乡村资源，自古为"天府之国"，都江堰水利系统的灌溉滋养，促进了农业的发展，赋予了成都平原最深厚的农耕文化积淀。成都平原的农业浓缩了中国几千年农耕文明的精华，拥有最原真、最典型的乡村文化资源。成都有着较好的市场基础。20世纪80年代末90年代初期，随着城市居民生活水平的提高和休闲时间的增加，人们回归自然、回归乡村的理念逐渐增强，出现了城市居民到乡村体验农家生活的市场需求，农家乐的开发、乡村旅游的发展使成都从"天府之国"发展为中国农家乐发源地。

（二）成都农家乐发展阶段

兴起于20世纪80年代末的成都农家乐，经过近30年的发展壮大，已经成为成都的旅游品牌和亮点。农家乐作为成都市乡村旅游发展的雏形，从产生到发展、从一家一户经营到规模整体开发，经历了自然发展、竞争发展、规范发展及品质提升3个阶段。

成都乡村生态旅游起源于"农家乐"，成都是全国"农家乐"旅游发源地，真正以"农家乐"命名的乡村生态旅游始于1987年的成都郊区龙泉驿书房村举办的桃花节。这次桃花节把农事活动、乡村田园风光、乡土民俗文化、乡村民居和聚落文化与现代旅游度假、休闲娱乐相结合，形成了一种全新的旅游形式。"农家乐"多在城郊、农村或成熟的景点附近，以农民从业为主，农民以家庭为单位，使自己的院落和周围的农家庄园成为旅游地，为游客提供特色菜肴与乡村生活体验，以此吸引游客前来休闲度假。农家乐是农民向城市现代人提供回归自然的途径，从而使城市人身心放松、精神愉悦的休闲旅游方式。一般而言，农家乐的业主利用当地的农产品进行加工，满足客人的需要，成本较低，因此消费不高。而且农家乐周围一般都是美丽的自然或田园风光，与城市中钢筋水泥的冷硬环境完全不同，从而可以舒缓现代人因快节奏的生活产生的压力，并且能够亲近自然，感受自然的勃勃生机，因此受到很多城市年轻人的欢迎。成都市"农家乐"旅游的发展大致可以分为以下三个阶段：

1. 自然发展阶段（80年代后期至90年代末）

这一时期的发展特点是农业生产结构开始发生变化，典型代表是郫县友爱镇农科村"农家乐"。20世纪80年代初，郫县农科村是有名的花草苗木种植以及销售基地，因此到这里买花草苗木的人很多，村民总是免费招待客人。到了1986年，村里有一个农民开了一家从事接待活动的农家乐，逐渐带动一部分农民利用自己的庭院和田地开展旅游接待活动。农村的新鲜空气、田园风光和民俗风情吸引着越来越多的城市居民利用节假日到城郊农村的小院里休闲旅游，从而可以舒缓城市快节奏的生活压力，愉悦身心，放松精神，体验回归自然、亲近自然的生活。

2. 竞争发展阶段（90年代中后期）

这一时期"农家乐"的发展指导思想是"先发展后规范"，规模不断扩大，竞争越来越激烈。城市乡村旅游的需求越来越大，从事旅游接待的农户也随之迅速增加。郫县县委、县政府对农科村这一创造性的实践经验因势利导，从政策和基础设施等多方面给农户支持和帮助，使旅游接待户不断增加，规模不断扩大。

成都市委、市政府对"农家乐"旅游这一新生事物高度重视，将农科村"农家乐"模式作为农业结构调整的典型积极向外宣传和推广。随着农科村"农家乐"的蓬勃发展，带动了成都周边如三圣乡、温江、双流、龙泉驿等地的"农家乐"如雨后春笋般兴起，规模不断壮大，发展"农家乐"的地域范围从近郊区向远郊区，以及向省内其他市、州的农村地区扩展，可谓竞争越来越激烈。

3. 规范发展及品质提升阶段（2003年以后）

进入21世纪，我国由基本实现小康向全面建设小康发展，人民群众物质和精神生活水平全面提升，旅游发展面临着前所未有的巨大机遇。黄金周旅游高潮持续攀升，出境旅游势不可当，标志着旅游消费日趋大众化。各地发展旅游的积极性空前高涨，市场竞争激烈。农家乐旅游亟须转变发展方式，全面提升农家乐品质素质和提高竞争力，政府的农家乐、乡村旅游相关政策也在继续不断地发展、演变和完善。

规范发展及品质提升阶段的显著特征是随着农家乐市场规模越来越大，政府出台了系列政策文件规范其发展，乡村旅游法规体系越来越完善。从2003年开始，成都市抓住实施城乡一体化战略的契机，提出"城乡互动，发展旅游，服务市民，致富农民"的乡村旅游发展思路。2004年5月发布实施了《农家乐开业基本条件》和《农家乐旅游服务质量等级划分及其评定》地方标准，标志着成都农家乐进入规范发展的阶段。依据这两个标准，2006年9月又颁布实施了《成都市农家乐旅游服务质量等级评定实施细则（试行）》。2007年10月发布了《成都市〈四川省旅游条例〉实施办法（草案）》，该《草案》在全国率先对农家乐的管理提出原则性的法律规范和相关制度保证。另外，2006年，为进一步规范管理、提升品牌的品质形象，由锦江区委、区政府牵头，成立了以"五朵金花"区域为主体的"三圣花乡"景区管理委员会，从组织上统一规划发展。

表2-1　规范发展阶段出台的系列政策

时间	文件名
2004年5月	成都市旅游局发布了《农家乐开业基本条件》和《农家乐旅游服务质量等级划分及其评定》
2004年8月	《成都市农家乐旅游服务质量等级评定实施细则（试行）》
2005年1月	成都市人民政府开始执行《成都市农家乐旅游服务暂行规定》
2009年3月	四川省第十一届人民代表大会常务委员会第八次会议批准《成都市旅游业促进条例》
2010年4月	中共四川省委农村工作委员会和四川省旅游局共同发布了《四川省农家乐/乡村酒店旅游服务质量等级评定管理暂行办法》

在规范发展的同时，也意味着全面提升农家乐的品质。成都农家乐积极审评国家A级景区的称号，提升品质，塑造品牌形象。2004年红砂村花乡农居被评为国家AA级风景旅游区，在这之后，在锦江区上下级干部及"三圣花乡"景区管理委员会的共同努力下，"三圣花乡"顺利通过了省、市旅游局的初评、复审和国家旅游局的检查验收，获得了ISO9000质量认证和ISO14000环境管理体系认证；2006年4月12日，"三圣花乡"被旅游局正式授予三圣花乡景区"国家AAAA级风景旅游区"称号，形成一定的品牌影响。

（三）成都农家乐发展模式

成都农家乐是典型的都市依托型，其主要特点是依托城市大市场，发展周末休闲度假旅游。成都农家乐的典型模式是三圣乡"五朵金花"模式。

1. 开发综合化模式

综合开发性模式，是由政府主导对乡村旅游进行整体的规划设计、投入资金、改善公共基础设施，开发建设核心景区景点，吸引社会资金建设接待服务设施，引导居民参与接待服务，实现一体化发展。在深入调研成都市锦江区的情况下，充分利用其背靠大城市的地缘优势，以市场配置资源的方式找到推进城乡一体化的切入口,以城乡一体化方式创造性地打造了花乡农居、幸福梅林、江家菜地、东篱菊园、荷塘月色"五朵金花"。这种模式主要是通过与政府合作经营,先行投入再溢价退出,将开发的项目整体转让给公司,从而能够吸引社会资金,实现国有资产的增值,改变过去的单一农户开发农家乐的生产方式,引导生产规模化。同时也为农民带去了就业、培训、教育和社会保障等福利,最大限度地保证农民享受市民待遇,加快了城市化的进程。

综合化开发模式有四大主要特点:一是发挥政府主导的作用,首先进行整体规划设计,其次政府引导性投入,在此基础上吸引社会资金和村民投入开发,最终多方努力共同加快乡村旅游开发建设;二是明晰公共性项目和经营性项目投入建设主体,公共性基础设施由政府投资建设,经营项目吸引社会资金和村民投入建设,明晰角色定位,从而尽快完成旅游配套服务接待设施的建设;三是引导和培训农民,积极参与和开展相应的旅游接待服务,带动地方农副产品的加工和销售;四是挖掘本地民族文化,组织广大城乡居民参与旅游节庆活动,增加游客量,同时丰富农村文化生活。

2. 产品差异化模式

通过政府、公司和村民的共同开发建设,成都三圣乡打造了"五朵金花"模式,所谓五朵金花是"花乡农居""荷塘月色""幸福梅林""东篱菊园""江家菜地"。

(1) 花乡农居

春有鲜花——"花乡农居"。所谓"花乡"是因红砂村位于素有"中国花木之乡"美誉的三圣乡境内,而"农居"则因恢复创建独具格调的川西民居建筑群。春花烂漫时节,在鲜花的簇拥下,一座座川西民居风格院落尽显古朴和清丽。红砂村的农家乐,与万亩花卉相得益彰,营造出人与自然的和谐相融,农家乐也因之红红火火,观光客络绎不绝。在赏花、买花后,游人的目光往往会被别具一格的川西民居牵引,驻足停留,或许,索性到院子里小坐,一边品茶一边消磨时光,感受那份悠远的恬静和惬意。

(2) 荷塘月色

夏有荷花——"荷塘月色"。"荷塘月色"位于锦江区三圣街道办事处万福村。"荷塘月色"以生态荷塘景观为依托,以绘画、音乐等艺术形式为主题,以农家乐为主要餐饮、住宿业态,将湿地生态、荷花文化与多种艺术形式和谐结合在一起,使万福村形成景色独特优美、艺术气息浓郁,以及观光休闲、体验艺术魅力的理想之地。

(3) 东篱菊园

秋有菊花——"东篱菊园"。东篱菊园主要是依托驸马村菊花的种植传统和规模优势,挖掘菊花的观赏、经济和文化价值,利用省农科所的农业技术力量,引导农民规模化、多样化种植菊花,引进盆栽菊花和切花类菊花等优良品种,形成了种植面积达 1000 亩、品种 100 余个、盆栽 120 余万盆的规模。在基础设施的建设上,按照城市建设标准,异地修建农民集中居住区,对区域内农房、景观进行生态打造,完善水、电、气、污水管网,光纤电视,道路、卫生服务中心等基础设施建设,在此基础上,鼓励农户依托改造后的农房开发农家乐,自主经营、联营、出租,引进"赏菊吃蟹"等特色餐饮及其他多种形式的休闲度假旅游项目,延伸菊花产业链,发展乡村旅游,多渠道促进农民增收。

(4)幸福梅林

冬有梅花——"幸福梅林"。"幸福梅林"因幸福村的梅花而得名,而幸福村的名字源于一个美丽的民间传说。很久以前,在一个没有名字的村庄中,村民过着安居乐业的生活。村里有位非常美丽善良的姑娘叫梅,梅非常喜欢梅花,家中的院内、院外都种满了各种各样的梅花,每当梅花盛开的时候,梅花的幽香可以传到十里之外。突然有一年,许多村民都得了一种奇怪的疾病,并且发病的人越来越多。为找到医治这种疾病的方子,梅跋山涉水,后来梅终于找到了一个能医好此病的老妖,但老妖要求梅献出自己的心才肯给村民医治。为救村民,梅挖出了自己的心脏。老妖也受到感动,于是到村中为生病的村民一一进行医治,村民全部恢复了健康。为了纪念这位美丽又善良的姑娘牺牲自己为村民带来幸福的生活,村民们便在村中种满了姑娘喜欢的梅花树,这样栽种梅花的传统也因此世代相传下来,如今在村中还可以看到一些高龄梅花树。由于梅花又称"幸福之花""五福花",也象征着快乐、健康、幸福、顺利、和平,此后村子就命名为幸福村。

幸福村按照三圣乡的统一规划,对各家各户梅花品种进行调整,适当集中又引进珍稀新品种,建起"岁寒三友""梅花三弄"等主题精品梅园,修建了别具特色的"梅花博物馆",还把全村农舍搞成统一的农家风格,为村民经营农家乐营造了良好的大环境。

(5)江家菜地

四季皆宜有菜花——"江家菜地"。江家菜地位于江家堰村,以种植蔬菜为特色。江家堰村是一个城市蔬菜种植基地,本地村民长期种植蔬菜,"江家绿色蔬菜"品牌在成都知名度极高。江家菜地面积达 3000 余亩,依托时令蔬菜、水果种植,游客可以到这里认领土地、认养蔬菜,体验种植、收获的喜悦,享受乡村生活的惬意与悠闲。当游客在这里认领了一块属于自己的田地后,便会在假日周末时经常乘车前往,或种或收,不亦乐乎。游客在乡村自然中释放心情，在体验农事中分享收成，还能在参与种植中感受快乐，并把田间耕作当成一种健康的休闲方式，老少皆宜，这种"体验农事，吃农家饭，住农家屋"的方式受到老年人、中年人、青年人和小孩儿的欢迎。现在江家菜地也是许多学校的教育基地。

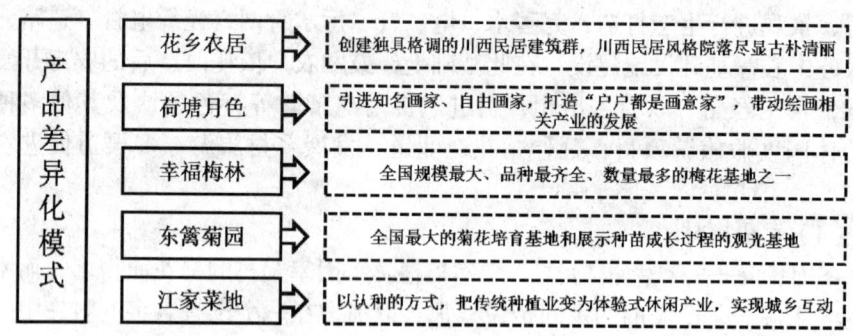

图 2-1 成都"五朵金花"产品差异化模式

综上可以看出，通过政府、企业和村民的综合化开发形成景区集群化和规模化的效应，为农家乐业态营造了良好的经营环境；"五朵金花"通过产品错位发展，打造各具特色、塑造差异化的产品，为游客提供了不同的体验，避免了低水平重复建设和同质化竞争，实现了共赢的局面。

二、北京农家乐

（一）北京农家乐发展阶段

北京的乡村旅游的发展是典型的市场自然演进，形成了以民俗旅游村为特色的乡村旅游模式。20世纪80年代后期在昌平十三陵首次出现了观光桃园之后，京郊民俗游不断发展起来。京郊乡村旅游主要经历了三个阶段：一是自发发展阶段（1998年以前）；二是数量扩张阶段（1998年至2003年）；三是规范发展阶段（2004年至现在）。

1. **自发发展阶段**

郊区自然风光吸引了一批学生和市民自行前来游览、观光，受当时政策的影响，郊区服务业发展缓慢，住宿、餐饮设施十分短缺。有些观光者自行到当地农家借宿、就餐，乡村旅游接待经营应运而生，去农村观光、体验农村生活和农家乐逐步发展为乡村旅游的主要形式。

2. **数量扩张阶段**

1998年北京观光农业工作会议之后，乡村旅游作为观光农业的一种类型，以"吃农家饭，住农家院，观自然景，赏民俗情，享田园乐"为主要内容迅速发展，这种京郊民俗旅游户吸引了越来越多的旅游者。到2003年底，郊区已有11个区县50多个乡镇近300个村开展了乡村旅游接待活动，乡村旅游接待户有1.2万户，从事乡村旅游接待的农民近4万人。

3. 规范发展阶段

为支持乡村旅游发展，加快农民增收致富步伐，市农委、旅游局会同市相关部门，先后制定了乡村旅游评定标准（试行）和扶持政策，加大了对乡村旅游的引导、规范和扶持力度，使乡村旅游接待设施建设和经营服务水平有了较大改善和提高，游客对乡村旅游接待的满意度一直保持在较高水平。同时，政府相关部门已经在考虑从单纯的鼓励发展转变到建立市级民俗村户的淘汰机制，从单纯的数量扩张转变到保证质量、建设精品，使北京乡村旅游提质增效，成为中国乡村旅游的知名品牌。

（二）北京农家乐的经营方式

京郊的农家乐最初是以农户为基础，逐步发展成为经营方式多元化。从农家乐经营组织方式上来看，可以将北京农家乐的经营方式归纳为五种。

1. 村民个体户经营

个体户经营是指村民利用自家的房屋为游客提供餐饮和住宿，让游客体验种植和采摘，向游客出售土特产品。在经营的过程中，每个民俗户都需要办理营业执照。这种村民个体经营的模式被民俗村普遍采用，是比较受欢迎的方式。

2. 集体经营

集体经营是指农家乐由村委会统一领导，开展村集体经营活动。北京农家乐的集体经营主要分三种情况：一种是村委会直接管理的方式；一种是通过成立旅游管理机构来集体管理经营；一种是成立合作社统一管理。

（1）村委会直接管理

村委会直接管理的形式一般是在集体经济占绝对主导地位的村比较普遍。在经营管理过程中，收入和管理制度明晰。一般由村委会的一个成员负责旅游，采摘、农业观光门票等收入归集体；村里集体投资改善基础设施，修建山庄、农舍、餐厅等，收入归集体所有；民俗户的接待收入仍归个人所有。例如，大兴的留民营村、平谷区的挂甲峪村。

（2）旅游管理机构管理

这种经营模式是依托旅游景区型农家乐所普遍采用的方式。旅游景区全部由村里自己开发，由村旅游管理机构经营，收入归集体所有，景区里的工作人员多为本村村民，该机构负责乡村旅游接洽服务。例如，平谷区鱼子山村的京东大峡谷就由旅游管理机构管理；昌平区的湖门村成立了"北京铁壁银山旅游服务中心"。

(3) 合作社管理

个体农户在单独申办农家乐的过程中，由于受到自身硬件和软件条件的影响，而会遇到一些政策法规性问题，因而导致一些个体农户不具有独立的经营资格。在这种情况下，为了解决经营问题，村里就会由乡村旅游合作社办理一个统一的营业执照，统一分配给游客。例如，房山区的西庄村。

3. 个体开发商经营

个体开发商经营农家乐一般有两种形式：一种情况是村民将自家的院子租给或卖给开发商，来经营乡村旅游；另一种情况是开发商承包经营。由开发商开设的山庄农舍虽不能算作原汁原味的乡村旅游，但是在资金、技术、信息、客源关系、对消费者需求的把握等方面，城镇经营者则普遍强于农村经营者。因此，个体开发商经营户的经营规模较大且相对高档，投资规模较大，接待客人的消费档次较高。

4. 合资经营

以村集体或个体农户的形式入股，例如通州区的大营村的生态园就是股份制的合资经营企业。

5. 外来企业资金经营

主要是指以企业化、集团化方式注入资金和管理来经营，即外部大企业集团通过征用或租赁土地的方式，投入大量的资金开发并经营管理。通过这种方式，村民可以获得的经济利益包括土地征用费或租赁费，以及在企业内就业的劳动所得。例如北京市蟹岛绿色生态度假村有限公司的土地是从金盏乡长店村租来的，每年有一定的租种费用并支付一定的补贴，鼓励当地农民以土地入股。该公司已经具备了以农业为依托、多种经营、集团式企业的雏形。

（三）产品特色化模式

北京乡村旅游紧紧围绕旅游"六要素"展开，在实践的过程中逐步形成了比较有特色的乡村旅游多种业态模式，相继推出了乡村酒店、国际驿站、采摘篱园、生态渔村、休闲农庄、山水人家、养生山吧、民族风苑、古村聚落和创意产业模式10种全新乡村旅游业态产品。

1. "国际驿站"等居游共享模式

居游共享模式是指当地居民以整体租赁形式将房屋使用权转让，受让者对房屋进行改造，使其具备居住和乡村旅游接待双重功能的一种乡村旅游发展模式。"国际驿站"是该模式的典型业态，例如，怀柔区慕田峪村、朝阳区高碑店村、顺义区白各庄意大利农庄、昌平区德陵村等。

居游共享模式产生的动因主要有四点：一是大都市对国外投资者的强有力吸引；二是大都市充足的客源保障；三是农民脱贫致富的需要；四是游客的需

求拉动。而党的十七届三中全会通过的《中共中央关于推进农村改革发展若干重大问题的决定》为土地流转提供了合法依据，使该模式的推广有了政策保障。

居游共享模式突破了传统"农家乐"的赢利模式，为乡村旅游的发展带来了全新的理念和充足的资金，极大地提升了乡村旅游接待品质，增加了乡村旅游业的附加值，促进了农村产业结构调整和剩余劳动力的转移。

居游共享模式的乡村旅游地需具备三个条件：一是地处开放度高的大都市周边，有充足的客源保障；二是农民住房条件得到极大改善，在不影响农民居住、生活的前提下，有空闲房产供外来投资者租赁经营；三是具有良好的投资环境，能吸引投资者加入。同时，采用该种模式的乡村旅游地要注意两点：一是政府要加强规范和引导，保证乡村环境的持续改善和乡村旅游的稳健发展；二是要正确处理外来投资者和本地居民的关系，形成乡村旅游发展的合力。

2. "生态渔家"等品牌餐饮模式

品牌餐饮模式是指某一特定乡村旅游地以品牌化的特色餐饮作为吸引游客的主要手段，从而推动乡村旅游发展的一种模式。游客对旅游地的深层体验，"从味蕾开始"。特色餐饮，是乡村基于饮食传统文化、投入最少、最易于经营的旅游服务。"生态渔家"是该模式的典型业态，密云区生态渔村、怀柔区杨树下村等都是该模式的典型代表。

品牌餐饮模式产生的动因主要有六点：一是充足的客源保障；二是旅游者对特色餐饮的细致追求；三是旅游经济利益驱动；四是政府的大力扶持；五是周边地区旅游化的推动；六是旅游竞争差异化的客观要求。

品牌餐饮模式抓住了旅游者对特色餐饮细致追求的心理，从旅游者的"口"入手捕获其"心"，带动乡村旅游地声誉快速扩大和旅游者数量迅猛增长。该模式不仅能有效增加农民的收入，还能促进农民卫生意识和环境意识的培养，有利于村容村貌的改善。

采用品牌餐饮模式的乡村旅游地需具备三个条件：一是临近都市或其他旅游地，有充足的客源保障；二是具备与餐饮有关的特色民俗或者能够实现特色餐饮的开发；三是具备便利的交通条件和完善的基础设施。同时，采用该种模式的乡村旅游地要注意五点：一是要注重乡村旅游地环境的整体打造；二是政府要加强组织和管理，使经营者有章可循，规范运作；三是要保证餐饮的特色和生命力；四是要注重对特色餐饮的大力宣传；五是加强卫生管理。

3. "采摘篱园"等都市农园模式

都市农业模式是指在临近都市地区，依托高科技农业和各种乡村景观，发展集高科技展示、科普教育、休闲、观光等功能于一体的乡村旅游的一种模式。强调经济、生态和社会的协调以及在空间布局上无城市和乡村边界是该模式最明显的两个特征。"采摘篱园"是该模式的典型业态，朝阳区来广营乡的朝来农艺园、昌平小汤山镇的现代农业科技示范园、顺义区北小营镇三高科技示范园区、顺义区沿河特菜基地、大兴区庞各庄西瓜试验示范基地、大兴区采育葡萄基地、门头沟区北京上岸种植园、昌平区南邵新特种植场、密云区迷宫种植园等都是该模式的典型代表。

都市农业模式产生的动因主要有四点：一是大都市强有力的智力支持；二是都市环境营造的客观要求；三是产业融合深入的现实表现；四是农业科技进步与农村经济发展的现实需求。

都市农业模式突破了传统农业的盈利模式，在实现农业基本功能的同时，带来了乡村旅游业所产生的高附加值，是对传统农耕模式的创新、农业新科技的推广和农旅结合的有效尝试。

采用都市农业模式的乡村旅游地需具备两个条件：一是要具备发展都市农业所需的资金和技术；二是要具备都市农业所需的各种配套设施。同时，采用该种模式的乡村旅游地要注意三点：一是要明确都市农业的投入与产出；二是要掌握最前沿的技术，并不断创新产品形式和内容；三是要实现农业科技进步与乡村旅游发展的有效结合。

4. "山水人家"等生态环境示范模式

生态环境示范模式是指在具备良好生态环境的乡村，以生态环境作为旅游吸引物，开发观光、休闲、度假旅游产品，促进乡村旅游发展的一种模式。"山水人家"是该模式的典型业态，密云区石塘路村、怀柔区夜渤海、昌平区郑各庄村、昌平区香堂村、昌平区羊台子村、延庆区秀水湾等都是该模式的典型代表。

生态环境示范模式产生的动因主要有两点：一是基础设施建设促动；二是国家生态环境保护政策导向。

生态环境示范模式以良好的生态环境为核心吸引物，发展乡村旅游业，满足游客对良好生态环境的需求，能够在乡村旅游发展的同时实现生态环境的改善。

采用生态环境示范模式的乡村旅游地需具备两个条件：一是良好的生态资源；二是便利的交通、良好的基础设施和充足的资金保障。同时，采用该种模式的乡村旅游地要注意两点：一是必须加强对生态环境的保护，防止旅游开发导致环境的破坏和退化；二是要培育旅游开发经营者和游客的环境保护意识。

5. "养生山吧"等景区依托模式

景区依托模式是指依托旅游景区（点）开展乡村旅游，把附近旅游景区（点）的部分服务功能分离出来，吸引周边农民参与旅游接待和服务，并融入一些乡情活动，从而促进农民增收致富和周边乡村发展的一种模式。"养生山吧"是该模式的典型业态，海淀区车耳营村、房山区十渡镇、房山区中英水村、怀柔区不夜谷、怀柔区红螺寺村、昌平区瓦窑村、延庆区西大庄科村、密云区花园村等都是该模式的典型代表。

景区依托模式产生的动因主要有三点：一是景区旅游资源的吸引；二是农户旅游经济利益的驱动；三是景区游客的需求拉动。

景区依托模式以乡村旅游地周边景区的客源为主要客源，并依托这些景区发展旅游服务业，在完善景区服务功能的基础上，实现乡村旅游接待户增收致富，从而达到景区发展与自身发展双赢的结果。

采用景区依托模式的乡村旅游地需具备三个条件：一是必须临近重点景区；二是游客量较大；三是周围农民具备旅游意识和服务意识。同时，采用该种模式的乡村旅游地要注意两点：一是要加强配套基础设施建设，形成一定的服务功能；二是要培养农民的旅游意识和服务意识，加强对从业农民的组织和引导。

6. 休闲农庄模式

休闲农庄是指占地100亩以上，以农业生产和乡村生活为依托，以农耕文化为核心，利用田园景观为游客提供乡村生产生活休闲体验以及住宿、餐饮等基本服务的经营主体。休闲农庄模式是以休闲农庄作为经营单位，发展乡村旅游的一种模式。通州区禾阳休闲农庄、通州区天地和庄园、昌平区中科捷奥休闲农庄、延庆区怡情园休闲农庄等都是该模式的典型代表。

休闲农庄模式产生的动因主要有三点：一是对创新乡村旅游业态的市场需求不断扩大；二是北京市旅游局、区旅游局及各地政府的大力支持；三是《休闲农庄评定标准》等一系列政策导向的推动。

休闲农庄模式将传统的农耕文化与现代休闲体验巧妙结合，在提升乡村旅游产品品质、创新乡村旅游业态的基础上，较好地满足了游客的体验需求，丰富了乡村旅游的发展。

采用休闲农庄模式的乡村旅游地需具备三个条件：一是要有充足的客源保障和便利的交通条件；二是要有合适的投资主体和先进的经营理念；三是要有一系列政策、标准的规范与指导。

7. 乡村酒店模式

乡村酒店是指具有休闲、娱乐、求知、教育功能的综合性旅游住宿单位，是将农业景观、生态景观、田园景观与住宿、餐饮设施进行结合，能够为游客提供乡村休闲体验的经营主体。乡村酒店的档次介于城市酒店和农家住宿之间，让游客能在农村享受到酒店级的服务。乡村酒店模式是以乡村酒店作为主要旅游接待设施，发展乡村旅游的一种模式。昌平区金利牡丹园、昌平区雪雅小庄、昌平区鲜果乐园、密云区花溪小寨等都是该模式的典型代表。

乡村酒店模式产生的动因有四点：一是乡村旅游业提升与创新的客观需求；二是北京市旅游局及各级政府的强有力支持；三是市场需求拉动；四是投资需求驱动。《乡村酒店评定标准》等一系列的政策规范与保障也大大加速了这一模式的发展。

乡村酒店模式改变了传统乡村旅游接待设施特色不鲜明、档次过低等弊端，能够较好地满足游客对特色餐饮、特色环境、特色住宿等的需求，是乡村旅游产品创新与提升的表现。

采用乡村酒店模式的乡村旅游地需具备两个条件：一是要有合适的投资主体和先进的经营理念；二是临近都市，有对该类产品需求度较大的市场。同时，采用该种模式的乡村旅游地要注意三点：一是要通过宽松的投资环境吸引投资者进入；二是要注重对乡村酒店特色和品牌的打造；三是要重视市场宣传。

8. 民族风苑模式

民族风苑是指以少数民族建筑、服饰、风俗生活形式、宗教信仰以及生产方式等为依托，集中展示少数民族风情，以提供少数民族风情体验为特色的旅游休闲娱乐综合接待场所。民族风苑模式是指少数民族农村地区，以独特的民族风情为基础，大力改善基础设施和旅游接待设施，引导少数民族农民参与旅游开发，促进乡村旅游发展的一种模式。怀柔区七道梁正白旗村、怀柔区项栅子正蓝旗村和怀柔区老西沟镶红旗村、大兴区巴园子村、昌平区西贯市村、密云区古北口河西村等都是该模式的典型代表。

民族风苑模式产生的动因主要有三点：一是独特的民族风情；二是基础设施建设促动；三是国家民俗文化保护政策导向。

民族风苑模式以乡村旅游地特有的民族风情为核心吸引物，突出对民族特色的挖掘和展现，将民族文化与旅游有效地结合起来，满足游客对民族文化体验的需求，能达到民族文化传承与保护、农民增收致富、乡村旅游业发展等多重目标。

采用民族风苑模式的乡村旅游地需具备两个条件：一是少数民族具备一定规模；二是民族风情具有独特性和吸引力。同时，采用该种模式的乡村旅游地要注意四点：一是要切实挖掘当地少数民族的风情，提升文化品位和旅游吸引力；二是要引导当地少数民族农民参与旅游接待活动；三是要增强居民对本民族文化的自豪感，保护和保持少数民族特有的文化习俗；四是要改善当地村容村貌和基础设施条件。

9. 古村聚落模式

古村聚落主要是指民国以前建村，保留了较长历史沿革，建筑环境、建筑风貌、村落地址未有大的变动，具有独特民俗民风，虽历经年代久远，但至今仍为人们服务的村落。古村聚落模式是指以浓厚的古村聚落文化和特色古村聚落建筑为核心吸引物，以保护为主，因势利导开发旅游，促进乡村发展的一种模式。门头沟区爨底下村、门头沟灵水村、门头沟琉璃渠村、门头沟沿河城村、门头沟椴木沟村、昌平区长峪城村、延庆区岔道村、密云区遥桥峪古堡民俗村等是该模式的典型代表。

古村聚落模式产生的动因主要有两点：一是游客寻求差异化的旅游动机；二是古村落本身所具有的不可替代、独具特色的旅游吸引力。

古村聚落模式以古村落的特色建筑与文化为核心吸引物，满足游客对古村历史与文化体验的需求，能够在实现乡村旅游发展的同时，达到古村落建筑与文化保护的目的。

采用古村聚落模式的乡村旅游地需具备两个条件：一是古村落保留原汁原味；二是古村落具有独特的文化内涵。同时，采用该种模式的乡村旅游地要注意三点：一是做好整个古村落旅游发展规划；二是引入市场开发机制，促进旅游开发；三是要处理好保护与开发的关系，着重强调对当地原生态环境的保护。

10. 创意产业模式

创意产业是指那些从个人的创造力、技能和天分中获取发展动力的企业以及那些通过对知识产权的开发可创造潜在财富和就业机会的活动。创意产业模式是指依托乡村地区良好的生态环境和发展创意产业所形成的氛围，开发艺术家社区等具有鲜明创意产业特色的乡村旅游产品，并带动当地乡村旅游业发展的一种模式。通州区宋庄镇、昌平区下苑画家村等是该模式的典型代表。创意产业模式产生的动因主要有三点：一是良好的生态环境保障；二是浓郁的文化氛围；三是政府的政策导向。

创意产业模式把创意产业与乡村旅游业有效结合起来，丰富了乡村旅游产品的内容，提高了乡村旅游地的吸引力，是乡村旅游发展模式的重大创新。

采用创意产业模式的乡村旅游地需具备两个条件：一是有良好的生态环境；二是有因大量艺术家入驻而产生的良好的文化氛围。同时，采用该种模式的乡村旅游地要注意三点：一是注重对乡村生态环境的保护；二是注重宣传；三是注重产品内容的丰富和产品品质的提升。

三、湖州民宿

（一）湖州民宿发展背景

浙江"农家乐"大多位于城市近郊或风景名胜区的外围，依托优美的农业景观、优越的生态环境、农家特色餐饮以及独特的农耕文化，以相对较为低廉的收费价格吸引市民和过境游客前来消费。自2003年以来，浙江省民宿和农家乐从"点上萌芽"向"产业集群"发展，呈现了方兴未艾的态势，数据显示，截至2018年年底，浙江省登记在册的民宿16 286家，总床位超15万张，年营业收入超50亿元，直接就业超10万人；农家乐经营户2.2万户，年营业收入427.7亿元，直接从业人员16.9万人。可以说，浙江省民宿和农家乐无论是数量、效益、质量及管理水平都处于全国领先水平，是促进城乡交流融合的重要载体，探索走出了一条具有浙江特色的发展路子。

其中，浙江省民宿发展要数湖州市民宿，尤其是莫干山民宿最具代表性，湖州市拥有优良的发展环境以及较高的市场化运作水平，民宿发展水平走在了全国民宿发展的前列。湖州市以民宿发展带动乡村旅游经济，2017年，湖州接待乡村旅游游客4213.7万人次，同比增长24.3%，占接待总人数的39.5%，为湖州旅游保持平稳发展发挥了重要作用。全市实现乡村旅游总收入82.3亿元，同比增长28.1%。乡村旅游年末从业人员数为77 385人，同比增长34.8%。从与全省乡村旅游统计数据比较看，湖州乡村旅游接待量在十一地市中列第二位，占全省接待量的13.6%；乡村旅游总收入在十一地市中列第一位，占全省总收入的27.6%。

另外，湖州市德清县还开办了国内首家关于民宿学习、交流、培训的学院——莫干山民宿学院，又一次在乡村旅游发展中开创先河。此外湖州市一直积极探索民宿管理的新方法，2017年9月初，莫干山镇劳岭村探索管理新模式，将行政管理与引导自治结合起来，成立了民宿集聚区社会治理工作站，并组建了民宿管家自治队伍。湖州的民宿发展模式有利于促进民宿业健康持续的发展，这种创新思维也是值得其他地区借鉴的。

（二）湖州民宿发展阶段

1. 初创阶段（2005年及以前）

杭州与湖州是浙江省乡村旅游起步较早的城市，也是农家乐、民宿发展最成熟的地区。农家乐在湖州市的发展起源于20世纪90年代，刚开始是为了弥补住宿设施不足的局面，而后随着人们对旅游的关注重心从城市旅游开始向乡村旅游扩散，农家乐的发展初露锋芒，但体量较小且服务质量等级较低，多数仅为提供简单的住宿和餐食，少有其他附加功能。2005年时任浙江省委书记的习近平同志开创性地提出了"绿水青山就是金山银山"的科学论断，至此，湖州市大改之前"绿水青山换金山银山"的传统发展模式，明确以绿色发展的理念大力发展乡村旅游的目标，为此后民宿的发展奠定了基础。

2. 规模扩张阶段（2006—2011年）

一方面湖州民宿受到政府的积极支持，在政策支持下，湖州市旅游部门对乡村旅游日益重视，并于2006年成立了乡村旅游协会，相继开展多方面的活动，有力地推进了农家乐旅游的发展，2006年年末湖州市农家乐示范户累计达到60家，示范村9个。另一方面市场需求和投资规模扩大，随着休闲度假时代的到来以及小型汽车的普及，城市居民对于休闲娱乐的需求不断增长，对乡村旅游住宿的需求也持续升级。2007年洋家乐开始出现，普遍认为湖州市第一家"洋家乐"是南非人高天成创办的裸心乡，之后外籍人士对湖州"洋家乐"的投资规模不断扩大，以洋家乐为代表的高端民宿成为湖州市德清县旅游的一张金名片。无论是数量上还是品质上本阶段农家乐都有较大的提升，2011年国内出现了多家在线短租平台，如途家网、蚂蚁短租，看中民宿的发展前景而出现的住宿类短租平台也推动了湖州市民宿的进一步发展。

3. 爆发式增长阶段（2012—2016年）

这一阶段是湖州市民宿数量爆发式增长的阶段，并且供给结构发生变化，出现了低、中、高档次的民宿。根据本研究的样本数据，2012—2016年间开业民宿数量为741家，占样本总数量的80%左右，民宿规模急速扩张，越来越多的社会资本介入，湖州市对民宿管理的进程也加快步伐。为让湖州市民宿的管理步入正轨，2015年6月德清县正式实施国内第一部县级民宿地方标准——《德清县乡村民宿服务质量等级划分与评定》；2016年1月，浙江省正式实施《浙江省旅游条例》，赋予了民宿法定地位；同年12月还发布了《关于确定民宿范围和条件的指导意见》文件，这些文件的发布引导着湖州市民宿行业规范和可持续发展。

4. 整合提升阶段（2017年以后）

目前湖州市正打造各具特色的民宿集群，可以说"高、中、低"各个档次、各种风格的民宿齐聚湖州，其中具有代表性的包括德清"莫干山"精品民宿类、德清"洋家乐"俨然已是高端民宿的金招牌，还有长兴的"休闲养老农家乐"模式、安吉的"美丽乡村＋农家乐"模式等都实现了突破性的进展。

湖州民宿火爆发展的同时也显露出一些弊端，如同质化现象严重、存在市场无序竞争现象、服务质量不达标、品牌效应未发挥更有效的作用等，这些迫使湖州市必须要完善其对民宿的管理机制。而今后一段时期湖州市民宿发展将进入整合期，整合动力来自于市场和政府两个层面。首先是政府层面，2017年8月国家旅游局发布《旅游民宿基本要求与评价》，这是国内民宿的首部国标，今后对民宿的监管和限制也将更加严格；其次是市场层面，市场遵循着优胜劣汰的发展规则，那些面临着客源不稳、定位失准、投资成本与日俱增等发展困境的民宿，不做出实质性的转变终将被市场淘汰。

（三）湖州民宿的"四大模式"和"乡村十景"

湖州始终坚持将"绿水青山"的生态优势转化为产业优势，全面实施乡村振兴战略，大力发展乡村旅游和民宿经济，在实践的过程中形成了"四大模式"和"乡村十大品牌"。其中，四大模式即"生态＋文化""洋式＋中式""景区＋农家""农庄＋游购"，以四种模式为主体的乡村旅游之路，推动了湖州市乡村旅游大发展。

1. 四大发展模式

（1）"生态＋文化"模式

湖州市安吉县以竹文化、茶文化为地域特色，依托这一系列的特色文化基础，建成了安吉生态博物馆及地域文化展示馆，推出了一批文化游精品产品，并且先后启动了示范村的建设，发展乡村文化产品。同时依托美丽乡村，把农村生态资源和农村特色文化融入乡村旅游，做好多元化经营，促进乡村旅游拓展内涵、彰显特色、提升品质，形成以美丽乡村带动的"生态＋文化"模式。这种模式以安吉县为最典型。

图 2-2　湖州民宿四大发展模式

安吉县采用大景区的理念来建设美丽乡村，在这个过程中，充分发挥田园、竹海、溪流、山野等生态资源优势和乡村地域文化价值，推动旅游、文化和生态建设融合式发展，释放"文化＋生态"的价值。安吉县根据乡村旅游产品均衡分布情况和基础先决条件，先后启动了横山坞、尚书圩、大溪、高家堂等11个示范村建设，实施了畲族风情文化特色村郎村、少儿农业科普文化基地尚书垓村等美丽乡村经营试点，建成了一批地域文化展示馆和生态型主题农庄，实现了山地生态旅游和多元文化体验的深度契合，推动了以生态和文化为特色的乡村旅游繁荣发展。

（2）"洋式＋中式"模式

"洋式＋中式"模式是融合中西元素，以优势资源为吸引，鼓励旅游发展公司、国际友人、文化创意人士投资生态（乡村）旅游，融合当地民俗与西方文化、传统理念与现代文明，开发新兴旅游产品，促进乡村旅游发展的市场化、品牌化、国际化、产品化。这种模式的启示在于通过农房"洋化"改造，实现特色美与和谐美；通过"洋人"投资和居民参与，实现生活美；倡导低碳环保健康，实现生态美和人文美。

"洋式＋中式"模式的典型代表是德清莫干山，洋家乐的代表是"裸心"，从2007年的裸心乡到2014年的裸心谷，再到2017年的裸心堡，拥有百年历史的城堡建筑，三次蜕变，华丽转身，成为了绿色建筑国际奖项 LEED 最高荣誉铂金级认证的高级度假村。德清县发挥莫干山品牌优势，积极发展集本地特色和国外文化为一体的"洋家乐"新兴业态，吸引了英、法等十多个国家外籍人士投资建设。

2017年以"洋家乐"为代表的150家高端乡村旅游项目接待游客49.8万人次，同比增加34.7%；实现直接营业收入5.8亿元，同比增加27.9%。德清"洋家乐"已接待来自全国500多个城市以及70多个国家的游客。德清的杨家乐之所以火爆，除了硬件上的高档高端，更在于其倡导的生活理念：放下一切，把自己交给自然。并且2017年德清洋家乐正式成为全国首个服务类生态原产地保护产品，进一步打响"原生态养生，国际化休闲"的品牌。

（3）"景区+农家"模式

以景区景点为依托，鼓励周边农民利用和提升自有农家庭院建筑，发展休闲观光农业，开发农事体验项目，参与旅游接待服务，形成景区与农家互促共荣的乡村旅游发展格局，促进乡村旅游由传统观光向现代休闲转型发展。如，长兴县突出景区风光和农家情趣主题，不断培育农家乐经营户，投入建设资金，建设休闲农业观光园等，每年举办梅花节、樱桃节、银杏节等农事节庆活动。"农家乐、农业观光园、农事节庆活动"三位一体的发展新模式带动了景区的发展，古生态奇观、茶文化圣地等旅游品牌正日益在长三角乃至全国叫响。这种模式以长兴县为最典型。

（4）"农庄+游购"模式

"农庄+游购"模式是以城乡互动为抓手，着力整合城乡资源优势，积极培育乡村休闲大农庄，在发展休闲观光旅游的同时积极发展旅游购物平台，开发旅游特色商品，打造集休闲、观光、购物等于一体的游购式乡村旅游产品。这种方式能够促进城乡旅游互动，提高乡村旅游发展效益。湖州市区已初步形成滨湖休闲乡村旅游带、浔练乡村旅游带、妙西生态乡村旅游区、荻港古村渔庄乡村旅游区"二带二区"大发展新格局，以荻港渔庄、移沿山生态农庄等市郊十大示范农庄为主体的四大乡村旅游集聚示范区建设扎实推进。这种模式以吴兴区、南浔区和市郊为最典型。

2. 十大乡村品牌

（1）德清东部水乡乡村旅游集聚示范区——湿地风情

德清东部水乡乡村旅游集聚示范区位于德清县东部，包括下渚湖街道、乾元镇、雷甸镇、钟管镇，面积259.88平方千米。该集聚区属于庄园休闲带，以生态湿地景观、江南水乡民俗风情体验为特色，汇集了生态湿地、农家休闲等度假资源。其中下渚湖湿地风景区为国家4A级旅游景区，杨墩休闲农庄为国家 3A 级旅游景区。发展定位为田园城市绿心·文化湿地休闲，重点发展生态景区、主题庄园、创意农业、旅游商品等业态，主要通过彰显文化主题、打造特色村落、培育主题庄园三大路径来提升示范区的整体品质。

❶ 德清东部水乡乡村旅游集聚示范区——湿地风情		❻ 安吉黄浦江源乡村旅游集聚示范区——黄浦江源	
❷ 莫干山国际（洋家乐）乡村旅游集聚示范区——杨家乐（莫干国际）		❼ 湖州（妙西）茶文化乡村旅游集聚示范区——茶圣故里	
❸ 长兴水口茶乡乡村旅游集聚示范区——茶乡水口（上海村）		❽ 吴兴滨湖（移沿山）乡村旅游集聚示范区——丝绸小镇（韩国村）	
❹ 长兴泗安乡村旅游集聚示范区——多彩泗安		❾ 南浔荻港水乡乡村旅游集聚示范区——水乡小镇	
❺ 安吉中国大竹海乡村旅游集聚示范区——大竹海		❿ 南浔浔练乡村旅游集聚示范区——休闲浔练	

图 2-3　湖州十大乡村品牌

（2）莫干山国际（洋家乐）乡村旅游集聚示范区——杨家乐（莫干国际）

莫干山国际（洋家乐）乡村旅游集聚示范区位于德清县西部，包括莫干山镇、筏头乡，及武康镇 104 国道以西范围，面积约 312 平方千米。该集聚区属于山地度假带，以"洋家乐"为主要特色，有来自 20 多个国家的投资商投资的"洋家乐"百余家，主要以裸心谷、后坞生活、法国山居等为代表，此外铜官庄养生居、庾村文化市集、清境文化创意园等项目也已对外开放。该区发展定位为原生态养生·国际化休闲，重点发展乡村民宿、国际度假、文化游憩、婚庆旅游、运动休闲等业态，将通过强化旅游交通体系建设、完善度假休闲旅游要素、重塑莫干山会议胜地品牌来解决集聚区旅游业六要素结构尚不协调，食、住、行发展较快，而游、购、娱相对滞后的问题。

（3）长兴水口茶乡乡村旅游集聚示范区——茶乡水口（上海村）

长兴水口茶乡乡村旅游集聚示范区位于长兴县北部，涵盖水口乡顾渚村、水口村、金山村等，面积共 16.8 平方千米。该集聚区是全国唯一、浙江首个省级乡村旅游产业集聚区，其定位是文化型乡村度假·中国式乡村生活，在发展的过程中，以浓厚的茶文化和优美的乡村环境为依托，集中了以茅草屋、竹楼农家乐、木家庄、绿野仙踪等为代表的农家乐 300 余家，是远近闻名的浙北"上海村"。整体的发展思路为：一是提升产品品位，鼓励业主在民宿设计中融入个人品位、在民宿服务中增强主客互动，加快农家乐向乡村民宿的升级步伐。二是引入标杆项目，进一步加大"大好高"或"小精特"旅游标杆项目的招商力度，积极推进"花间堂"禅茶文化精品项目和芳草地乡村酒店旅游度假村的建设运营。三是完善公共服务，通过整治提升乡村环境、制定执行民宿标准和建设安全应急体系等措施，形成集聚区高效完备的旅游公共服务体系。四是丰富乡村文化，通过加快建设乡村文化设施、大力扶持各类民间协会、积极开展文化活动，形成丰富多彩、品位独特的乡村文化氛围，通过四大路径来实现业态转型发展。

（4）长兴泗安乡村旅游集聚示范区——多彩泗安

长兴泗安乡村旅游集聚示范区位于长兴县西部，包括泗安镇仙山村、庆丰村、长丰村、二界岭村、毛家村、云峰村、罗家地村、长中村、长潮村等诸多具有乡村田园风貌的特色村。以现代农业观光、湿地文化展示为主，现有仙山湖国家湿地公园、中国扬子鳄村、二界岭·中国普罗旺斯乡村度假地、浙大农业科技园及大地说书园、旺湖杜鹃园、薰衣草风情园、樱桃采摘园、休闲茶园、玫瑰观光园等农业观光园，其中仙山湖国家湿地公园、中国扬子鳄村现为国家4A级旅游景区。未来此示范区将通过湿地奇观化、产业链条化、园区庄园化和乡村主题化，重点发展主题庄园、生态景区、创意农业、婚庆旅游等业态。

（5）安吉中国大竹海乡村旅游集聚示范区——大竹海

安吉中国大竹海乡村旅游集聚示范区位于安吉县南部，包括天荒坪、山川、上墅三个乡镇，主要包括天荒坪镇银坑村、余村村、大溪村，上墅乡董岭村、龙王村，以及山川乡全境等重点乡村旅游区块，区域面积约234.3平方千米。该集聚区属于山地度假带。目前以中国大竹海生态景观、高山农家度假为特色，拥有江南天池、中国大竹海、藏龙百瀑、董岭农家等特色资源，是安吉县美丽乡村对外展示的重要窗口。示范区的定位为竹风情山地度假·竹文化创新摇篮，未来将提升产品品位、搭建创新平台、完善公共服务，重点发展乡村民宿、生态景区、文化游憩、创意农业、婚庆旅游、旅游商品等业态。

（6）安吉黄浦江源乡村旅游集聚示范区——黄浦江源

安吉黄浦江源乡村旅游集聚示范区位于安吉县西南部，包括章村、报福、杭垓三个乡镇，主要包括章村镇长潭村、郎村村，报福镇石岭村、深溪村、景溪村，杭垓镇姚村、缫舍等重点乡村旅游区块，区域面积约505.4平方千米。该集聚区属于山地度假带。区内环境良好，群山环绕，现有龙王山景区、深溪大石浪、浙北大峡谷等景区以及漂流项目，其中浙北大峡谷景区现为国家4A级旅游景区。区内高山农家乐独具匠心、特色明显。示范区的定位为山地度假新天地·户外运动大本营，示范区重点发展乡村民宿、生态景区、文化游憩、养生养老、运动休闲等业态。通过统一塑造北天目度假品牌、着力建设山地度假风情小镇、引导发展生态养生项目、丰富山地户外运动类型四大路径来推动示范区的发展。

(7) 湖州（妙西）茶文化乡村旅游集聚示范区——茶圣故里

湖州（妙西）茶文化乡村旅游集聚示范区位于湖州市中心城区西南部，以妙西镇至埭溪镇的妙新线、妙峰山景区和老虎潭水库景区为主体，同时包括长兴县城山沟景区，面积约34.9平方千米。该集聚区属于生态观光带，以城市近郊乡村田野风光、山村文化体验、生态休闲农庄和陆羽茶文化活动为特色，汇集了妙峰山茶文化景区、霞幕山、老虎潭等风景名胜。示范区的发展定位为中国式乡村度假·江南版世外桃源，重点发展乡村民宿、生态景区、文化游憩、养生养老等业态，通过高举西塞山品牌、建设引导性项目、争取大企业合作来推动示范区的发展。

(8) 吴兴滨湖（移沿山）乡村旅游集聚示范区——丝绸小镇（韩国村）

吴兴滨湖（移沿山）乡村旅游集聚示范区位于吴兴区滨湖区块，以湖州南太湖高新技术产业园区、八里店南片省级新农村建设体制创新试验区为主体，面积约28.4平方千米。该集聚区属于庄园休闲带，以太湖南岸滨湖水乡风光、生态农业体验为特色，汇集了钱山漾遗址、移沿山生态农庄、绿叶生态园等重点区块。其中移沿山生态农庄现为国家3A级旅游景区，获"全国休闲农业与乡村旅游示范点""浙江省休闲观光农业示范园""浙江省休闲渔业示范基地"等荣誉称号，是一家集种植、养殖、休闲农业、产品销售、农技服务于一体的农业企业。该区的定位为溇港生态度假·创意庄园休闲。通过生态科技渗透、溇港民宿引导、创意庄园先行、聚集互动发展和利用世界丝绸之源来重点发展乡村民宿、主题庄园、生态景区、文化游憩、创意农业等业态。

(9) 南浔荻港水乡乡村旅游集聚示范区——水乡小镇

南浔荻港水乡乡村旅游集聚示范区位于南浔区，涵盖和孚、菱湖两镇，以和孚镇荻港村为核心，和新公路（和孚至菱湖段）沿线为主干道，包括荻港、新荻、竹墩、射中、下昂和新庙里等6个行政村，面积约为31.2平方千米。该集聚区属于庄园休闲带，现以江南水乡渔文化、桑基鱼塘、水乡古村落为特色，是江南水乡文化的重要展示区，其中荻港渔庄景区最具有代表性。示范区的发展定位为荻港古村慢生活·岛基桑园新江南，重点发展乡村民宿、生态景区、主题庄园、文化游憩、婚庆旅游等业态，通过营造可看性的景观、设计可参与的项目、打造慢生活的商业空间和升级版的住宿群落来实现示范区的升级发展。

(10) 南浔浔练乡村旅游集聚示范区——休闲浔练

浔练乡村旅游集聚示范区位于南浔区，涵盖南浔、练市两镇，以浔练公路沿线为主干道，包含辑里、施家浜、横街、神墩、沈庄漾、花林、农兴、荃步、召林9个村，面积约23平方千米。该集聚区属于庄园休闲带，现在以水乡古镇、湖丝文化、湖羊文化、农耕文化为依托，现有世友生态园、申浩科技农场、国丝文化园、青藤葡萄园等项目。示范区的定位为精品农业·七彩庄园，重点发展主题庄园、创意农业、养生养老、旅游商品等业态，通过农业品牌化、农庄景区化、商品创意化来实现整体品质的提升。其中农业品牌化即依托农业庄园，优化发展环境，深化产品加工，融入地方文化，打造若干农业产品品牌；农庄景区化即通过设计开发有品位的建筑景观、有趣味的游憩活动和有特色的住宿设施，实现主题庄园的景区化建设与提升；商品创意化即通过融入文化元素、拓展创意维度、开发类型丰富而卖点独特的旅游商品，促进农庄购物的升级发展。

四、台湾民宿

（一）台湾地区民宿发展背景

台湾的民宿类似于大陆的"农家乐"。台湾民宿起源于20世纪80年代的台湾垦丁，经过了30多年的发展，已经形成了台湾地区特色的旅游产业，是台湾旅游业发展的重要品牌和核心竞争力。

台湾最早大规模民宿发展的地区是垦丁国家公园，当时只是一种简单住宿形态，没有导览或餐饮服务。起源于游憩区假日的大饭店、旅馆住宿供应不足或缺乏服务，或缘起于登山旅游借住山区房舍工寮，有空屋人家因而起意挂起民宿的招牌，或直接到饭店门口、车站等地招揽游客，而兴起此行业。后期发展过程中主要受到日本民宿 Pension 和 Minshuku 的影响，美国 Country Inn 和 Home Stay 以及英国 B&B（Breakfast and Bed）也在不同程度上对台湾地区民宿产生了一定影响，在探索实践的过程中形成了自己独有的特色。

（二）台湾地区民宿发展历程

根据文献资料，台湾地区民宿发展先后经历了民间萌芽期（1980—1989年）、辅导与茁壮期（1989—1997年）、政策规划与转型期（1997—2001年）、政策执行与发展期（2001—2012年）、民宿品牌化发展期（2012—2017年）5个阶段。

表2-2 台湾地区民宿发展阶段

发展阶段	时间（年）	事件内容	民宿典型风格
民间萌芽期（1980—1989年）	1980	大众旅游兴起，景点周边住宿业供应不足，台湾民宿应运而生	普通农舍（副业经营）
	1989	"新山村"计划推行，引导原住民建立民宿村庄	

续表

发展阶段	时间（年）	事件内容	民宿典型风格
当局辅导与萌壮期（1989—1997年）	1991	台湾地区相关部门在部落产业发展计划书全面发展原住民民宿	商业化的家空间
	1992	台湾地区《休闲农业辅导管理办法》颁布，推动乡村民宿业发展	
	1994	台湾地区"农委会"委托中兴大学起草民宿辅导管理办法草案	
	1997	台湾地区"经建会"指示"交通部观光局"起草民宿管理及辅导办法	
政策规划与转型期（1997—2001年）	1998	"观光局"民宿管理办法草案审议通过	乡土意象乡村性
	1999	台湾地区相关部门成立民宿项目小组	
	2001	《民宿管理办法》公布施行	
政策执行与发展期（2001—2012年）	2002	台湾首家合法民宿——苗栗县三义乡馨雅民宿挂牌，首批共18家	异国风（南洋风、巴厘岛、地中海）
	2003	"观光局"开始公布民宿相关统计资料，年末合法民宿数量：309家	
	2006	"观光局"筛选具国际接待能力的民宿，协助台湾旅游国际营销，年末合法民宿数量：1704家	
	2007	"观光局"发布《观光发展条例》，民宿被列为台湾三大住宿产业之一，年末合法民宿数量：2301家	
	2012	"观光局"开始执行好客民宿遴选活动，首批323家。台湾旅宿网上线，年末合法民宿数量：3688家	
民宿品牌化发展期（2012—2017年）	2016	台湾地区合法民宿超过7000家，好客民宿752家。其中，2013、2014、2015、2016年末合法民宿数量分别为4355、5222、6076和7047家	原创风格生活美学
	2017	《民宿管理办法》修订，年末合法民宿数量：7793家	

资料来源：《台湾地区民宿研究特点分析——兼论中国大陆民宿研究框架》

（三）台湾民宿经营模式

根据《民宿管理办法》的定义，民宿是指利用自用住宅空闲房间，结合当地人文、自然景观、生态、环境资源及农林渔牧生产活动，以家庭副业方式经营，为游客提供乡野生活的住宿处所。该办法同时对于民宿的房间数目、面积以及可设立地点均有明确的规定。例如，办法规定了每家民宿的房间数目最多5间，客房总面积不超过150平方公尺（约13.9平方米），这就给民宿发展和管理提供了一个明确的信号和引导,因此《民宿管理办法》的出台促进了民宿的合法化、产业化、专业化发展。

1. 规范管理,专业辅导,提升民宿品牌质量

相关部门积极对民宿进行规范管理和专业辅导。根据《民宿管理办法》,台湾民宿的最高主管机关为"交通部",在"直辖市"为"直辖市政府",在县(市)为县(市)政府。而在休闲农业区中的民宿则由"农委会"管理。台湾民宿的管理主要是依据《民宿管理办法》和《发展观光条例》来实施的。《民宿管理办法》对民宿的设置地点、规模、建筑、消防、经营设施基准、申请登记要件、管理监督及经营者应遵守事项做了严格的规定。《发展观光条例》规定,如果民宿无照经营,最高可处以 15 万元罚款,并勒令其停业。最高 15 万元的罚款是针对单次而言,如果该民宿屡教不改,观光局可以继续处罚,每次仍然是 3 万~15 万元,直至该民宿整改好,或者索性关门。民宿在登记之后,连装修暂停营业,都必须报备。按照规定,暂停营业 1 个月以上,要在 15 天内提交申请书;而且停业时间最长不得超过 1 年;重新开张时也要重新申报,否则主管机关可以废除其登记证。通过严格规范的管理,保证和提升民宿品牌质量。

2. 打造多种创意主题,满足多元市场需求

结合生活美学,融合文化元素打造创意主题风格的民宿,满足市场多元需求。台湾民宿经营者在创意主题风格上,往往能整合当地自然、文化、产业、生活等资源,形成极具创意的主题、特色,以及具有景观美学概念的民宿产品。如温馨家庭、怀旧复古、田园乡村、原住民风情、异国风情、人文艺术等主题创意产品。从地方特色看,也有垦丁的南洋异国休闲风主题、台北九份的矿山小镇怀旧主题、花东的原住民文化的奔放与山海相遇的激情主题、宜兰的田园乡村主题、苗栗县南庄乡的浓郁客家风情主题、澎湖的离岛度假和水上娱乐特色主题。多样化的民宿产品,满足了旅游市场上的多元需求。

3. 运用多种营销策略,创新民宿营销模式

台湾民宿业大都能开拓多种营销渠道,利用科技资讯与多元营销策略,来吸引更多的顾客,包括利用网络、旅游会展、平面媒体、微博等渠道进行销售。此外,更能借由促销以及与同业或异业的策略联盟提升产品的销售率。台湾的网络使用非常普及,民宿业者大都建置有高品质的专属网站,在网络上可看到民宿业者提供的基本住宿设施或结合农林牧渔体验活动规划的套装行程,如半日游、一日游等,展现其产品多样化、内容丰富及便捷等;还将民宿产销的联系方式、路线及相关休闲产业的网络链接,以最明确、快速的方式让消费者了解;还有园区的设备介绍、风景据点在网上呈现,甚至以随选视频的动画展现,从而诱发了消费者的游玩动机。除此之外,更能通过资讯科技业者建立整合平

台，增加产品的销售通路。民宿业者具有策略联盟的理念，包括跟旅游产业的合作，如与旅游出版业合作提供旅游住宿券或以折扣方式进行促销等。

4. 整合业主策略联盟，创造民宿更高收益

台湾民宿具有强烈的空间聚集特性，已形成民宿村或民宿群。民宿经营者已利用这样的特性，由点至面地整合联盟，采取主动积极的方式开拓客源市场，可降低个别行销所产生的单位高成本，透过整合结盟，以维持竞争优势，将更有能力开拓客源市场，创造更高的收益。在点的方面，各民宿经营者结合当地社区资源，善用自身的优势，创造独特性，对消费者才能具有不同的吸引力。在面的整合联盟方面，分为同业结盟和异业结盟，同业结盟就是当某家民宿客满时，会把游客介绍到其他民宿，不会让客人流失；异业结盟就是以合作互惠的方式，以民宿为中心，把运输车队、农特产品销售、特色餐厅，甚至多语种导览的人员，都联合起来，有效运用既有资源，创造多方最大收益。策略联盟结合形成的相同目标及共同愿景，增进了向心力，促进了当地观光业的发展。

5. 重游客参与体验质量，丰富的DIY体验

台湾乡村旅游高度重视游客体验，注重寓教于乐，农家生活生产、DIY坊、农业课堂、乡土料理等均重视游客参与体验质量。有些旅游点能让游客扮演一定的角色，体验当地民俗活动。如在宝岛时代，让游客学小商小贩叫卖声，学习民间过年摸春牛的歌谣等；在肥皂文化体验馆，让游客体验挑担卖肥皂等；在休闲农场，游客能体验到插秧、采茶、喂养小动物等传统的农事体验活动；在飞牛牧场，组织游客用牧草喂牛、喂羊、喂小兔子，体验开拖拉机等活动，非常受小朋友的欢迎；有些旅游点游客还可DIY制作旅游纪念品，如染布、制伞、制肥皂、制奶酪、制陶等，类型非常丰富，几乎每个参观点都有DIY体验活动，并将文化讲解、游戏活动贯穿其中，寓教于乐，让游客记忆难忘。如维格凤梨酥梦工厂，通过充满乐趣的互动科技体验、专人介绍导览以及亲手DIY凤梨酥，让游客充分体验制作的乐趣，使游客得以亲近、分享，并加以推广。卓也小屋结合客家文化发展蓝染DIY，游客自采树叶，自己动手在手提袋、T恤衫上印染个性十足的创意图案，趣味性、参与性、体验性极强。多数旅游点都能提供环境教育、体验教育、舒压教育、养生旅疗和有机农业耕种等休闲体验活动。

第三章 国外农家乐典型发展模式

农家乐旅游主要起源于一些经济发达的国家和地区,如美国、法国、意大利、德国、日本、澳大利亚等。农家乐旅游是乡村旅游的一种新型业态,不同的国家和地区其农家乐的发展模式也不尽相同。

一、日本

(一)日本农家乐旅游发展的背景

日本是农家乐主要发源国之一,其农家乐旅游起步较早。目前,日本的农家乐旅游规模与经济效益均在世界前列。20世纪50年代末期,随着工业化程度的进一步提升及城市化进程的大幅推进,日本农村的青壮年劳动力外流严重,农业生产受到冲击,农村经济面临着巨大的挑战。为了解决农村劳动力下降、人口老龄化、妇幼化,农业经济日益萎缩的问题,日本政府着手出台一系列农村经济振兴政策,通过各种措施及资金扶持,鼓励、支持、引导农村发展乡村旅游来提高农业的地位及农民的经济收入,提升他们的生活质量。随着相关政策及措施的出台,日本的乡村旅游得到了极大的发展,成为了世界上最早发展农家乐旅游的国家之一。20世纪80年代,随着日本经济的迅速崛起,为了规避泡沫经济带来的巨大风险,大批民间资本涌入到农业及旅游行业,开发了很多乡村旅游度假村,农家乐旅游得以进一步发展。20世纪90年代初期,日本经济危机爆发之后,为了改善经济危机对旅游业发展造成的不利影响,日本政府通过相关措施的出台及政策的引导,在全面范围内推进了以大城市农村周边为主的水果采摘型农业园区,以休闲观光型农业旅游的发展来带动整个旅游业的发展。进入21世纪,日本的农家乐旅游得到大规模发展,其高品质的服务所塑造出来的良好的口碑世界闻名。

(二)日本农家乐旅游发展的历程

1. 初始发展阶段

20世纪50年代开始,日本政府为了解决日本农村的空心化,推出一系列政策及措施鼓励农村发展乡村旅游,到了60年代末期,日本的大中城市近郊附近开始出现了观光果园、休闲农园,日本的农家乐旅游开始起步发展。

2. 快速发展阶段

到20世纪70年代，日本农村地区开始出现了专业化的农业观光农场和农园，农家乐旅游进入到了快速发展阶段。

3. 多元化快速发展阶段

到了20世纪80年代，随着城市资本、工业资本进入农业，日本的农家乐旅游和乡村度假休闲设施开始大规模的发展及建设，各类大型的农业休闲度假村相继建立，典型的如北海道的农业综合休养基地。日本的农家乐旅游由单一的观光型发展到了休闲度假和农业体验。20世纪80年代后期，日本政府开始调整旅游政策，推进旅游业本土化回归发展，着手实施"外国游客访日计划"，农家乐旅游依托这个计划，逐渐发展成为具有产业集群性质的多功能复合型旅游形式，经营范围日益广泛及多元化，经营方式也日益专业化，农家乐旅游得到多元化的快速发展。

（三）日本农家乐旅游发展的特点

日本作为亚洲乃至世界农家乐旅游发展较早、较具代表性的国家，其农家乐旅游发展的特点主要可以归纳为以下几点：

1. 政府主导参与

日本以政府为主导推动农家乐旅游的发展。为了快速发展农家乐旅游，日本政府在规章、资金等方面出台了许多措施。日本政府和地方政府在日本农家乐旅游的发展上分别扮演了不同的角色：日本政府负责财政、设施、技术、国际合作方面；而对外宣传、规划地方农家乐旅游、教育与培训等方面主要由地方政府负责。同时，为了农家乐旅游的健康发展，规范其经营与管理，实施有效的宏观调控，日本政府出台了多项法律法规和政策，为农家乐旅游的发展奠定了良好的法律基础，主要包括《农山渔村余暇法》《山村振兴法》《森林法》《旅馆业法》《旅行业法》《农业基本法》《市民农园事务促进法》《温泉法》等。

2. 行业协会高度自律

日本的农家乐旅游除了政府实施干预外，同时还重视非政府组织和农家个体的发展。2001年，日本的农林渔业体验协会、家乡信息中心和装扮村庄协会3个组织在政府的支持下合并而成为日本最具代表性的农村合作组织"城农交流活性化组织"。这个组织的主要职责是负责城市和农村之间的交流、农家乐经营者的教育培训、农民的进修、为游客及农家乐旅游的经营者提供相关信息等，同时对农家乐经营者的评价及注册工作进行监管，保障乡村农家乐旅游的健康、有序发展。

3. 根据自身特点找准发展方向

日本的国土面积较小，人口稠密，是典型的地少人多的国家。日本的各地的农家乐旅游在发展上不是千篇一律,而是根据自身的资源优势、地理环境等多方面因素找到适合自己的发展模式,做到"一村一品",每个地区都有自己的特色,以此避免同质化经营带来的恶性竞争,使得全国的农家乐旅游都能各具特色、各有优势地发展下去。

(四)日本农家乐的典型发展模式

日本是农家乐旅游的发源地之一。经过多年的发展,农家乐旅游已经与其农业多功能性、乡村产业集群化形成了统一的整体,使得农家乐旅游成为了集休闲观光、农业教育、农业体验、康养度假等为一体的多功能性的复合型模式。目前,日本农家乐旅游的主要发展模式可以分为4种:研学体验型、观光娱乐型、休闲度假型及康体疗养型。

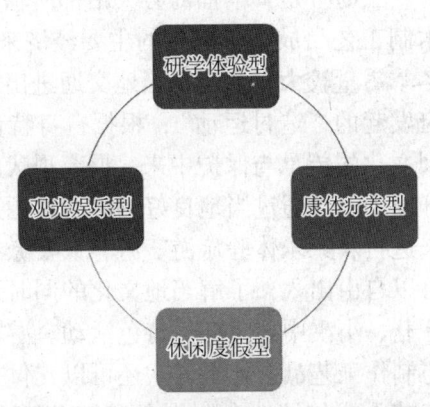

图3-1 日本农家乐旅游的典型发展模式

1. 研学体验型

日本非常重视对学生的农业教育及对自身传统文化的保护与传承。研学体验型的农家乐旅游主要是为学校的学生提供参与农业体验的机会,让学生通过与大自然的亲密接触来体验自然的美妙,让他们在农业劳动中接受教育,加深对地球的了解,学习农业知识,培养社会责任感及吃苦耐劳的精神,增强公民意识。每年日本的学校都会给学生安排关于农村及农业的必修课,让学生到乡村观光并参与当地的农业劳作。日本很多乡村农园都面向学生的研学体验,他们通过让学生参与播种、水稻插秧、农业采摘等活动来增加学生们的农业知识,增强生态意识。据不完全统计,日本每年安排学生到农村参与农业体验的人数超过300万人,研学体验型农家乐旅游成为日本学生教育中非常重要的一部分。通过参与农业劳作,也能够让人们体验日本的传统文化,让文化得以保留与传承。

日本静冈县的"茶都"核心旅游项目结合自身的资源优势,通过发展乡村旅游很好地传承及发展了日本的茶叶文化。静冈县位于日本的中部,是日本著名的茶叶产区,其茶叶产量占了日本全国茶叶总产量的近一半。通过当地政府开发建设的与茶文化相关的会馆、庄园等休闲体验旅游项目,人们可以亲身参与到茶叶的种植、养护、采摘等活动中去,以此来更加深入地了解日本悠久的茶历史。此外,通过当地的茶叶博物馆,人们还可以获得茶知识的科普及对茶文化进行交流学习。通过博物馆内展示的茶具、茶叶制作工艺及为游客提供的茶的试饮活动等可以更加全方位地了解日本本国的茶文化。除了茶叶博物馆,静冈县还从2001年开始每3年举办一次"世界茶叶节",通过茶叶节的举办,让日本的本土茶文化与世界各国茶文化有了更多的交流,提升了静冈县茶园的知名度的同时也为茶园吸引了更多的来自世界各地的旅游者,使得日本的茶文化得以在日本及世界范围内更加广泛的传播。

三岛町是日本福岛县大沼郡所辖的一个町,由于町内林木资源丰富,所以木制工艺品成为了町内的主要经济来源。三岛町由于所处的地理位置的原因,冬季雪量较大,会使得当地交通进出困难从而导致人迹稀少。通过响应日本政府发起的"造村运动",根据自身特色发展乡村旅游之后,当地居民积极参与到文化的传承与保护中来,摒弃现代的塑料制品,回归到木制品的深度加工与开发中来,通过当地良好的旅游资源及特色的木制品文化,吸引了很多游客前来进行农家乐体验旅游。游客只要缴纳一定费用就可以被视为当地居民,他们可以自由出入,了解当地文化的同时还可以体验城市中很少能体验到的上山采蘑菇、小溪中捕鱼虾等特色活动。游客还可以在当地专人的指导下自己动手参与制作工艺品,如果喜欢还可以支付一定的费用将制作的产品带回家。日本手工艺人或传统饮食制作者多年来坚持传统工艺的保护、传承与发展,打造的"匠人"精神令人钦佩。日本的一些农家乐就将"匠人"精神传承作为吸引游客前来体验的卖点,游客通过来到乡村学习手工艺品加工制作工艺或传统饮食制作技术,获得独特体验的同时也让本土手工艺文化和传统饮食制作技术发扬光大。

2. 观光娱乐型

观光娱乐型主要是以城市中的人不太熟悉的乡村农业生产过程及乡村生活和当地独特的人文景观为卖点,在城市近郊或景区附近开发建设有特色的蔬菜水果采摘园等,游客主要通过前往采摘时令蔬果,了解果蔬的生长过程,体验乡村生活来享受乡村的田园乐趣。目前在日本,农园是非常受欢迎的观光旅游地。日本的农园80%为个人经营,还有一部分由日本的农业合作协会和个人共同管理。从地理位置的分布上来看,大多数分布在甲信越及关东地区。通过吸引游客前来进行采摘活动,很好地促进了当地农业经济的发展,同时也让游客在欣赏乡村风光的同时放松了身心,收获参与农业劳动的快乐。

日本苹果、梨、葡萄、蜜瓜、柑橘等水果均在世界上享有盛誉。青森县的富士苹果闻名世界,产量位居日本第一。青森县的苹果园不仅可以提供给游客亲自采摘苹果的机会,还出售苹果树的一年的所有权。游客购买苹果树之后,这一年中树上结出的苹果均归游客所有。当地农民还为游客提供了姓名"印"在苹果上的特殊服务。在苹果生长过程中,当地农民通过将雕刻有游客姓名的纸袋套在苹果上的方法让游客的名字"印"在了苹果上,这样游客可以收获专属的苹果，无论是送人还是自己食用，都别具意义。此外，青森县的民宿还提供具有当地特色的苹果温泉，将当地苹果的资源优势发挥到极致，颇具亮点。

日本北海道美瑛町是日本的一个著名乡镇，因为其独特的丘陵地貌风光及美丽的花卉景观而出名，它也是很多知名广告及电影、电视剧的拍摄地，每年吸引大批的旅游者前来观光。美瑛町的四季彩之丘花圃每年的4—10月会有大批花卉盛开，景色异常美丽。除了美丽的花朵，花圃内还有圈养的羊驼，游客可以近距离接触并喂食它们。到了冬季，游客可以体验雪地摩托、雪滑梯等冬季雪上活动。在花圃内，游客还可以品尝当地鲜奶制作的冰激凌及乘坐拖拉机欣赏花圃景色。

位于长野县安昙野市的大王山葵农场是日本规模最大的山葵园，这里每年不仅可以收获超过100吨的山葵，还能吸引超过100万的游客前来观光娱乐。该农场建于1917年，有着比较悠久的历史。这里也是日本著名导演黑泽明指导的电影《梦》的取景地。当年为了电影的拍摄建造了古朴的水车，许多游客因为电影的原因慕名而来，体验电影中的场景。农场设有水车小屋、餐厅、亲子广场等各种娱乐休闲设施，让游客能充分地享受乡村风情。

3.休闲度假型

休闲度假型的农家乐旅游，主要是利用当地优美的自然资源和农副产品向人们提供各种休闲度假服务。日本是世界知名的高压力、快节奏的国家，加班文化盛行，城市中的人生活压力较大，同时也缺少陪伴家人的时间。城市中的人们非常渴望能回归乡村，放松休闲，给家人更多的陪伴。目前，休闲度假型的农家乐旅游是日本居民的主要休闲度假旅游方式，非常受到日本人民的喜爱。日本的休闲度假型农家乐以综合性休闲农场及乡村民宿为主。日本的综合性农场的规划设计合理，设施齐全，能让游客充分享受乡村美景，品尝当地乡村特产，忘掉烦恼，释放压力，得到难得的放松休闲。

位于日本西端的熊本县地形丰富多样，气候条件优越，非常有利于农业的发展，得天独厚的自然及地理环境条件使得其成为日本首屈一指的农业县，当地的西瓜、番茄、榻榻米草、甘夏橘子、不知火（椪柑）及宿根星星草等农作物的产量位居日本第一位。熊本县的森林覆盖率超过60%，也是日本非常知名的林业县。三面环山、一面环海的地形条件使得当地的渔业也非常发达。熊本县的阿苏山是世界上具有最大破火山口的活火山。当地的独特地理条件使得当地的地热资源丰富，是日本知名的温泉地。熊本县的水资源也非常丰富，当地的多个水源入选日本的"名水百选"，熊本县当地居民使用的自来水基本都由地下水供应。优越的自然条件成就了当地的乡村旅游发展。熊本县的阿苏农园山庄有大小总计超过300个的圆形太空屋，每个房间可容纳4~6人不等，非常适合家庭或者朋友结伴前来休闲度假。每个房间都在顶部贴心地设计了天窗，让游客在夜晚可以躺在床上看星空。除了看星空，游客还可以体验当地的高温露天温泉，洗去满身的疲惫，忘掉烦恼，让身体得到深度的放松。此外，农庄还喂养了很多小动物，游客可以和农庄中的各种小动物亲密接触。高压力、快节奏的生活使得在城市中生活的人对于休闲度假的渴望非常强烈，乡村民宿能够满足人们休闲度假愿望的同时还增加农民的经济收入，改善农民的生活条件，并且还能有助于当地传统文化的保护。

位于日本岐阜县白川乡的合掌村是日本乃至世界知名的休闲度假胜地，该村落被认为是传统风味浓郁、日本最美的村落。白川乡共有5座合掌村落，其中最为壮观及出名的是拥有114座"合掌屋"的荻町。合掌村落于1995年被联合国教科文组织认定为世界文化遗产。到了冬季，整个村落会被厚厚的白雪覆盖，仿若梦幻的童话世界。每年1—2月的点灯节使得白雪映衬下的房屋流光溢彩，更加美轮美奂。从20世纪70年代开始，合掌村落开始经营民宿，满足人们休闲度假的需要。当地居民改造了自家的传统住宅，保留传统茅草屋的外观不做任何改动，仅对内部进行装饰，添置各种符合城市人生活需求的电器及用品，满足游客的需要。当地的民宿不仅提供住宿服务，同时还为游客提供餐饮服务。白川乡将当地的绿色有机食品提供给游客，游客可以在当地品尝还可以选择购买当地自产的各种农副产品带走。白川乡还有很多趣味性的节日，如祈求神明保佑的"浊酒节"，通过这些节日庆典活动能更好地吸引游客前来，丰富当地的旅游内涵，为当地的农家乐旅游增加活力。

4. 康体疗养型

康体疗养型农家乐旅游主要是以当地特色康体疗养资源为主要吸引物，满足人们对于康养的需求。日本人民的人均寿命位居世界第一，是有名的长寿国家。自20世纪90年代以后，日本步入了老龄化社会，老年人口的数量占据了全国总人口数量的半数以上。日本的老人多数拥有退休金，经济状况较好，可自由支配的时间较多，对于自身的健康状况也比较重视，他们对于休闲养老的需求非常强烈。日本的许多乡间度假村都专门为65岁以上的老人提供养老、休闲及保健服务，老人们来到这些度假村可以放松身心，结识新朋友，还可以参与简单的农业劳作，锻炼身体的同时也收获劳动的快乐。由于城市化进程的加快、经济的飞速发展，高强度、高压力的生活使得许多人的身体不同程度地出现了问题，他们需要康体疗养的服务让他们远离日常纷杂的生活，调整自身的身心健康。

日本位于环太平洋的地震断裂带上，频繁的地壳运动造就了日本丰富的温泉资源，日本素有"温泉王国"的称号。星罗棋布的温泉资源使得日本的温泉疗养极度发达。日本的温泉旅游非常受到日本国民的喜爱，基本上日本的国民每人每年都会至少参加一次温泉旅游。日本的大分县温泉资源丰富,有许多日本乃至世界知名的温泉度假旅馆。汤布院和别府就是其有名的两个温泉康养旅游地。别府温泉的喷出量位居日本第一、世界第二,温泉质量在世界上也首屈一指。别府的温泉种类多样,有别府温泉、明矾温泉、柴石温泉、铁轮温泉、观海寺温泉、堀田温泉、龟川温泉和滨脇温泉8个名汤,每个温泉的功效不同,有美容养颜的,有治疗皮肤病的,还有治疗风湿病的,游客可以根据自己的需要选择适合的温泉。当地遍布着众多温泉之家,在这里,游客可以利用温泉治疗身体上的疾病,还可以让温泉洗去身体的疲惫,让自己恢复精神。当地还充分利用地热资源,用来供暖、培植热带植物、种植蔬菜水果和制作健康料理等,游客来到这里不仅可以泡温泉,还能欣赏到美丽的花卉。汤布院的温泉旅馆历史悠久,这里的温泉水无色透明,水质温和,对类风湿和神经痛等症状有较好的疗效,非常受到康养人士的追捧。汤布院还有金鳞湖及久住高原,一年四季都有不同的景色可以欣赏。

二、美国

(一)美国农家乐旅游发展的背景

美国是一个农业资源非常发达的国家,在农家乐旅游上起步很早。美国的农家乐旅游的发展与美国的高速公路建设关系密切。美国的铁路运输系统不太发达,这使得人们进入乡村地区的主要方式为公路。第二次世界大战后,美国的公路网快速发展,使得人们能够通过公路进入到所有乡村,加上战时使用的吉普车等资源随着战争的结束而变得过剩,人们出行变得更加方便,游玩的意愿变得强烈,促进了美国农家乐旅游的发展。美国的中产阶级在第二次世界大战之后会在周末或节假日期间开车到乡村度假,观赏乡村美景。他们一般会在乡村的农庄或者私人农场中留宿并享受餐饮服务。美国是一个移民国家,早年的移民政策为美国带来了人口的同时也为美国经济带来了活力,在早期政策的引导下,很多人参与到土地开发活动中来,大批荒地得以开发,这为日后美国乡村旅游的发展奠定了基础。在20世纪80—90年代,美国政府积极发展乡村旅游,通过发展乡村旅游来促进乡村经济发展,提升农民的生活质量。20世纪末,美国各州都推出了乡村旅游的扶持政策,进一步帮助乡村旅游的发展。此外,《乡村旅游发展培训指南》的出版也通过为乡村地区提供旅游规划指导和建议促进了美国农家乐旅游的发展。

(二)美国农家乐旅游发展的历程

1.初始发展阶段

1905年成立的美国林务局及1916年成立的美国国家公园管理局使得大片

的风景和荒野地用于保护和游憩，为农家乐旅游的发展奠定了基础。从20世纪50年代开始，农家乐旅游因为第二次世界大战后公路网的不断发展和完善及人们对于山地滑雪、漂流等活动的需求而得以发展。

2. **迅猛发展阶段**

20世纪60年代后期到20世纪70年代早期，美国的乡村面貌因很多乡村地区成为农场、牧场及用作其他资源利用而改变。美国早期的移民策略使得很多富于冒险精神的人去开发荒芜的土地，乡村的土地得以大量开发，度假房屋发展迅猛。农家乐旅游在这一时期迅猛发展。

3. **多元发展阶段**

20世纪70年代后期，农家乐旅游被看作是发展乡村经济的重要手段，政府政策大力支持其发展。随着多年的发展，农家乐旅游也开始更加多元化，农家乐经营者通过开发多种活动等力图吸引更多旅游者前来。

（三）美国农家乐旅游发展的特点

美国作为世界上农家乐旅游发展的先驱国家，其农家乐旅游的发展具有如下特点：

1. **丰富的资源依托**

农家乐旅游在美国的良好发展得益于其丰富的农业资源、高度的城市化和完善的市场化。美国是一个高度城市化的国家，广大农村地多人少，推出农家乐旅游，一方面弥补了劳动力的短缺，另一方面还能就地推销农产品。

2. **政府及行业协会的大力支持**

美国政府在政策与资金上给予农家乐旅游大力扶持。1992年美国政府专门立法规定了乡村旅游的发展，为乡村旅游的发展提供法律保障，同时设立了"农村旅游发展委员会"，对农村旅游发展的政策进行研究；在资金上，美国联邦政府成立了"农村旅游发展基金"，联邦政府的小企业管理局还专门制订农村旅游贷款计划，政府根据各农场具体情况给予启动资金，州政府采取各种形式向乡村旅游企业提供经济帮助；同时还制定严格的管理法规，如要求农场必须设立流动厕所和饮用水源，露天场所则要提供消毒水等；并且出台和编制针对乡村旅游的政策和规划，美国有30个州有明确针对农村区域的旅游政策，其中14个州在它们旅游总体发展规划中包含了乡村旅游；美国政府还印制了《农村旅游手册》，对乡村旅游进行宣传，同时加强对乡村旅游从业人员的培训；美国很多州都增加了旅游方面的税收立法，建立了一些新的税项（如旅游奉献税），支持下属市镇政府帮助乡村旅游的经营者筹集资金。

3. **政府、行业、企业、社区多方配合**

美国的乡村旅游企业并非孤军奋战，地方政府、行业协会、非营利性组织、社区和企业高度统一协调，和谐发展。包括国家乡村旅游基金（NRTF）、各地的农业协会在内的多家非营利行业性组织积极服务于农家乐旅游，为农家乐旅游的经营者提供咨询、帮助等服务。

4. 注重本土化，采用多元化营销方式

美国的农家乐旅游更多瞄准美国国内市场，着重打好本土牌，还十分注重农家乐旅游产品的宣传，通过网络、报纸、杂志、节庆活动等方式吸引顾客，并根据淡旺季充分开发农家乐旅游产品。

（四）美国农家乐旅游的典型发展模式

美国的农家乐旅游类型多样，既包括具有浓厚人文色彩的田园、村舍、农业文化遗产等旅游项目，也包括山川、河流、森林、湿地等优美自然风景观光的旅游项目。农家乐旅游的活动也较为多样，既包括传统的垂钓、农业劳作，也包括新型的休闲运动、人文体验等。旅游者可以在休闲娱乐的同时体验自然风光，达到放松心情、修身养性的目的。美国的农家乐旅游主要依托于都市发展。美国的农家乐旅游发展的典型模式主要可以分为3种：观光购物型、休闲度假型及文化体验型。

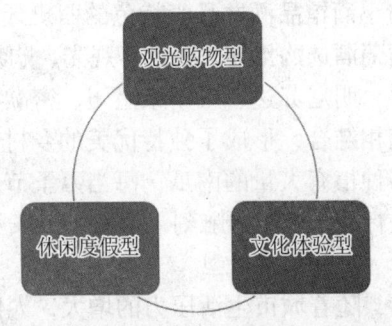

图3-2　美国农家乐旅游发展的典型模式

1. 观光购物型

美国的观光购物型农家乐旅游主要以当地自产的农副产品及优美宜人的自然田园风光为吸引物，吸引旅游者前来。美国的国土面积位居世界第四，广阔的土地及多样的气候环境使得美国拥有众多风景秀丽、自然资源丰富的乡村。美丽的自然景观得以吸引众多旅游者前来欣赏。美国的许多乡村农场、牧场及渔场都拥有自己美丽的风景，依靠美丽景色吸引旅游者的同时还向他们出售自己生产的农副产品。观光购物型的农家乐往往还具有农业知识科普的功能，能够让城市中的人们更多地了解乡村的农业生产劳作。

得克萨斯州是全美面积第二大州，也是美国传统的农业大州，被称作"孤星之州"，其畜牧业位居美国第一位。得克萨斯州地形多样，不仅拥有荒芜的沙漠、迷人的海岸线，还有广袤的平原，丰富的地理资源使得得克萨斯州的乡村拥有巨大的旅游吸引力。得克萨斯州的乡村文化也丰富多彩，从自由狂野的牛仔文化到让人垂涎欲滴的美味烧烤，都让得克萨斯州充满了迷人的魅力。得克萨斯州境内拥有众多农场，在农产品收获的季节会吸引大批游客前往。游客在这里可以观赏当地的自然风景，品尝当地的特色美食，参与到农场的农业劳动中去,并可以亲自采摘农场自己种植的新鲜蔬果。很多农场都开发了教游客制作奶酪、挤牛奶、做果酱等活动,丰富农家乐旅游的内容。有的农场还会举办绿色食品展览等,让游客能更加方便地购买农场自产的绿色有机农副产品。得克萨斯州的观光牧场可以让游客体验骑马,参与到骑行之旅中,体验牛仔文化,还能品尝特色的牛仔早餐。在观光牧场,游客除了可以体验骑马,还能近距离观赏或喂食羊、兔子、鹅、驴、松鼠等动物。到了晚上,牧场主还会带领游客去欣赏当地的丘陵景色,观看野生动物。得克萨斯州的葡萄种植历史超过百年,是全美第五大葡萄酒产地,拥有超过200家葡萄酒庄。沿着290号葡萄酒之路可以发现非常多的葡萄酒庄,当地的酒庄可以让游客欣赏美丽的葡萄酒庄园景色,了解各种葡萄种植及葡萄酒制作相关的专业知识,还可以在酒庄内的小酒馆品酒并品尝特色的西班牙风味小吃。酒庄一般都会给游客提供专业的葡萄酒选购指导,让游客观光、购物两不误。

明尼苏达、威斯康星州、密歇根州将农业种植与其五大湖区特有的自然景色相结合,形成了独特优美的乡村景观。位于密歇根州东北部的弗兰肯默斯农场种植有大量的南瓜,每当万圣节来临,都会吸引大量的游客前往购买南瓜并进行万圣节主题雕刻,为农场带来了可观的经济效益。

2. 休闲度假型

随着城市生活压力的增大,人们对于悠闲的乡村生活越来越渴望,放松休闲的需求变得强烈。美国的很多农家乐抓住人们的这种心理,用乡村美丽的景色、丰富的休闲活动、和谐的人际关系和轻松舒缓的生活氛围吸引游客前来休闲度假。

加利福尼亚州的戈热伊大蒜资源丰富,大蒜的种植加工制造业发达,拥有"世界大蒜之都"的美称。当地的"大蒜节"从1979年开始举办。每年的"大蒜节"上,当地的街道会变身成"美食街",人们会当街制作各种大蒜相关的美食,同时还会举办文化表演、亲子活动、露天音乐会等丰富多彩的活动吸引游客前往,人们可以尽情地徜徉在美食与各种休闲活动中,彻底忘掉烦恼。

密苏里州圣路易斯南部的格兰特农场拥有悠久的历史,是一个经久不衰的地标。农场的名字源于曾经的拥有者——美国第18任总统尤利西斯·辛普森·格兰特。农场是一个免费对游客开放的动物保护区。在这里,游客可以看到超过100种、共计超过900只的各种动物。在这里,游客可以近距离看到大象、骆驼、猪、山羊、孔雀、水牛、鹿、北美野牛、欧洲的黑羚羊、亚洲和欧洲的马鹿及非洲的斑马等。游客可以在农场乘坐电车一边观看农场的美丽风景,一边看动物。农场可以让游客近距离地接触和触摸部分动物,如兔子、骆驼、山羊等。此外,游客还可以观看精彩的大象表演。种类众多的动物吸引了非常多的游客前来，使这里成为了美国知名的休闲度假农场。

位于新墨西哥州的圣菲幽灵农场是新墨西哥州的知名景点。美国著名画家乔治亚·艾琪芙曾在这里长期居住。这里美丽的风景给了她许多灵感。现在游客来到这里还可以看到许多她画中描绘的景色。现在的农场是一个知名的休闲场所，游客可以在这里看岩石的风景，还可以探寻古生物的踪迹，或者在农场内骑马漫步，享受惬意的乡村时光。

位于康涅狄格州的 Ellsworth Farm 农场种有大量的玉米、大豆、高粱、向日葵等农作物，农场主在自家的农场内利用这些农作物设计了一个面积有 5 公顷的玉米迷宫，游客来到这里可以在迷宫中探寻，享受解谜的乐趣。除了在迷宫中解谜，孩子们还能通过迷宫认识农作物，了解乡村生活。游客在农场里除了可以体验迷宫，还可以体验玉米大炮、喂养小动物、亲手采摘蔬果等休闲活动，体会乡村生活的快乐。美国各州都有许多农场设计了丰富多彩的活动供游客休闲娱乐，如采摘节、主题迷宫、亲手制作传统乡村美食等。

3. 文化体验型

美国国土面积广阔，曾经的淘金热、南北战争、西部牛仔等历史文化元素吸引着很多人想要一探究竟。前往曾经的历史遗迹、文化发源地能够让人们更加直观、深入地了解过去的历史文化。

美国西部的牛仔形象世界知名。18—19 世纪，在美国西部出现了一群热情勇敢、富有开拓精神、吃苦耐劳的人。对于大多数人来说，美国西部的牛仔是一群勤劳勇敢、充满神秘色彩的人。在很多文学及影视作品中，西部牛仔都被渲染成是自由精神与个人主义的代表，是善良、勇敢、勤劳的象征。怀俄明州以"乡村牛仔"的形象而闻名，游客们来到此地可以亲身体验当地的牛仔文化风情，参与牛仔的生活。游客们还可以在此观看牛仔独特的表演及牛仔放牧。位于洛杉矶的卡里科拥有美国辉煌一时的银矿，在加利福尼亚州银矿盛产高峰时，此地曾聚集了超过 2500 名满怀梦想的热血青年在这里奋力拼搏，挥汗流泪为自己的将来努力。然而从 1895 年开始，银价大幅跌落，一个个银矿风光不再，人们纷纷离开，卡里科的银矿一蹶不振，正式进入了寿终正寝之年。如今，这里成为了可供游客体验当年美国西部牛仔的开拓进取精神及开拓西部历史的地方。卡里科鬼镇属于沙漠型气候，夏季非常炎热，约 11 月到次年 3 月是比较凉爽的季节。这里至今仍完整地保存着美国西部传统风光。这里有旧式酒吧、西部大街、商店、矿区等。游客来到这里可以乘坐矿车参观银矿遗址、射击场及剧场、博物馆。这里还有各种街头表演秀，其中代表美国西部风情的西部牛仔枪战非常受游客欢迎。

美国在建国伊始，奴隶制遍布全境，后来北方逐步废除奴隶制，但是南方由于种植业发达，主要靠黑奴作为劳动力，所以蓄养黑奴的历史比北方长。在美国南方的许多农庄，还能回溯一些当年的历史，更多地了解南方曾经的生活场景。路易斯安那州新奥尔良市的橡树农庄门口种有28棵高大的橡树，树龄超过了300年，树木高大茂密，置身其中会觉得好像走入了童话世界，仿若梦境。橡树农庄历史悠久，风景优美，环境宜人。这里是著名的影片《飘》及《为奴十二年》的取景地，游客来到此地，可以感受到浓郁的美国南部风情。漫步在园中可以联想到电影中的许多经典场景，《飘》的主人公郝思嘉的音容笑貌仿佛就在眼前，还可以看到《为奴十二年》中关押所罗门的小黑屋、所罗门所戴的镣铐等。庄园内可以欣赏密西西比河的景色，放松下来欣赏来往于河上的船只。庄园内的一草一木、一砖一瓦都能够让游客了解美国社会各族裔追求自由与平等、追求公平与正义的历程。美国的古老民族阿米什人主要分布在俄亥俄州、宾夕法尼亚州和印第安纳州。他们至今还保持着传统的日出而作、日落而息的生活方式，他们拒绝使用电力和汽车等现代化工具。因为他们的独特文化，吸引了广大游客到访他们所在的社区来深度体验。

美国的乡村音乐世界知名，其起源于美国南部与阿帕拉契山区，历史可以追溯至19世纪20年代。美国乡村音乐融合了传统民谣音乐、凯尔特音乐、福音音乐及古时音乐。美国乡村音乐的曲调一般都很流畅、动听，曲式结构也比较简单。许多乡村音乐的爱好者会借助于音乐的契机去其发源地了解乡村音乐的历史与文化，感受乡村音乐的魅力。位于美国东北部纽约州Hunter小镇的卡茨基尔山的乡村音乐节能够在享受当地乡村如画的风景的同时聆听美妙的音乐。科罗拉多州Telluride音乐节的历史可以追溯到20世纪初由当时的矿工举办的美国国庆节派对。来到这个音乐节，游客不仅能了解乡村音乐的文化，还能同时了解其他流派的音乐。现在这个音乐节将多种形式的音乐巧妙地融合在一起，游客来到此地可以体验独特的音乐盛宴。该音乐节现在在每年的6月举办，为期4天，音乐会区域绿树成荫，周围群山环绕，风景宜人，音乐节期间每天吸引约12 000人前来。美国还有许多农家乐借助于当年遗留下的银矿、金矿、内战遗址等吸引游客，让游客体验曾经的文化，了解过去的历史。

三、法国

（一）法国农家乐旅游的发展背景

法国是农家乐发展的先驱国家，其农家乐旅游历史较长。法国是世界上旅游业非常发达的国家，自2005年以来，其旅游人数一直保持在世界第一的位置。法国还是欧洲的农业第一大国，这两者的结合使得其农家乐旅游在世界上也有着巨大的发展优势及比较好的口碑与声誉。法国是西欧面积最大的国家，其工业经济发达，国内生产总值一直位于世界前列。同时，法国的社会保障制度位于世界领先水平，遵守公平公正的原则，全民拥有丰厚的养老金、失业保险、医疗保险、工伤保险、残疾保险及家庭津贴，用于社会保障制度的支出占国民收入总支出的30%。法国发达的经济和高收入为法国乡村休闲旅游的发展提供了保障。此外，充足的带薪假期也为旅游提供了可能性。早在1936年，法国众议院通过法律规定，劳动者只要连续工作满一年就可享受15天的带薪休假。1982年修改的《劳动法典》中规定，劳动者每年休假天数可达到30天。第二次世界大战之后，法国的乡村人口急剧减少，劳动力缺失，人口呈现老龄化，严重影响了法国乡村经济的发展。作为欧洲的农业第一大国，法国的农业生产受到了巨大的威胁。为了解决"三农"问题，法国政府开始实施"领土整治"政策，将土地集中进行大规模的产业化经营，全面推进农业生产机械化，形成了成片整齐的农业景观，场景蔚为壮观，对游客产生了巨大的吸引力。加上法国农村基础设施的提升，餐饮、住宿、商店等配套服务也不断完善，农家乐旅游越来越受到欢迎，各个乡村的农家乐旅游得以快速发展。

（二）法国农家乐发展的历程

1. 初始发展阶段

20世纪50年代，法国政府为了改善第二次世界大战之后法国农村经济的低迷状态，农村劳动力人口的短缺，农村人口老龄化、空心化的问题而大力支持农家乐旅游的发展。1955年，政府开始向从事乡村民俗、生态旅游的农户们发放信贷支持，启动繁荣小城镇计划，以公共财政来支持"农村家庭旅游服务计划"。

2. 规范化、制度化发展阶段

20世纪60年代开始，法国的农家乐旅游进入到了规范化、制度化发展的阶段。1962年，法国政府颁布了规范乡村旅游的第一部法律——《马尔罗法》，该法要求乡村旅游服务机构在推进小城镇、乡村旅游开发过程中，需要注重乡村生态与人文景观的结合，鼓励成立乡村旅游合作组织或中介机构，政府对这些合作组织或中介机构实施免税政策。由此，法国乡村旅游走上了规范化的发展道路。1972年，法国政府又颁布了《乡村旅游发展质量规范法》，该法对过去10年来乡村旅游发展中的问题进行了总结，推出了乡村旅游发展系列质量标准与技术规范，并设立了旅游检查制度，赋予游客评价权。

3. 全面繁荣发展阶段

20世纪70年代末期开始，随着工业化和城镇化发展的放缓，游客对于乡村旅游有了更多的期待与要求，法国乡村旅游开始进入到了繁荣发展阶段。

（三）法国农家乐旅游发展的特点

法国的农家乐旅游健康、持续地发展及在世界上得到良好的口碑，总结、归纳起来其发展拥有以下两个特点：

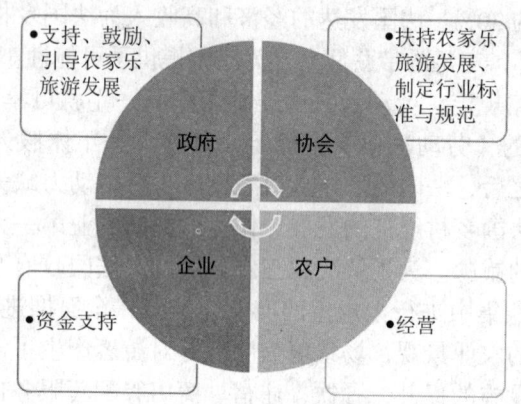

图 3-3　法国农家乐旅游的多方参与发展模式

1."政府＋协会＋企业＋农户"多方参与

1955 年，法国政府鉴于法国农村大量的传统民居空置、损坏、缺乏人员管理与维护的现状，启动了以繁荣农村经济、克服农村人口外流等现象为主要目的的"农村家庭式接待服务微型企业"计划。为了使农村民居能够满足"家庭接待服务微型企业"的标准，法国政府为农民提供经费的资助以促进传统民居的维护与修缮。法国各地政府规定，只要住所业主遵守利益相关者的约定，家庭旅馆在建设后达到三稻穗（三星级）标准，10 年中每年向公众开放 6 个月，就可以得到政府家庭旅馆修缮补助津贴，补助津贴占总投资额的 20%~30%。法国总共大约有 40% 的家庭旅馆获得了政府的公共资金补贴。在基础设施方面，2000—2006 年法国政府共拨款 5300 万欧元为乡村旅游景点修筑公路，保证其可进入性。另外，法国政府每年都会组织一次为期 2 天的乡村旅游博览会，宣传乡村旅游，为游客及农村居民提供更多的相关信息，帮助农村居民更好地发展乡村旅游。

为了能够使乡村旅游得到更好的、长久的发展，保证乡村旅游的品质及口碑，法国政府和行业协会紧密合作，保证其良好的发展。协会在政府的政策范围内制定行业规范、制度及质量标准，以达到行业自律，最终实现乡村旅游可持续发展。法国乡村旅游的主要规范、质量评级标准由法国农会下属协会制定。法国农会是公共职业联合机构，具有半官方、半民间性质，一方面代理或协助政府主持农业行政事务，另一方面为法国农民提供各种服务，并代表农民与政府交涉，拥有政府和民间的双重身份，也是政府和民间之间沟通交流的重要桥梁。此外，协会还担负起全方位指导、教育、帮助农民的重任。协会对于加入协会的会员从房屋的修缮、经营、定价、财务管理等方面进行全面的指导、培训与帮助。除了由政府参与的行业协会，法国还有很多民间自发的行业协会，这些协会的负责人一般都由经验丰富的人担任。例如，法国友人之屋协会，全部由法国退休的工人组成，该协会明确规定，房屋主人必须是住户；为了保证服务的质量，房屋的数量不得超过5间，最多只能接待15名游客；经营者必须为游客提供真实的信息，对待游客要做到如对待自己的家人一般。法国人性化的服务为游客提供了非常美好的旅游体验。这些行业协会的规定逐渐成为乡村旅游行业标准。"农家乐"经营者的组织——"法国农家乐联合会"，负责监督、管理农舍出租的标准，定期派人来检查农舍质量和卫生条件。早在1974年，他们就颁发了《质量宪章》，根据"农家乐"的周边环境、软硬件设施、房间舒适度及提供的各项服务，以麦穗为标志，将它们分为5个等级：最低等级1个麦穗表示该农户家外面有花园；有可供6人使用的洗手间，供7人使用的淋浴间；有烤肉器、自动烤箱、冰箱、厨具和洗碗设施、洗衣设备、电熨斗以及提供婴儿椅。最高级别为5个麦穗，对要想获得5个麦穗的"农家乐"要求十分严格，要有私家花园、停车库，还要有包括网球场、游泳池、桑拿及音乐设备在内的休闲设施。行业协会自律是保证法国"农家乐"服务质量的一个重要因素，为法国乡村旅游营造了一个良好的氛围，使法国乡村旅游蜚声海外。

2. 坚持本地化经营政策

在乡村旅游开发过程中，法国政府坚持本地化策略。"本地化"渗透到了乡村旅游发展的决策、产品设计、经营、服务、人才等各个层面。法国政府规定，在乡村旅游开发前必须得到该地居民的同意，必须考虑到对当地居民生活上的影响。在旅游产品设计和经营方面，法国乡村旅游中的每一类产品都力求保持其原汁原味与独特性。以"农产品农场"为例，每个农场销售的主要农产品必须是自己所生产的，主要原材料原则上不可以向外采购，必须是以农场自己种植的植物或养殖的动物为主，副材料可以来自农场之外的产区，其生产加工程序必须在农场内部进行，从而保证每个农场都有自己独特的产品。为此，农场必须向有关部门提交相关资料，从制度上保证了乡村旅游的原汁原味和独特性。法国家庭旅馆的建设也需要遵循乡村的每一座房子都要与当地的自然环境和谐一体、能够展现出自身独特魅力的原则。家庭旅馆以农场为载体，最终形成独特的法国乡村旅游经营模式。据统计资料，法国有各类家庭农场66万个，平均经营耕地42公顷。法国乡村旅游的经营模式非常简单高效，经营形式包括个人农场、有限责任农场、民事团体、商业集团等，其中个人农场占绝大多数。法国政府规定乡村旅游经营者要求最低具有初中学历，具备农业经营和管理的知识，最好熟悉当地的文化，当游客到来之后，可以为游客讲述当地的历史文化，让游客更多地了解乡村生活。在法国的乡村，休闲活动包括参观农场、学习体验农作物栽培及农业生产知识、动物饲养、参与狩猎、读书、摄影等。多种多样的休闲活动也保证了乡村旅游的趣味性。

3. 完善的营销体系

法国乡村旅游拥有较为完善的营销体系，其目标市场定位在周边省份、国内大城市以及周边国家大城市，面向目标市场对本土的旅游产品进行有针对性的推广。一方面通过互联网建设自己的网站，扩大宣传渠道；与旅行社开展合作，扩大销售范围；利用报纸、杂志等方式进行营销宣传，吸引游客。另一方面注重与游客的沟通交流，通过会员卡、邮件宣传以及高品质的服务留住客人。另外，法国农会常设委员会下属成立了农业及旅游接待处并研发了"欢迎你到农庄来"的组织网络，帮助农业发展旅游。

（四）法国农家乐旅游的典型发展模式

根据成立于1953年的法国农会常设委员会（APCA）的划分，法国的乡村旅游主要可以分为农场客栈、点心农场、农产品农场、骑马农场、教学农村、探索农场、狩猎农场、暂住农场和露营农场9个种类。法国的自然资源优越，乡村风景优美如画，为农家乐旅游的发展提供了助益。法国的农家乐旅游归纳起来可划分为美食品尝型、休闲度假型和住宿体验型三大类。

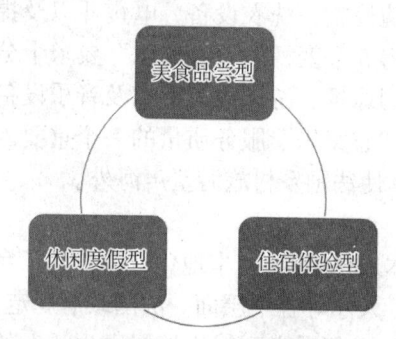

图3-4 法国农家乐旅游的典型发展模式

1. 美食品尝型

法国有很多知名的美食，如美味的牛角面包、法棍，有着"少女的酥胸"称号的马卡龙、鹅肝、鱼子酱等。因为众多的特色美食，许多游客会前往法国乡村体验一番。

来自尼斯的普罗旺斯蔬菜烩是唯一一种没有肉制作的法国炖菜。这道菜充满了美味的地中海蔬菜，如西葫芦、蘑菇和茄子。为了品尝地道的美味，许多人慕名前来尼斯，使得尼斯的农家乐旅游有了更好的发展。

马赛是法国最古老的城市之一，是法国最大的海港，也是法国第二大城市，该市三面被石灰岩山丘所环抱，景色秀丽，气候宜人。马赛最有名的菜首推马赛鱼汤。它是将海鱼和虾等煮在一起而熬成的汤，原本是当地渔民的妻子为了给下海的丈夫暖和身子，以卖剩下的鱼熬成的平民汤菜，现在变成了法国知名的代表性美食。来到马赛的农家乐，游客有机会品尝到当地食材新鲜制作的美味的马赛鱼汤。

法国还有许多知名的乡村农庄靠制售各种特色美食而闻名，吸引了大批游客闻香而来。有的农庄制作特色十足的乡村奶酪；有的经营酿酒厂，利用当地出产的粮食酿制的啤酒特色十足；有的农庄制售手工面包，面包采用当地出产的谷物，烤制面包的烤炉也历史悠久，最终出产的面包极为诱人；巴斯克猪肉是法国非常有名的猪肉，巴斯克猪一般放养在巴斯克地区，将其宰杀后制成的火腿味道鲜美诱人，让人垂涎欲滴，巴斯克地区的很多农庄靠养殖巴斯克猪，利用其肉制作巴斯克火腿来吸引美食爱好者前来。

2. 休闲体验型

伴随着经济的飞速发展、城市化进程的不断提升，生活在城市中的人的压力与烦恼越来越多，对于放松休闲、回归宁静田园生活的愿望越发强烈。乡村农家乐旅游能够满足他们重返乡村、放松身心的需求。

普罗旺斯是法国东南部的一个地区，毗邻地中海，和意大利接壤，因其美丽的薰衣草花海而出名。该地区物产丰富、阳光明媚、风景优美，拥有众多知名的休闲度假之地。普罗旺斯地区的薰衣草田面积广阔，著名的观赏地点有索村、萨奥特、施米雅那山区及"红土城"鲁西永。索村是欧洲规模较大的薰衣草产地，被称为"薰衣草之都"。索村的薰衣草节在8月15日，在薰衣草节期间会举行薰衣草手工收割冠军赛。如果提前预约，在12点半还可以在薰衣草田边的大树下与当地居民一起野餐，体验节日的氛围。萨奥特位于旺图山地区的东端，夏季时节，游客可以看到难以置信的薰衣草花海美景。除了薰衣草的美景，还有当地特色的蜂蜜杏仁牛轧糖，这种美味从1887年就开始在当地家庭式手工制作了。施米雅那山区的施米雅那是一座极具特色的山城，山顶矗立着一座建于12—13世纪的城堡罗通德，小镇环绕着一大片的薰衣草花田。站在施米雅那城镇里，随处可见到紫色花田无边无际地蔓延。"红土城"鲁西永建立在红土峭壁的高崖之上，整个小城被独特又浪漫的红色渲染，颇有童话风格。小镇被法国政府选入"经典美丽乡村"的村庄之一，红土城附近的薰衣草田是普罗旺斯地区很早开花的，当其他地方薰衣草还没有开放时，这里已经变成了紫色的海洋。在花期时节来到小镇可以欣赏独特的红土城美景，还能观看美丽的薰衣草花田。在薰衣草盛开的时节，普罗旺斯地区的小镇都会有薰衣草节，其间会举办各种各样的活动，游客可以来这里好好地放松休闲，欣赏美丽景色的同时感受乡村生活的惬意。

法国的沙西尼奥勒是一个位于法国最大的国家公园中的海拔1000米高的小

镇，风景秀丽。在小镇有一座休眠的火山，被绿色植物覆盖，火山下绵延的河流的水据说对于治疗外伤有很好的效果。这里是一个农家乐旅游发展比较好的小镇。这里的农庄堆放着成垛的干草，奶牛在草场上悠闲地吃草，路边各种野花争相开放，景色美好，气氛悠闲。入住小镇的客栈，抬眼就能望见窗外12世纪修建的罗马式教堂。小镇让人觉得仿佛置身于风景油画当中，如梦似幻。小镇的居民很少，游客来到这里可以感觉好像加入了法国的大家庭，能够感受到浓浓的法国乡村家庭生活气息，还可以品尝当地居民的自制特色土豆饼、香肠等美食，整个小镇营造的氛围让人觉得温馨、放松、愉快。

3．住宿体验型

城市中生活的人往往承受着较大的生活压力，他们非常渴望能够放慢生活的节奏，抽出一些时间来体验宁静美好的乡村生活，让自己的身心得到一个彻底的放松，在美丽的乡村留宿，好好体验乡村的风土人情，欣赏乡村的美丽景色。

法南普罗旺斯吕贝隆山区的戈尔德被称为法国最美村庄之一。美国CNN旗下权威旅游网站CNNGo选出的世界最美丽的十大小镇中，戈尔德更是荣登榜首。戈尔德是一个完全建于山崖上的石头城，雄踞半山，放眼望去感觉就是由众多被日光晒得发白的石头建筑与深深浅浅的绿色植物拼接而成的村庄。从附近山麓望去，石头垒建的房子，密密麻麻没有一定的规则，从半山一直堆叠到山顶，整个村子犹如一座空中之城，给人以掉进了人间的童话村庄的感觉。戈尔德的历史悠久，最早可以追溯到11世纪，在罗马时代，便建起了城墙，中世纪时，人们为了避难来到这里，过着与世无争的清静生活。位于小镇中心建于文艺复兴时期的古堡是戈尔德的骄傲，承载着整个小镇的厚重历史，现在是收藏欧普艺术大师维克托·瓦萨雷里作品的艺术博物馆。戈尔德是艺术家的乐园，走在街巷里随处可以看到安静写生的人们。小镇宁静祥和，在薄暮时分，给人一种与世隔绝的幸福安宁感觉，让来到此的人感到格外的放松与美好。

位于加尔省的于泽斯是很典型的中世纪古罗马小镇，这里是法国的第一个爵位诞生地，法国南部保存最为完好、修葺最为精美的小镇之一。小镇拥有深厚的文化底蕴、谦逊淳朴的气质、恬静温雅的氛围，因此深受诗人和画家的喜爱。法国著名小说家安德烈·纪德在回忆录《如果种子不死》中深情地描述父亲的故乡："啊，于泽斯"，喜爱之情展露无遗。于泽斯也是法国有名的松露出产地，在11月到次年2月的收获期，广场上会有很多当地居民售卖松露的摊点。每年都有许多想要好好感受小镇文化底蕴的人前来这里住宿体验。

格拉斯，位于尼斯北部偏西、阿尔卑斯南麓，距离地中海20千米，在阿尔卑斯山与地中海之间形成一二千米到十几千米宽的被称为"前阿尔卑斯山"的过渡地带。源自阿尔卑斯山的一道道溪流沿着纵横交错的山谷蜿蜒而下，地下水亦很丰富，冲积形成的土壤肥沃，海拔200~500米，冬季，寒冷的西北风被高山挡在北面，基本没有霜冻；夏季，阳光充足，南面吹来的海风使得空气湿润。得天独厚的地理环境使格拉斯成为鲜花的优生地区：单产不高，却质量最好。格拉斯依山而建，周围环绕着薰衣草、茉莉花、玫瑰花、橘子花、紫罗兰等各种花田。这里是世界香水的发源地，1614年，格拉斯引进和栽培各种香料花卉，开始其香水制造业的发端。1730年，法国第一家香精香料生产公司在此诞生，自此奠定了香水王国的基础。几个世纪以来，格拉斯的香水制造业长盛不衰，始终保持着世界香水之都的地位。不仅COCO小姐在这里调制成功Chanel No.5号，而且包括顶级香水在内的超过2/3的法国香水都在这里制造或得到原料。格拉斯更有本土品牌，即被誉为"香水王国骨灰级品牌"的花宫娜（Fragonard）。花宫娜是一个有着300多年历史的手工香水品牌，在巴黎市区里还开设有其专门的香水博物馆。人们说：如果巴黎是香水的橱窗，那么格拉斯则是香水的大本营。每年很多香水爱好者慕名前来，留宿在小镇，欣赏美景的同时更加深入地了解当地的香水文化与历史。

科尔马位于法国阿尔萨斯东部，地处法国东北部，与德国隔着一条莱茵河。它是阿尔萨斯地区第三大城市，也是葡萄园区的中心。由于它的位置和气候极其适合种植葡萄，因而赢得"阿尔萨斯葡萄酒之都"的美誉。自中世纪起，阿尔萨斯葡萄酒已是欧洲最流行的葡萄酒之一。科尔马老城区内仍完好保存着古式木构屋，由木材搭建的多面形屋顶及独特的设计使小城充满着浓郁的阿尔萨斯风情。小镇的每栋木屋都精致漂亮，每栋房屋都被屋主精心设计及装饰，充满特色，让人赏心悦目。许多游客慕名前来体验当地的特色木构屋，感受小镇的优美景色及独特的阿尔萨斯风情。

四、澳大利亚

（一）澳大利亚农家乐旅游发展的条件及背景

澳大利亚位于南太平洋和印度洋之间，由澳大利亚大陆和塔斯马尼亚岛等岛屿和海外领土组成，领土面积761.793万平方千米，是南半球经济最发达的国家，全球第12大经济体，全球第4大农产品出口国，也是多种矿产出口量全球第一的国家，被称作"坐在矿车上的国家"。澳大利亚也是世界上放养绵羊数量和出口羊毛最多的国家，又因其大陆的形状类似一只羊的样子，因此也被形象地称为"骑在羊背上的国家"。澳大利亚长期靠出口农产品和矿产资源赚取大量收入，盛产羊、牛、小麦和蔗糖，同时也是世界重要的矿产资源生产国和出口国。农牧业、采矿业是澳大利亚的两大传统产业。澳大利亚农牧业产品的生产和出口在国民经济中占有非常重要的地位。澳大利亚人口稀少,除沿海一些大城市人口比较集中密集外,广袤的内陆地区基本都是小城镇和乡村,这为澳大利亚乡村的旅游发展提供了得天独厚的土壤。澳大利亚于1788年开始种植葡萄,1810年开始进行葡萄酒的酿造和销售。2008年,澳大利亚成为世界第六大葡萄酒生产国和第四大葡萄酒出口国。发达的畜牧业、独特的动植物资源及历史悠久、特色鲜明的葡萄酒也使得澳大利亚的农家乐旅游发展具有得天独厚的优势。此外,澳大利亚的交通状况极好,乡村道路四通八达,再加上澳大利亚家庭轿车的普及率很高,为农家乐旅游的盛行提供了充足的条件,乡村成为澳大利亚人绝佳的旅游目的地。澳大利亚政府也非常重视农业及农村,大力支持与鼓励农家乐旅游的发展。澳大利亚政府、企业、乡村居民合作参与的模式使得澳大利亚成为了世界上乡村旅游较为发达的国家之一。

(二)澳大利亚农家乐旅游发展的特点

1. 资源优势明显

澳大利亚是植物的王国,植物有12 000种以上。在动物资源方面,澳大利亚拥有超过378种哺乳类动物、828种鸟类、4000种鱼类、300种蜥蜴、140种蛇类、2种鳄鱼以及约50种海洋哺乳动物。其中超过80%的哺乳动物、爬行动物和蛙类为澳大利亚所独有。澳大利亚幅员辽阔,地广人稀,多样的气候条件也造就了发达的农牧业及许多独特的美景。这些使得澳大利亚的农家乐旅游资源优势非常明显。

2. 政府、企业与民众多方参与

澳大利亚政府为发展乡村旅游,鼓励各种旅游活动。社区和民间团体都可以组织乡村游,他们在相关网站上登记、宣传自己的活动,比较大的活动如一年一度的"赶牛大行动",该活动还建立了自己的网站,网站上信息齐全,包括活动的内容、适合什么样的人参加、是否免费、安全注意事项及景区规定等。在澳大利亚,各种农业协会也十分普及,既有按行业组建的,也有按地域组建的,并且农业协会与其他行业协会之间相互联系、相互交叉,最终形成了多行业纵横交错的网络式的协会体系。行业协会与政府一起为农家乐旅游的发展出谋划策,贡献力量。

3. 注重资源的保护性开发

澳大利亚的农家乐旅游发展较早也较好,每年参加农家乐旅游的人数众多,带来巨大的经济效益,极大地促进了澳大利亚农业经济的发展。虽然农家乐旅游发展时间较早,规模较大,但是澳大利亚的自然环境及地理环境并未因旅游的发展而受到非常大的影响,澳大利亚政府非常注重资源的保护性开发,对于其独特的地理环境的保护非常用心,国家出台多个法律法规规范旅游业的发展,

保护自然资源，避免掠夺式开发，因而澳大利亚的农家乐旅游在保护性开发上处于世界前列。

（三）澳大利亚农家乐旅游的典型发展模式

澳大利亚未遭受过战争的侵害，其拥有许多独特的动植物资源，优越的地理条件也造就了其农牧业的高度发达。澳大利亚的乡村各具特色，吸引着不同类型的游客前去体验。澳大利亚农家乐旅游的典型发展模式可以归纳为：文化体验型、休闲度假型及观光娱乐型。

1. 文化体验型

不同的文化对于人们有着巨大的吸引力，体验不同的文化能让人们在满足猎奇感的同时更多地学习与了解其他文化，探索未知的世界。

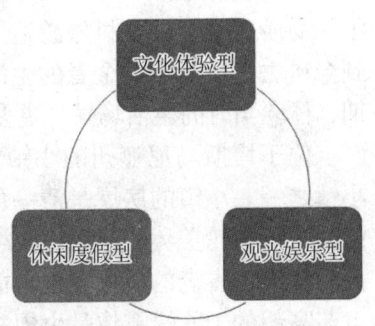

图3-5 澳大利亚农家乐旅游的典型发展模式

澳大利亚传统的原住民文化有着独特与悠久的历史。澳大利亚政府非常重视传统原住民文化的保护、传承与发展。因其独特性，澳大利亚传统原住民文化对于人们也有着极大的吸引力。政府投入了大量资金用于保护传统原住民文化及帮助原住民的发展。位于昆士兰州凯恩斯的库兰达热带雨林有着上亿年的历史，小镇因为古老的热带雨林景观每年吸引着大量的游客前来。100年前，这里是原住土著族"阿瑟顿"人集中居住的村落，现在镇上的居民80%依然是土著人。这里自然风景优美，人文建筑独特，有"澳洲热带雨林第一村"的美誉。来到小镇，游客在欣赏古老雨林美丽景色的同时观赏传统的土著舞蹈表演，跟当地的土著人互动，学习如何投掷回力标、如何钻木取火等。游客在此能在欣赏美景的同时深入地了解传统土著文化。

澳大利亚因其独特的地理位置与气候条件，使得其葡萄酒世界知名。澳大利亚几个主要葡萄酒产地都积极将当地的葡萄园与旅游相结合，发展以葡萄酒文化体验为主的农家乐旅游。位于维多利亚州墨尔本市郊的亚拉河谷从1838年就开始种植葡萄并酿酒，现在已有3800公顷葡萄园、85个酒庄。这里拥有维多利亚州最早的葡萄酒庄园。亚拉河谷的葡萄酒在澳大利亚名列前茅，它的气候、地形与法国南部相似，非常适合种植葡萄，因而亚拉河谷的葡萄酒被认为是属于法国口味，并且等级相当高。目前亚拉河谷是澳大利亚三大葡萄酒产区之一。这里被誉为世界上气候最凉爽的酿酒区，所产的PinorNoir及Chardonnay餐酒被称作极品。在亚拉河谷，游客除了可以在众多的酒庄中了解当地的葡萄酒历史与文化，还可以乘坐热气球欣赏亚拉河谷美丽迷人的清晨景象。

澳大利亚曾经的淘金热吸引了无数怀揣梦想的人来到这里，虽然现在淘金热已经过去，很多金矿已经废弃，但是游客还是可以前往曾经的淘金地点，体验当年的生活场景，回味过去的历史。位于墨尔本的疏芬山曾经是澳大利亚红极一时的淘金地点，许多人不远万里来到此处圆自己的发财梦。如今，这里成了深受游客欢迎的乡村旅游地。游客在这里可以乘坐当年淘金者乘坐的矿车下到金矿去了解当年淘金者的生活场景。在这里，游客还可以穿越回维多利亚时期，体验当时的生活场景，更多地了解澳大利亚曾经的历史。

位于塔斯马尼亚州的小镇罗斯，建于1812年，是澳大利亚历史最古老的小镇之一。小镇的房屋是清一色的米色系外墙、绿色的尖屋顶，在树木及花草的映衬下美轮美奂。小镇上至今还在使用的罗斯桥由约翰·李雅哲设计，是澳大利亚第三古老的桥梁，也可能是世界上同类仅存的桥梁中最美丽的。该桥上工艺高超的186幅雕像是由囚犯雕制，囚犯们因此而获特赦。置身于小镇，会让看过《魔女宅急便》的人觉得似曾相识，因为这里就是《魔女宅急便》最初的构想地。许多游客来到小镇追寻漫画的足迹，探访魔女小琪打工的面包店ROSS VILLAGE BAKERY，回味漫画中的情节。

2. 休闲度假型

澳大利亚自然资源优越，乡村风景优美，空气清新，生活节奏舒缓。对于长时间生活在高压力、快节奏的大城市的人来说，乡村慢生活对于他们有着巨大的吸引力，他们迫切地需要放松自己，让自己好好地享受休闲度假时光。

位于塔斯马尼亚州的谢菲尔德建于1859年，是一个历史悠久的小镇，其名字来自于一个商人在英国北约克郡的家乡。谢菲尔德以壁画小镇而闻名。走在小镇的街头，随处可见精美的壁画，通过这些壁画，游客可以了解小镇过去的历史。小镇每年都举办壁画大赛，吸引众多人前往小镇感受艺术气息，欣赏美丽的壁画。小镇人口稀少，生活宁静舒适，这里的农家乐既可以让游客感受浓郁的艺术气息，又可以让游客的身心得到彻底的放松休闲。

里奇蒙小镇历史悠久，有着浓郁的英伦风情，小镇约有800名居民。小镇上有由犯人劳工于1823—1825年间修建的澳大利亚最古老的桥。这里还有澳大利亚最古老的监狱——里奇蒙监狱。小镇人口稀少，环境清幽美丽，是一个极好的放松休闲之地，每年吸引着大批游客前来休闲度假。

阿德莱德的金士顿小镇是澳大利亚知名的龙虾小镇，小镇号称"澳洲龙虾之乡"，这里是澳大利亚最负盛名的品尝新鲜龙虾的地方。小镇上拥有一个巨大的龙虾雕塑，揭示着小镇的龙虾特色。小镇的环境清幽，居民生活悠然自得。小镇的商业活动主要围绕着龙虾、水产养殖及捕鱼业。来到小镇，不仅可以惬意地品尝美味的龙虾，还可以参加钓鱼、潜水、帆船、高尔夫等各种休闲活动。

位于维多利亚州的戴尔斯福德是澳大利亚最大的天然矿泉聚集地，也是著名的温泉之乡，这里的水富含72种有益于健康的矿物质，以舒缓神经的功效而闻名。除了温泉资源，小镇还拥有别致的丘陵风光和典雅秀丽的田园景致。宁静悠闲的乡村氛围及独特的自然环境与温泉资源使这里仿若世外桃源，成为了受人欢迎的乡村度假之地。游客来到这里除了可以泡温泉、欣赏当地美景之外，还可以在当地农家品尝特色风味美食。

3. 观光娱乐型

澳大利亚发达的农业造就了诸多农场、农庄、果园等可以供游客观光娱乐、体验乡村生活的地点。在这些地方，游客可以观看乡村的美丽景色及参与到乡村的农事活动中。

墨尔本的莫宁顿半岛自然风景优美，层峦叠翠，游客可以在此参与丰富多彩的休闲度假活动，因此有墨尔本的"游乐场"之称。莫宁顿半岛著名的阳光草莓园可以让游客亲自采摘草莓，在草莓园品尝草莓制作的各种美食。

霍巴特的飘丝薰衣草农场是南半球最大的薰衣草农场，薰衣草盛放的时节，形成大片绚烂美丽的紫色薰衣草花海，其景色可以媲美普罗旺斯、伊犁，或者北海道。农场的薰衣草不仅用来制作各种玩具、精油、手工皂等，还制作了当地特色的薰衣草冰激凌及薰衣草布朗尼。游客在农场可以品尝美味的食物、欣赏美丽的薰衣草花田，还可以购买农场自制的薰衣草衍生品，如薰衣草精油、薰衣草沐浴乳、薰衣草清新剂等。

黄金海岸的天堂农庄是一个以表演为主的畜牧农庄。农庄被典型的澳洲农家包围，有着浓郁的澳洲农家风情及乡村气息。农庄里饲养众多的动物，来到农庄，游客可以看到多种多样的传统农业活动表演及近距离接触动物。农庄每天都向游客开展剪羊毛、挤牛奶、牧羊犬赶羊及骑马表演。除了观看各种表演，游客还可以喂食农庄的牛羊等动物或亲密接触澳大利亚的国宝动物——考拉。

黄金海岸的热带水果世界是南半球最大的热带水果主题农园，坐落于世界上最大的陆地休眠火山边缘。园内种植有来自世界各地的500多种奇珍异果、超过12 500棵果树。游客在此可以亲自采摘新鲜的水果，体会采摘的乐趣，还可以参与园内丰富多彩的娱乐活动。

经营篇

2

第四章 农家乐的开办

一、市场调查与分析

农家乐是一种农村文化资源综合运用的载体，集饮食、休闲、娱乐、体验等功能于一体，有民俗、历史、生态、饮食等多种文化元素掺和，按照现代都市人的消费期望和生活要求而设定。农家乐由于门槛低，业内不可避免由繁荣走向激烈竞争的局面，而且经过一轮"尝鲜"后，游客已不再满足单一的休闲方式，人们希望在大自然中得到更好的放松，需要增加其他的休闲活动，这对农家乐有了新的更高要求。开办农家乐是一种商业行为，在市场激烈竞争和法治社会的条件下，要想成功地发展农家乐，必须首先进行市场调研，在市场调研的基础上注重地理位置的选择，了解和熟悉相关的法律法规和惠农政策，同时要准备好相关的证件、资金的筹集和分配、人员的配备与培训等。

（一）市场调查的作用

市场调查是指对与农家乐营销决策相关的数据进行计划、收集和分析，并把分析结果向管理者沟通的过程。对周边农家乐进行调查是为了使自己的农家乐更具竞争力，最终为农家乐成功经营提供理论指导。常言道："知己知彼，百战不殆"，商场如战场，要想成功就必须了解竞争对手并对其进行分析。成功的经验我们要学习，失败的教训我们应尽量吸取。市场调查是市场营销活动的出发点，是增强农家乐企业活力、提高市场竞争力和应变力的重要途径，对农家乐企业的经营活动有着十分重要的作用。

1. 有利于制定科学、合理的营销策略

通过市场调查，使企业收集到比较齐全和准确的市场信息，并通过对这些信息加以科学的分类、分析和研究，制定出科学的营销策略，在产品开发、价格制定、促销手段运用上更有针对性，从而减少失误、降低风险。

2. 有利于发现新的市场机会，发挥潜在的竞争优势

通过市场调查，企业可以发现市场上未被满足的消费需求、挖掘到新的市场机会，从而促进企业调动所有有利因素，发挥潜在竞争优势开拓出新的市场。

3. 有利于改善企业经营管理，提高经济效益

企业可以根据市场调查资料，掌握本企业和同行业竞争对手生产经营上投

入产出状况，通过对比分析，可以找出企业经营管理中存在的问题，拾遗补阙，尽量减少不必要的中间环节，降低成本，使企业在市场竞争中获得更多的盈利。

（二）调查方法

1. 观察法

观察法是调查人员直接到现场观察获取资料的方法，是市场调查中最简便的方法，它一般用于探测性调查。

直接观察法即到农家乐企业实地观察。一般只看不问，不让被调查者感觉到，这样可观察到市场的真实情况。

测量观察法即运用电子仪器或机械工具进行观察记录和测量。

美国有一农家乐企业要测量电视广告的效果，就选择一些家庭做调查样本，把一种特殊设计的"测录器"装在这些家庭的电视机上，可将收看的节目自动记录下来。这样，经过一定时间的测量，就可了解到哪一类电视节目、在什么地方、什么时间收看的人最多。

2. 询问法

是指通过面谈、电话询问、书信等形式搜集材料的一种调查方法。询问法是收集原始资料最主要的方法，最适宜于收集描述性信息。如了解人们的知识水平、偏好、收入、职业等对农家乐产品的购买行为的影响，可采用询问法。使用询问法，问题的设计是关键。一般来说，问题可分为封闭式和开放式两类。

3. 实验法

即通过小规模、小范围的市场试销实验，观察分析顾客反应和市场结果，然后决定是否值得大规模生产和大规模推广。实验法是收集因果关系方面信息最适当的方法，包括包装实验、新产品销售实验、价格实验等。

（三）调查内容

1. 国内农家乐调查

国内农家乐调查就是对我国目前有代表性的农家乐进行的一种调查，可供开办农家乐的经营者进行参考。

2. 周边农家乐调查分析

（1）特色调查分析

主要分析竞争对手的特色是什么以及这些特色所凭借的资源。思考我可以凭借哪些其他的资源创建特色。

（2）经营状况和财务状况分析

主要分析竞争对手的现有经营状况和盈利情况，作为自己开办农家乐的参照。

（3）管理方法调查分析

主要分析竞争对手农家乐的管理方式和竞争优势等。

（4）游客调查分析

分析周边农家乐游客的来源和构成以及这些游客的特点，可以通过设计游客情况调查表和实地采访等方式进行。对竞争对手进行调查分析，摸清周边农家乐的特色、产品种类、服务水平、经营规模、游客构成、经营状况和管理方法等。根据其收益好坏，对每一类的农家乐分别划分上、中、下三等，并对每一个等级做一个总体评价，思考分析每一类每一个等级的农家乐成败的原因是什么，是哪一个环节出了问题。

对周边农家乐进行调查是为了使自己的农家乐更具有竞争力，最终为农家乐成功经营提供理论指导。在农家乐市场日趋成熟的今天，只有不断学习总结，才能使自己的产品具备"人无我有，人有我特，人特我优"的特点。

二、地理位置的选择

开办农家乐，地理位置十分重要。位置选择得好，就会长盈不衰，顾客盈门；而选址不佳，可能造成经营困难、步履维艰，难以长久发展。因此，如何选择最佳的地理位置，是开办农家乐首先要考虑的。

（一）对开办农家乐有利的位置

1. 旅游景区附近

我国有许多著名的风景名胜区，农家乐选址可以充分利用景区的品牌和较为稳定的客源，来开展餐饮、住宿、购物等服务。

2. 生态环境优越的地方

对于来自大城市的客源，吃住是否高档已经无所谓，但对环境却非常重视。因此，选址一定要选择环境好的地方，比如森林植被茂密、空气清新、水质优越、环境安静等地点。

3. 文化景观独特的地方

我国各地文化丰富多彩，从而诞生了许多著名的文化景点，以这些景点为依托，也可以发展农家乐。如少数民族村寨、古村镇、宗教圣地等，游客可以一边接受着当地文化的熏陶，一边品尝当地的美食、欣赏当地的风景。

4. 观光休闲农业园区

观光休闲农业包括观光种植业、养殖业、牧渔业、教育农庄、观光农场、高新科技示范园等。经营户可以在这些园区的基础上，开展旅游项目，并提供食宿购娱等服务。

5. 交通方便的地方

农家乐选址还有一个重要因素，就是尽量选离城市不远的地方，利用交通便利的条件吸引客源。很多农家乐由于交通条件太差，而无法保证客源。

（二）农家乐选址原则和技巧

农家乐位置的确定，要考虑以下几个地区：

①自己居住的城乡结合地区；

②与自己经济上或人事上有关系的地区；

③在自己经济预算范围内的适当地区。

前两点选择是运用地缘关系，可以广泛利用人缘拓展业务，打下创业基础。常言道，人潮就是钱潮。在人脉多的地区开办农家乐，成功率高。

在选定农家乐经营地点之前，必须对当地商业氛围、旅游状况等做一番实际调查分析，才能做出最后决定。例如，了解当地各农家乐及餐饮行业的设店与营业情形，包括同样的农家乐与相关行业的店铺数量、业绩如何；竞争或合作情况如何；还有来往人群的特性，如年龄、职业、性别、消费能力和方式，以及人潮出现的周期有什么特点；周末、假日会不会有变化；有没有淡旺季；如果是在近郊农村，客源锁定上班一族，人潮出没的时间就有所不同，而且顾客的职业差异和收入也会影响消费行为。这些都是决定选择农家乐的经营地点时应考虑的因素。

另外还要注意，如果场所是租来的，租金低廉未必就好，能带来顾客的地点才是好地点。此外，要对所租用的地段和环境等做详细的地段规划调查，如果该地段是当地政府已规划了的要拆迁地段，那就不要轻易入驻，否则将会有一定的风险。要搞清楚经营的地点是不是违章建筑或是政府已规划的用地，关于这一点建议到当地的国土规划部门咨询。

三、设施设备的筹备

农家乐的基本设施设备根据开办规模大小的不同，有着不同的要求。一般的小型农家乐，只是农户自家一整套完全的生活设施设备即可；如果开办具有一定规模的现代化农家乐，就要求设备设施置办齐全。

（一）基本设施设备

1. 小型农家乐的基本设施

①砖瓦结构的房屋。

②硬化了地面的庭院，建有花园、有遮阳伞、摆有桌椅等，一般还有果树点缀其间，以增加农家情趣。

③果园、桑园、林地等可供观赏和采摘的场所。

④水塘。

⑤厨房。

⑥卫生设施，如卫生间和水龙头等。

2.较大型成规模农家乐的基本设施

①交通工具:如自行车、人力车、竹筏、马、骆驼、牛车、雪橇、滑车、汽车等。

②游乐设施:如歌舞厅、果园、水库、马戏场、斗兽园、音乐厅、电影厅、篝火晚会场地等。

③特色餐饮设施:如餐厅、野炊场地、野外烧烤场地等。

④住宿设施:标准客房、露营帐篷、吊床、船舱等。

⑤运动场地:网球场、羽毛球场、保龄球馆、游泳池、雪地、草地、射箭场、野战营、船只、马匹等。

此外,还要根据农家乐所具有的特点,准备相应的设施。如民俗民居型农家乐,必须拥有农家院落;自助农民型农家乐,必须有鱼塘、树林、菜园等农家资源;风景游览型农家乐,必须拥有旅游景点和田园自然风光;休闲娱乐型农家乐,必须拥有游乐场所和一定的游乐设施;生态园林型农家乐,必须拥有一片生态环境,包括花卉、盆景、苗地生产基地;花果观赏型农家乐,必须拥有果园、花卉基地;花园客栈型农家乐,必须拥有园林式建筑等。

(二)餐厅设施设备

1.餐桌

(1)方桌

方桌规格通常为桌面85×85平方厘米、高75厘米,或桌面90×90平方厘米、高78厘米,这两种方桌用途最广。如果想筹建一家大型农家乐(按300人同时进餐计算),一般需要方桌50张,中型农家乐(按150人同时进餐计算)一般需要方桌20~30张。

(2)长桌

长桌通常分长、短两种,长的一种宽为62.5厘米、长为170厘米,短的一种宽为62.5厘米、长为127.5厘米;高度均为75厘米。这种长桌在方桌不够用时可代替方桌使用,在必要时便于拼起来使用,做到一物多用。这种长桌通常用于自助餐。长餐桌一般在大型川菜馆应用较多,如供300人同时进餐的农家乐,可备大小餐桌60张。

(3)圆桌

圆桌使用比较广泛,一般有5种,坐4~6人的,直径为110厘米;坐6~8人的,直径为130厘米;坐10人的,直径为160厘米;坐12人的,直径为180厘米。有的农家乐为了适应大型宴会主宾桌的需要,还特制直径为250厘米、可坐20~24人的圆桌面。通常中小型农家乐,只要装配一些可坐6~8人、8~10人、10~12人的普及型圆桌即可。

2. 餐椅

餐椅一般要求灵巧、舒适、便于搬动。一般农家乐使用木椅或折椅，也可根据不同条件和地方特色制作藤凳、竹笼、瓷凳、陶凳、漆凳等。宴会厅椅凳的颜色、材料和造型等，要同宴会厅的色调和布局和谐。

餐桌和餐椅的选用和布局要与农家乐的等级相适应，与农家乐的经营特色相适应。规模大的农家乐宜选用85平方厘米、高75厘米的方桌，或配置直径为150厘米的圆桌，或配方圆两用桌，配木制靠椅（要用套垫）或折椅。方桌宜配4把椅子，圆桌每张可配8~10把椅子。中小型农家乐的快餐馆，宜选用边长为90厘米的方桌，每张桌配方凳8把。专营特色小吃店，宜选用直径为70厘米的小圆桌或选用长为100厘米、宽为60厘米的小条桌，每张桌配方凳或靠椅4把。

桌椅的排列既要考虑店堂的使用率，又要考虑顾客的舒适和席间服务的方便，同时还要讲究排列的艺术性。较宽敞的餐台的排列一般采用纵横排列法。桌与桌之间的纵距一般应有2米，最小不少于1.5米；横距一般应有1.5米，最小不少于1.2米。一般160厘米的圆桌需占大厅面积8~10平方米，一张90平方厘米的方桌一般需要占大厅面积6~7平方米。

较宽敞的厅堂，排列方桌时可采取靠墙的餐台摆成正方形，中间的餐台可采用斜方形的摆法。面积较小的厅堂，其小方桌或小条桌宜靠墙排列，可节省大厅的面积，也便于席间服务。使用大小不等的餐台，一般在大厅中间排列小方台，在靠墙的地方安排长餐台或安排腰式小条台。

3. 餐厅辅助设备

（1）转盘

转盘放置在圆桌中央，目的是为方便顾客用餐。标准转盘的直径为85厘米。目前电动餐桌转盘已经普遍使用，按动电源开关，转盘便以3分钟1转的速度旋转，使菜肴缓缓地送到每位客人面前。

（2）酒柜

为向客人推销和介绍酒类产品，设长条形的酒柜或立式玻璃酒柜供客人观赏和挑选，同时它对农家乐也起到一种装饰作用。

（3）储存台

既是储藏柜又是工作台，柜内存放餐具，柜面做上下菜时的储存台，酒水和其他用品也放在柜面。常用储存台的规格，长为100厘米、宽为48厘米、高为80厘米。

（三）库房设备

1. 普通干货库房

干货库房应保持相对干燥，湿度大会使货物变质。仓库适宜的湿度为

50%~60%。为保持库房干燥,库房要有良好的通风条件,每小时应保持交换空气4次。

2. 冷藏库

冷藏是利用低温抑制细菌繁殖的原理来延长食品、饮料的保存期和提高它们的保存质量。农家乐常用冰箱、冷藏室对食品进行低温贮存。冷藏库贮存的原料主要有:新鲜的肉、鱼、禽类食品;新鲜的蔬菜和水果;蛋类和奶制品;加工后的成品、半成品,包括:糕点、冷菜、熟食品、剩菜等;需使用的饮料、啤酒、黄酒、白酒等。冷藏库的面积与农家乐的经营方式、菜单类别、使用新鲜原料的多少、购菜的贮备数量等相关。

3. 酒水库

酒水库存放各种软饮料、果汁、啤酒和酒水。贵重的葡萄酒、香槟酒等,由于质量要求高,因而贮存条件应适宜。不同的酒类需要不同的贮存条件,宜采取不同的保存方法。

啤酒是唯一越新鲜越好的酒类,购入后不宜久藏,最长保质期在6个月以内。温度不能超过16℃,温度高了会变质。但是湿度也不能过低,低于-10℃会使酒液混浊不清。

一般葡萄酒可在常温下贮存,名贵的红葡萄酒宜在12℃~15℃的温度下贮存,名贵的白葡萄酒最佳贮存温度为10℃~12℃。红、白葡萄酒可在同一仓库中贮存,但要放在不同的盛器中,并采用不同的空气流通方法和冷却方法。葡萄酒应平躺在酒架上,这样可使软木塞长期浸泡在酒液中而不至于干缩,空气也就不会进入。

普通的烈性酒不需要特殊的贮存条件。因为烈性酒受空气影响不大,并可以贮存很长时间。

4. 冷冻库

冷冻库可贮存保存期较长的肉、禽、蔬菜食品以及加工的成品和半成品等食物。冷冻技术能够延长食物的贮存时间,这样餐厅可以大批量购买原料,以节约采购、验收、运输的工作量。同时大批量的采购食品,其价格也会比小批量进货便宜。食品冷冻后易于运输,使食品在加工、处理、销售过程中不易变质。使用速冻的成品、半成品,如速冻饺子、春卷、速冻干贝等,能减少厨房的加工时间,大大提高工作效率。但是,冷冻贮存,随时间的推移能使营养成分、香味、颜色、质地下降。

冷冻贮存要掌握贮藏食品的性质,不同的食品需要不同的冷冻条件,只有掌握各种食品的性能才能保质良好。食品贮存的时间不要超过3个月。

(四)厨房设施设备

厨房一般设有灶台若干组、各种机械设备,如绞肉机、切菜机、淘米机、烘箱、冰箱、冷柜以及工作台、货架等。

①肉食加工设备有绞肉机、切片机等。

②主食加工设备有和面机、压面机、饺子成型机、淘米机等。

③蔬菜加工设备有洗菜机、切菜机、多用食品切片机、剥皮机、切丁机、碎菜机等。

④油炸设备主要有:

油炸炉:用电或煤气做燃料,有调温器和自动装置,温度可控制在163℃~204℃。食物炸至预定程度,自动装置便发出信号,或使网勺自动提起。

压力油炸炉:带有密封锅盖,加盖后可增加内压力,减少食品油炸过程中蒸发性冷却,因而可减少一半的烹饪时间。有些压力锅还装入注水系统,注入油锅中的水分立刻化为蒸汽,从而提高了锅内压力。

翻斗式煎锅:是一种根据操作需要,可往外侧倾的煎锅,也称焖锅或烤锅。它可用来煎、炖、煮和烧烤食物。

⑤中餐灶由炉架、燃烧器、铸铁锅圈和供燃气管系统组成。它可使用焦炉煤气、液化石油气和天然气3种燃气。

⑥蒸汽烹调设备主要有两种:

蒸汽套锅:蒸汽锅的外面包着一个封闭的金属外套,蒸汽可以注入此中空的金属外套,但不与锅中的食物接触。当蒸汽浓缩凝结成水时,它会释放潜热,透过外壳加热锅中的食物,如果给蒸汽加压,那么锅中的温度可以达到100℃。

蒸汽柜:蒸汽柜是通过加热柜中的空气而使食物受热,烹调速度很快。

⑦烘烤箱分为慢速、标准和微波3种:

慢速烤箱:主要用于烤制肉食。用150℃烘烤2~3小时,然后用定时器和调温器控制把温度自动降至60℃,并一直保持这个温度。用这种烤箱烤制的牛肉,其收缩率一般低于10%。

标准烤箱:使用煤气或电,通过提高烤箱膛内的空气温度来烘烤食物。有的烤箱分为几层,每层有单独操作的温控器。

微波烤箱:工作原理是放置在其内顶部的磁控管射出微波,微波穿透烤箱中的食品,振荡其中的水分子和油脂分子,改变其排列方向,产生热量,这些热量又作用于周围其他分子,达到烤熟食物的目的,它非常适用于加热已烧好的食物。

⑧冷冻设备包括冰箱、低温冷藏柜、冷饮机等。

⑨洗碗机可分为3种类型:

传送带式洗碗机：利用传送带连续清洗餐具，每小时可清洗碗、盘5000~8000只。

门式洗碗机：是一种间歇式洗碗机，碗、盘装筐后送入机内，在机内自动完成预洗、洗涤、漂洗、干燥、消毒等工序，然后由人工取出。门式洗碗机的结构紧凑，操作简便，每小时可清洗餐具2000~3000只，适合于每次进餐300人左右的餐厅使用。

台式洗碗机：这种洗碗机体积较小，适用于小型餐厅。一般每小时可洗300~500只杯盘。

⑩搅拌机规格很多，它可用来和面、打蛋，也可将蔬菜及其他食物切成小块或把它们搅拌成糯糊状。

⑪抽油烟机主要是能把厨房内烹调时所产生的油烟及时排出室外。

（五）小型用具

1. 餐厅用具

餐厅用具主要有盘、碟、盆、碗、杯、勺、壶、盅等几种。

（1）平盘

常见的平盘盘低平而圆，盘边有平圆边和荷叶边两种。用途是：17厘米（5寸）、19.8厘米（6寸）平盘一般做独碟或盛零食点心；17厘米（5寸）盘常做骨盘用；23厘米（7寸）至30厘米（9寸）平盘一般做独碟或盛爆炒菜；33厘米（10寸）以上平盘一般做拼盘或酒席中盛装点心；46~53厘米（14~16寸）盘还可以做垫盘用。

（2）窝盘

窝盘又名汤盘。盘边稍高而盘深。盘边也有圆形边和荷叶边两种。用途是：一般用作盛装汤汁、卤汁、芡汁；较多的烧、烩、焖和全扒菜点以及西餐装汤都用此盘，故有"汤盘"之称。17~20厘米（5~6寸）的小窝盘常盛装调味卤汁和外带卤汁，26厘米（8寸）左右汤盘一般用作盛装散座菜。

（3）腰圆盘

腰圆盘又叫鱼盘和长条盘，其形呈椭圆。有深腰圆盘和浅腰圆盘两种，其边也有圆形平边和荷叶边两种。一般用作盛装整形菜和做拼盘用；33厘米（10寸）以下的也常用盛装爆、炒、烧、炸的菜肴；40厘米（12寸）左右的多用于盛装全鱼等整形菜。

（4）长方盘

长方盘形似长方形，四角呈圆弧形而腹深，适用于盛装扒菜和造型菜，也可以用于冷碟。

（5）高脚盘

高脚盘底平口直，底部有脚，形似高脚酒杯，其边也有圆形和荷叶边两种。它的规格有多种。用途是：26厘米（8寸）以上的一般用作盛装干鲜果、点心和水饺类食品；9厘米（2.7寸）的多用作调味碟用。

（6）碟

碟形似平盘，边稍高，直径不超过13厘米（4寸），常用的有9厘米（2.7寸）、10厘米（3寸）、13厘米（4寸）等几种，其边也有平圆边和荷叶边两种。用途是：用作放置汤勺或盛装菜品、调味料、干果等。

（7）碗

碗按形状大小可分为品碗、顶碗、二大碗、三大碗、二碗、汤碗、加大碗、饭碗、小饭碗、果羹碗等。按用途又常分为汤碗、菜碗、饭碗、口汤碗等。

（8）酒杯

酒杯又名酒盅，按其质地可分为瓷酒杯、玻璃酒杯、金属酒杯和塑料酒杯等几种。现餐馆多用玻璃酒杯。按其用途可分为白酒杯、色酒杯和啤酒杯等几种。白酒杯一般较小，用以盛装酒度较高的烈性酒。色酒杯又名红绿酒杯，一般用于盛装酒度较低的色酒。啤酒杯也称水杯，一般用作盛装啤酒、矿泉水、果子汁等。按其高矮形状又可分为高脚酒杯和矮脚酒杯。

（9）筷子

筷子是中餐的特有餐具，使用极其普遍。筷子的种类很多，就其质地来说，有木筷子、竹筷子、化学筷子、乌木筷子、牛角筷子、象牙筷子等。就其形状来说，有方头筷子、圆头筷子、折叠筷子等。

2. 厨房用具

（1）铁锅

铁锅有生铁锅和熟铁锅两种，直径为35~105厘米。烹调菜肴一般都用熟锅，煮饭和蒸锅都用生铁锅。

（2）手勺

手勺是搅拌锅中菜肴、加入调味品以及将制好的菜肴出锅装盘的工具。手勺呈圆形，直径10~14厘米，有一长柄，柄端装有木头柄。规格以容量为标准，一般有375克、250克、175克3种。

（3）手铲

手铲是在烹制菜肴及煮饭时进行搅拌的工具，有铜制、铁制、铝制3种。

（4）漏勺

漏勺是滤油及从汤锅内取料的工具。它是铁制连柄浅底广口的勺子，中间有很多小孔。

(5) 网筛

网筛是过滤汤汁或过滤液体调味品用的工具，系用细铜丝网做成的、有竹框的圆形筛子。

(6) 铁叉

铁叉是在沸汤中捞取原料的工具。铁叉一头是铁柄，一头是叉头（有一只叉头和两只叉头两种）。

(7) 铁筷子

铁筷子是在锅中划散细碎原料的工具，供不适宜用手铲、手勺时使用。

(8) 蒸笼

蒸笼是蒸制菜肴的工具。它的规格大小不一，最大的直径在1.35米以上，最小的直径在20厘米左右，常用的直径在66~90厘米之间，高约14厘米。

(9) 肉叉

肉叉是用不锈钢制成的两齿叉，带有木把，在制作热菜中广泛使用。

此外，还有一些菜肴制作常用设备，主要有泡菜坛、熏炉等。用于制作泡菜、腌腊食品及辣椒酱等特殊调味品等。

3. 服务员用具

(1) 代手

包括沾布、抹布、拭布。沾布是专门为垫手用的，抹布是搞卫生用的，拭布是专门为擦餐具用的，统称代手。

(2) 托盘

端送饭菜或茶具用的盘子。

(3) 台布

铺餐桌或茶台使用的。

(4) 瓶起子

用来起各种酒水、饮料的瓶盖。

(5) 开刀

专起铁盒罐头或玻璃罐头用。

(6) 分菜用的刀、叉、勺

(7) 卫生用具

主要有笤帚、地板刷、草根刷等。

(六) 其他设施设备

1. 清洗设备

(1) 洗衣机

可选用单缸洗衣机、双缸洗衣机或全自动洗衣机，规模较大的可以选用滚筒式洗衣机。

（2）吸尘器

按功率大小分为大、中、小型 3 种。800W 以上的吸尘器，适宜于餐厅等面积大的场所；400W~800W 可用于客房。装饰物等的清洁，可用小型吸尘器。

（3）卫生设备

包括洗脸盆、抽水马桶、浴缸等，中高档农家乐必须具备。

2. 消防设备

（1）灭火器材

除储水池、水泵外，还应该有泡沫灭火器、磷酸铵盐灭火器、干粉灭火器、二氧化碳灭火器、消防梯、水枪等必须具备。

（2）有条件的高中档农家乐，还可以配备感烟、感温探测器、火灾自动报警器等。

3. 空调设备

有条件的可采用中央空调，一般可用分体式空调，窗式空调已经很少使用。

4. 音响设备

一般应具有调谐器、录音机、VCD 机、DVD 机、卡拉 OK 机、前置放大器、话筒、功率放大器、扬声环绕系统等。另外，还应具有电视机。有条件的大型农家乐，还要配置专用天线与闭路电视。此外，还有一些项目设施设备。项目设施设备是指与农家乐开张的服务游玩项目有关的设施设备。如钓鱼的船和渔具、鱼饵等；干农活用的工具；骑马的缰绳、肚带、脚镫；野营的帐篷、电筒等。

四、开办的相关手续

一般来说，一个正规的农家乐需要办理的证件包括卫生许可证、税务登记证、工商注册登记等。

（一）开办农家乐需办理的证照

现在许多地方，有相当一部分农家乐在没有办理相关证照的情况下就开始营业，特别是一些小型农家乐，经营活动还处于一种自发无序的状态，提供的产品和服务也不甚规范，游客投诉的情况时有发生。加强农家乐的管理，规范农家乐经营所需手续，是引导农家乐健康规范发展的必然选择。下面是农家乐经营需要办理的七种证照：

1. 工商营业执照

工商营业执照是经营户必须办理的最基本的证照。

2. 卫生许可证

大部分农家乐都有餐饮接待项目，因此必须办理卫生许可证。

3. 从业人员身体健康合格证

农家乐的从业人员须办理健康证。

4. 税务登记证

农家乐经营者应该在办理营业执照 30 天内，向税务机关申请办理税务登记证。

5. 排污许可证

排污许可证的发放是为了减少农家乐经营对环保的影响，不允许排放物破坏当地的生态环境。

6. 消防许可证

对于提供住宿服务的农家乐，须办理消防许可证或者消防部门出具的消防意见书。

7. 文化经营许可证

对于设有歌舞厅等文化经营项目的农家乐，还得办理相关的文化经营许可证。

（二）农家乐相关证照的办理手续

1. 办理农家乐各种手续的步骤

①到卫生部门办理卫生许可证。

②凭卫生部门的卫生许可证，到工商部门（或政务中心）办理营业执照。

③全体从业人员统一到有关卫生部门接受体检，体检合格后由卫生部门统一发放从业人员健康证。

④到地税局办理税务登记。

⑤有些地区的农家乐需要到环保部门办理排污许可证，而多数地区的环保部门只要求一些大型的农家乐到环保部门办理排污许可证，以确保排污符合环保要求。

⑥如果农家乐营业项目中有住宿，则需要向公安部门出示农家乐的有关文件资料以供备案。

⑦向消防部门提出申请，由消防部门检查农家乐的硬件设施设备是否符合经营条件，消防安全是否合格，并出具消防意见书。

⑧如果农家乐有卡拉 OK 厅、歌厅、演出、文化产品经营等项目，则需要到文化和旅游局主动申请，由文化和旅游局对其条件认定后，办理文化经营许可证。

⑨如果农家乐设有户外体育活动项目，则需要请体育行政部门对其设施设

备进行检查，确保设施设备合格，符合安全条件，且农家乐的教练及游泳池救护员等应具备相应资质，由体育部门签署意见，同意开展户外体育活动项目。

2. 办理营业执照

申请企业法人登记应提交如下文件、证件：
①组建负责人签署的登记申请书；
②组织章程；
③资金信用证明、验资证明；
④企业主要负责人的身份证明；
⑤住所和农家乐经营场所证明；
⑥卫生许可证；
⑦其他有关文件、证件。

申请营业登记应提交如下文件、证件：
①登记申请书；
②资金证明；
③负责人任职文件（贴身份证复印件）；
④场矿使用证明；
⑤卫生许可证；
⑥其他有关文件、证件。

以上文件上交后，工商行政管理部门要进行受理、审查、核准。在此阶段，农家乐应接受工商行政管理部门的调查核实。

登记机关审核批准后给符合条件的独资企业、合伙企业发"营业执照"，给有限责任公司发"企业法人营业执照"，并通知法定代表人或企业负责人领取营业执照；领照时要办理签字手续，缴纳一定数额的登记费。

如果所开的农家乐属于农户经营的或两个以上合伙人共同经营的，就要办理个体工商户营业执照。办照的程序是：由申请人向所在地工商行政管理部门递交申请，填写"个体工商户申请登记表"，填好后连同申请人身份证复印件、照片及卫生许可证一起交给工商行政管理部门。"个体工商户申请登记表"的主要内容包括：
①字号、名称要符合登记管理的规定；
②经营者姓名及住所；
③经营场所（要有产权单位或私人盖章的租赁证明）；
④从业人员（从业人员要有身份证复印件、健康证复印件，外来人口要有暂住证、健康证、就业证等）；
⑤资金数额（指申请开业的注册资金）；

⑥经营范围;
⑦经营方式。
工商行政管理部门收到全部文件并核准登记后,发给"营业执照";不予登记的,书面通知申请人。

3. 办理税务登记

领到营业执照后,务必在30日内向当地税务机关申请办理税务登记,如实填写税务登记表。税务登记表的主要内容包括:
①单位名称;
②负责人身份证复印件;
③住所、经营地点;
④企业类型、核算方式;
⑤经营范围、经营方式;
⑥注册资金、投资总额、开户银行及账号;
⑦经营期限、从业人数、营业执照号码;
⑧财务负责人、办税人员;
⑨其他有关事项。

填写税务登记表后,要连同下列文件一起交给税务机关:
①营业执照;
②有关章程、财务制度;
③银行账号证明;
④负责人身份证复印件;
⑤其他文件、资料。

税务机关在收到纳税人应交的全部文件资料后,应在收到之日起30日内审核完毕,符合规定的,予以登记并发给税务登记证件。

根据《中华人民共和国税法》的规定,农家乐属于服务业,应缴纳的税种有增值税、企业所得税、城建税、教育附加税、印花税等。投资者及全体员工领取工资、分红时,还应缴纳个人所得税。这几种税都由国家税务机关负责征收。

4. 办理大型的农家乐增加的审批项目

如果开发的是大型的农家乐旅游项目,还需要做以下工作。
①购买取得经营权或通过政府招商引资开发此项目,其土地使用权的转让须有土地主管部门的批复,再通过商务局批准合同,通过公证处公证。
②农家乐开发立项报告(说明开发程度、投资规模、经营项目等)报当地政府经济发展改革委员会。

③农家乐的开发规划或方案，即可行性报告，报当地政府及相关的环保部门、财政局、金融部门、建设局等批准。

④通过环保局委托相关单位或专家对环境影响进行评价，出具评估报告，以此为结论来评定农家乐具体的营业条件，并对不合格项目进行整改。而文化、工商及相关部门以此报告为依据，来确定是否核准其经营资格。《建设项目环境保护管理条例》第9条规定：建设项目"需要办理工商营业执照的，建设单位应当在办理工商营业执照前提交环境影响评价文件；如果此项没有通过，环保部门有权停止农家乐的经营行为，甚至取消其经营资格"。

第五章　农家乐的设计

一、环境设计

(一) 周围环境设计

从现有的农家乐来看，一般所处的环境都十分优越，空气清新，环境宁静。但农家乐本身条件却有许多不尽如人意的地方。虽然有一些特色的民居，如砖瓦结构或木头结构的房屋，有花园、桌椅等，但是比较简陋，需要进一步完善。特别是新修建的农家乐，因资金和设计方面的原因，往往使周围环境的设计不上档次。在进行农家乐的环境设计时，要注意以下几个方面：

1. 改善交通条件

交通方便，旅游者会乐于前来；而交通不便，可能造成经营困难。因此，出于长远考虑，交通的通畅性至关重要。交通包括外部交通、内部交通，外部交通注意的方面包括路面情况、旅游公交车（每天班次、容量、卫生条件等）、交通标识、旅游标识等；内部交通包括游步道（小石子路、栈道）、旅游环保车（如电瓶车、自行车）、特色交通（竹筏、人力轿、兽力交通）、旅游解说标识等。

2. 改水改厕，注意垃圾的处理

农村地区改水改厕、生活垃圾集中收集，以及能源结构调整等一直是农村地区生态环境急需解决的问题。由于经费的限制，加上农民对这些问题认识上的不足，导致上述问题无法得到很好的解决。在开发乡村旅游时，应将解决上述问题作为重中之重，一是要求农户拆除景观道路两侧旱厕，家庭里也改旱厕为冲水式厕所；二是集中收集和处理生活垃圾，进一步改善农村环境卫生条件；三是要求农民尽量使用燃气、沼气、太阳能等清洁能源，改变某些山区农民长期以来以柴火为主要能源的习惯，减少对薪炭林的砍伐，促进生态环境保护，实现人与自然的生态和谐；四是对饮用水进行监测，如果井水、泉水达标的话，可以放心使用，否则使用自来水。

3. 宣传教育，提高农村居民的环境意识

通过宣传教育，培养农民的环保意识，提高农村居民的卫生习惯，树立环境第一是旅游业的重要保障的观念，减少农村地区人为环境污染。

4. 推行生态农业模式，实现循环经济

由于农业的"生产"特征，乡村旅游是"生产性"旅游，因此在对待农村地区的种植业和养殖业时，如果园、桑园、鱼塘、养家禽等，应给予鼓励，但同时倡导生态农业模式，如珠江三角洲的桑基鱼塘、果基鱼塘等。同时，大力培育庭院文化，赋予生态庭园经济新内容，使游客更充分地享受农家情趣。

（二）庭院绿化美化设计

庭院设计就是通过配置园林植物、布设园路、添置园林附属设施以达到改善庭院生态环境，美化庭院，创造一定庭院经济效益的过程。

1. 庭院绿化美化的作用

庭院绿地能形成良好的小气候，净化空气，减少尘埃，吸收噪声，调节温度和湿度；能吸收二氧化碳，释放出新鲜空气，良好的庭院绿地是一个新鲜氧气的供应站；能杀灭细菌，促进健康；能净化水体，建立庭院生态系统。

庭院绿化美化可以创造良好的人文环境，陶冶情操，为居住者休息、户外活动提供最方便的场所。

庭院的生态功能与经济功能是相辅相成的，其结构必须是生态经济型，也就是生态与经济必须紧密结合。良好的庭院生态环境，有利于充分利用现有资源，提高农业生产力和效益转化，为农家乐的经营提供尽可能多的绿色产品。

2. 庭院绿化美化设计的原则

（1）有地方特色

我国幅员辽阔，风土人情各不相同，千篇一律的庭院模式是不可取的。应充分利用当地的自然条件，因地制宜，并且要发扬当地传统风格，珍惜历史留下的宝贵遗产，同时要做到有所创新。

（2）要合理布局

庭院的合理布局要做到舒适和经济的统一，空间划分要合理，层次要分明。

（3）要兼顾经济效益

设计者要有商品意识，庭院最好设计兼有农产品生产功能，以此来提高农家乐的经营收入。例如，庭院里种植果树、蔬菜，一是为旅游者在休闲的过程中提供采摘体验；二是提高农家乐的经济效益。

3. 庭院绿化美化设计的程序和步骤

庭院绿化美化设计，尤其是经营性的农家乐的庭院绿化美化设计，并不是种几棵树、养几盆花就能实现的。这除了要考虑实现庭院绿地的生态效益、社会效益外，还要求同时兼顾经济效益。这里最关键的一环就是要遵循科学原理，搞好规划设计。设计是指某项工作开展之前，根据一定的条件，为了一定的需要，或达到某种目的，预先制定方案、方法、图样等工作。庭院绿化美化设计的程序和步骤如下：

（1）了解自己庭院的条件

庭院的绿化美化具体受日照、土壤等条件的制约，农家乐经营者要把庭院绿化美化搞好，就要好好了解自己庭院的条件。庭院绿化美化设计中需要注意以下事项：

庭院与建筑物相搭配。农家乐的建筑，应该保持传统建筑的优点。因此，庭院必须适合这些建筑物的设计，需要考虑绿化美化与房屋外观的协调。

农家乐旅游者的需求。对于农家乐来说，庭院设计要考虑游客的需要。因此，农家乐的庭院一定要给游客提供足够的户外活动空间，如果经常接待带小孩的家庭旅游者，还应该在庭院中配以沙地和在草坪上配以玩具、秋千等。

日照、排水、土质等栽培条件。要种植很多的花草，日照就是一个很重要的因素。庭院中日照好的地方种植喜阳的植物，朝北或阴凉的地方则种植喜阴的植物。由于通风的好坏直接关系到病虫害的发生率，因此，在庭院设计时有必要考虑是否应该移植庭院中的一些树木，把不透风的隔墙换成通风的栅栏等。土质是培植植物的重要条件，土质不好的庭院有必要进行土壤改良。

庭院改造所花费的时间和资金。作为农家乐的经营者，模仿一些杂志上的外国美丽庭院并不是不好，但这必须要有种植花草的经验和技术作为保障。摸清自家能力再拟订计划是相当重要的。一年的园艺作业，从整土开始到驱除病虫害和施肥，补种补植、除杂草、修剪、防霜防冻等，每个月每个季度都有相当多的工作。因此，在设计自家的庭院之前，必须清楚自己能够投入在庭院绿化美化维护上的时间、精力和资金有多少，园艺水平如何。

（2）绘制庭院设计图

了解了庭院的环境和条件之后，下一步就是绘制图纸。绘制一张庭院设计图的主要步骤如下：

功能区划分。如可以把庭院划分成户外休闲区、儿童游乐区、花卉欣赏区、观光农业区、通道等各个功能区。分区可以使界线明确、管理方便。

考虑活动线路。活动路线主要就是游步道，或直线或曲线，可以用小碎石、青砖等铺设。

定好构造物的位置。藤栅架、凉亭、户外餐厅等构造物一旦建好便很难再改，所以必须仔细斟酌，定好它们的建设位置。

树木的种植。按照树木、奇石、多年生草本植物和一至二年生草本植物的顺序来决定。首先确定种植后一般不再移动的树木的位置。配置树木要遵循从高到低、从大到小的原则进行安排。

花草的种植。首先确定数年内将不做移栽的多年生花草的种植位置，大株的花草适合种植在角落、大树下以及沿墙面外周的地方。而后确定一至二年生的花草位置，因这类花草通常在一年内会进行数次换种，因此要设置在容易管理的地方，如花坛的前半部分。

植物的色彩搭配和种植株数。把计划种植的株数以及花色搭配，在平面图上也画上标记。

至此，完成以上六个步骤，就可以依照这份庭院绿化美化设计图动手修整自己的庭院了。

4. 庭院建筑小品

庭院建筑小品是在庭院中为农家乐旅游者提供服务功能，方便绿化管理，用作装饰、展示、照明、休息等用途的小型建筑设施。建筑小品的特征是体量较小，造型丰富，功能多样，富有特色。

（1）建筑小品的作用

人们进入庭院，主要目的是要观赏景色。因此，建筑小品的首要功能就是要为人们观景服务。其造型要小巧玲珑，富于变化，形式多样；在空间处理上要开畅流通；在色彩上要素净明快；在位置上要与庭院其他景致相呼应；在功能上要舒适方便，具有实用价值。

建筑小品往往是用来组合和分隔景点的，有的小品建筑本身就是主景或配景，更可以与其他景色相互对景，互相借景。建筑小品也是体现意境的重要手段，如贴楹联的亭台、碑刻。游人在欣赏周围景色的同时，看到景名、楹联或碑石时，很快就能领会庭院的意境。

（2）建筑小品的类型及设置要求

按功能来分，庭院建筑小品可分为4种类型：

服务小品。供游人休息和遮阳用的亭、廊架、座椅等，为游人服务的电话亭、洗手池等，保持环境卫生的垃圾箱等。

装饰小品。各类绿地中的雕塑、铺装、景墙、窗、门、栏杆等，有的也兼具有其他功能。

展示小品。各种布告栏、导游图、指路标牌、说明牌等，起到一定的宣传、指示、教育功能。

照明小品。以草坪灯、广场灯、景观灯、庭院灯、射灯等为主的灯饰小品。

建筑小品与植物一起配置，处理得当，不仅可以获得和谐优美的景观，而且还可以突出单体达不到的功能效果。

（3）常见的农家庭院建筑小品

亭。亭是庭院中最常见的观景、休息、乘凉、避风雨的建筑物。在庭院里、山上、水边，常见的是六角形、八角形和圆形古亭；与廊组合时，常见的是平顶廊亭。

廊。廊在庭院里一可遮挡风雨，二可引导游览线路和组织空间。在庭院绿化中常利用道路空间搭设花架绿廊，让攀缘植物攀爬其上。农家乐庭院的廊，大多利用丝瓜、葫芦、扁豆等藤蔓型农作物来建设绿廊，这不仅增加了农家乐的"农"味，还能产生一定的经济效益。

院墙和门窗。院墙有安全保障、衬托景物的作用，门窗有装饰点景、组织框景、引人入胜的作用。在设置时要做到有变化，巧妙组合，与环境协调。

栏杆。栏杆起防护、美化、分隔、装饰的作用。应该根据环境要求，采用石头、钢铁、竹木等不同材质修建。

庭院道路。道路是组织交通、划分空间、联系景点的纽带，也是构成景色的重要因素。其设计要求是：主次分明、疏密合宜、因地制宜布置，与建筑协调配合。农家庭院道路应该尽量采用天然的材质铺设，例如碎石、石板等，以增加自然美感。

照明设施。庭院灯是庭院内柔和的夜间照明灯光，它可以使庭院充满温馨的气氛，而且灯光还能带来安全感。灯光的强弱、方向应有所安排。

运动设施和娱乐设施。根据游客的需要、庭院空间的大小以及经营户的经济状况，可以布置一些适合不同人群的娱乐设施，如摇椅、吊床、棋牌、垂钓、秋千、球类运动设施等。

（三）乡村厕所的设计

到农村来旅游的游客大都来自城市，他们对住宿、餐饮的卫生要求较高。然而，目前我国大多数乡村地区卫生条件不甚理想，厨房和厕所环境较差，让游人十分担心乡村的卫生条件，尤其不能容忍的是乡村厕所。简易的旱厕，大多用乱石或土砖堆砌而成。农家乐旅游发展随之产生的生活垃圾和污水，增加了生态环境的压力。因此，农家乐旅游必须加强厕所、垃圾站与污水处理设施的建设。厕所的设计原则有以下几点：

①设于旅游景点下风处，以避免异味散布。

②设于主要景观的眺望范围外。

③有指示标志引导。

④尽量附设于主要建筑物内，以避免独立式厕所零星散布，破坏景观；同时要有通风设施解决气味问题。

⑤尽量远离水源，避免化粪池破裂渗漏污染水源。

⑥地面材料应具有防滑效果。

⑦尽量不采用坐便器，主要以蹲坑为宜。

（四）给水与污水处理系统设计

1. 给水系统设计

给水系统用水量的估算，可依据农家乐旅游区的不同使用者及使用日进行划分，使用者有旅游区员工与到访游客两种，旅游区员工是以经营管理的实际需求予以估计，到访游客数量则以旅游区的最大承载量或假日高峰量估计。到访游客数中又可分为住宿游客及非住宿游客。给水系统的规划原则主要有：

①根据高峰游客的需求与地形条件，设置自来水蓄水池或配水站；

②给水管线的配置需考虑所需供给的水压强度与瞬间最大给水量；

③给水管线埋藏于地下，如暴露于公共主要路线时，应美化处理；

④管径50~300毫米最小覆土深度1米，管径350~500毫米最小覆土深度1.2米；

⑤给水于管沿道路及绿化带布设，于适当地点配置设人孔，以利于维修；

⑥管中流速最大限制为3米/秒，最小限制为0.3米/秒，以避免管中压力过大，造成漏水及安全隐患。

2. 污水下水道系统设计

农家乐旅游区所产生的污水主要为生活污水，而生活污水产生量则受游客人数的影响，平常与节假日差异甚大，一般生活污水的估算方式可按自来水用水量的80%来估算。农家乐旅游区的污水来源有两种：一种为旅游区开发产生的混浊污水；另一种则为旅游区营运期间所产生的一般污水与厕所废水。排水系统的规划原则如下：

①设置污水处理设施或污水处理设备，防范对海洋及河流等水源的污染；

②污水处理设施的规模与性质，根据发展规模而定；

③污水与雨水分开排放，同时避开供水管线，以免造成饮用水污染；

④以暗管为主，最小覆土深度不少于1米，以避免管线裸露，造成不雅景观；

⑤排水管线流量设计以高峰污水量的1.5~2倍为宜，材料坚固、耐用；

⑥污水处理厂的位置应使整个区内废水以重力方式送达为原则，尽可能缩短集水管路。

3. 污水处理方法设计

污水处理设施通常布置于农家乐旅游区边缘，但也可通过一个区域性管网输送到某个中心污水厂。在分阶段进行规划的地区，污水处理应选择在能承受最后阶段的污水容量的地方。污水处理的物理—生物过程有以下几种方式：

①地面过滤或渗透过滤的化粪池（厌氧分解）；

②使用罐车定期清空，适用于小规模开发项目或相对独立的景点；

③活性泥化处理——催化筛选、氧化处理和沉降池；
④沉积与通风处理，适合于大型开发项目。

二、建筑设计

（一）农家乐客房设计

客房是农家乐客人入住后使用时间最长的，也是最具有私密性质的场所。由于城市居民生活与消费观念的更新，使农家乐客房这个与旅行者个人关系最为密切的私人空间面临着不断的新的变革与新的需求，农家乐客房是否受旅游者欢迎，很大程度上就取决于最初的建筑设计与室内设计是否准确、恰当，要求客房设计要具有完整、丰富、系统和细致的内容。

1. 客房的基本功能

农家乐客房的基本功能是：卧室、办公、通信、休闲、娱乐、洗浴、化妆、卫生间（座便间）、行李存放、衣物存放、早餐、闲饮、安全等。由于档次的不同，客房的基本功能会有增减。为基本功能进行的设计主要体现在客房建筑、家具、水电等的布置中，以及在这些单元设计中已经定位的门窗、家具、洁具、五金和主要电器设施的选择。

2. 客房的大小

农家乐客房只满足客人的基本生活需要。客房一般是以6.2米长、3.2米宽、建筑面积为19.84平方米来构成，这差不多是中等级酒店客房面积的底线。但尽管面积小，仍然可以做出很好的设计，满足基本的功能要求。

3. 客房各区的功能设计

客房是私人的、完全随意的空间，在功能方面应向着更舒适、愉快的功能完善。设计中可将诸如阅读、欣赏音乐等很多功能增加进去，这样可改变人在房间中就只能躺在床上看电视的单一局面。客房通常都设有5个功能区域：就寝空间、起居空间、贮存空间、书写空间和洗漱空间，而每个空间都有不同的设施设备。

（1）就寝空间

就寝空间是客房最基本的空间，主要有以下一些家具和设备：床、床头柜、床头灯。就寝区是整个客房中面积最大的功能区域。床头屏板与床头柜成为设计的核心问题。为了适应不同客人的使用需要，建议两床或三床之间不设床头柜或设简易的台面装置，不需要时可折叠收起。床头背屏与墙是房间中相对完整的面积，可以着重刻画。但要注意床水平面以上70厘米左右的区域（客人的头部位置）易脏，需考虑防污性的材料。灯光最好是可调光的座灯或台灯（壁灯）。

（2）起居空间

一般酒店的起居空间都会有茶几、座椅、落地灯等设备。起居间一般是供客人休息、饮食和会客时用，多位于窗前。

（3）贮存空间

贮存空间一般会设壁橱、行李架。如果有条件，功能设计时尽可能将衣柜安排在就寝区的一侧。一些投资小的农家乐的经济型客房本着简约自然、舒适整洁的原则，甚至可以连衣柜门都省去不装，只隔出一个使用"空腔"即可，行李可直接放入，方便、经济又周到、体贴。

（4）书写空间

书写空间的设备主要包括写字台、椅子、台灯、梳妆镜、电话、电视机等。一般酒店客房的书写空间大多安排在床的对面。书写台位置的安排也应依空间仔细考虑，良好的采光与视线是很重要的。有宽带、传真、电话的，要将各种插口一一安排整齐，杂乱的电线也要收纳干净。

（5）洗漱空间

主要是指客房卫生间，其设备有淋浴器、浴缸、水龙头、马桶、电话机、镜子和电源插座等。这一部分也可以划分为几部分。

面盆区：台面与梳妆镜是卫生间造型设计的重点，要注意面盆上方照明和镜面两侧或单侧的壁灯照明，二者最好都不缺。

坐便区：首先要求通风、照明良好。

洗浴区：大多数客人是不愿意使用浴缸的，这项开支完全可以节省，用功能好的淋浴器就行了，这样也可以节省空间，减少投入。

其他设备：卫生间高湿高温，良好的排风设备是很重要的。可选用排风面罩与机身分离安装的方式（面板在吊顶上，机身在墙体上），大大减少运行噪声，也可延长使用寿命。卫生间空间独立，风、水、电系统交错复杂，设备多，面积小，处处应细心设计。在这方面，干湿分离，避免功能交叉、互扰。卫生间设计要有所创意，力争做到"小而不俗，小中有大"，比如利用虚实分割手法，利用镜面反射空间，利用色彩变化，或者采用一些趣味设计，都可以起到不同凡响的作用。

（二）农家乐的餐厅设计

1. 农家厨房的硬件配置与基本标准

（1）硬件配置

农家厨房在硬件设施的配置上，可参照卫生部推行的食品卫生量化分级管理要求，结合农家餐饮服务的特点以及农家餐厅的规模大小，分间设立，规模较小的可分区设立。

粗加工区。农家厨房的粗加工区可配备洗菜池3个和洗拖把池1个，洗菜池分别作为蔬菜、肉类、水产品清洗用。

切配区。农家厨房的切配区可配备切配台、切配工具和足够的冷藏和冷冻设施。

烹调加工区。农家厨房的烹调加工区可配备烹调设备、抽油烟设备、餐具消毒柜、保洁柜和餐具洗水池。为了保持乡土性，在可能的情况下，以农家土灶为佳。

（2）设计标准要求

厨房布局整体合理。农家餐厅的厨房设计一般比较简单，往往厨房设备较多，而所需生产人员不多，最好按"U"形布局，将冰箱、冰柜和加热设备沿四周摆放，留一个或多个出口供人员、原材料进出。这样的布局，人在中间操作，取料操作方便，减少行走距离，设备靠墙摆放，可以充分利用墙壁和空间，显得更加经济和整洁。

厨房排烟设施。厨房最好采用自然风窗，应与夏季主导风向一致。要保证厨房油烟不四处扩散、不污染餐厅，仅靠自然通风是不够的，还必须借助换气扇等通风排烟设施。

厨房消防设施。农村消防意识一般比较薄弱，一旦发生厨房失火事件，往往很难控制。因此厨房需要配备灭火器等消防设施，一旦出现险情可以马上得到解决。

厨房墙面装饰。厨房的墙壁应该平整光洁，无裂缝凹陷，经久耐用和易于清洁，以免藏污纳垢。由于厨房墙壁和天花板一样，处于湿度较大的环境，因此为了便于清洁和防止霉变，厨房墙面至天花板应铺满瓷砖。

2. 农家餐厅的环境营造

餐厅的设置，可以独树一帜，也可与厨房、客厅统一风格，联合设置。单独的餐厅最好位于厨房和客厅之间。在色彩搭配上，地面应用深色调，墙面用黄色、橙色，天花板则为浅色调装饰。桌椅用树根或木板进行工艺设计，既有艺术观赏性，又有实用性。如果餐厅面积较大，除配置餐桌、餐椅外，还应设置一个休息区。

慕名而来的游客，"吃"成了次要目的，重点在于品味"乡土"特色，农村的风味成为最吸引人的"一道菜"。自然的家庭氛围、质朴的生活方式、文明的休闲内容，是农家乐吸引城里人的特色。农家餐厅要吸引客人，用餐环境必须干净整洁，最好是有专门的餐厅，条件不好的也可以将自家庭院开辟出来，但庭院用作餐厅需要做好灭蝇、灭蚊、防尘、防风沙等工作。

（1）餐厅布置

餐厅布置一般包含餐厅门面（出入口）、餐厅空间、座席空间、光线、色调、音响、空气调节及餐桌椅标准等。农家餐厅在布置时需注意以下事项：

餐厅出入口根据餐厅主题或所在地域乡村特色来布置，突出餐厅的经营形态；

餐厅内部布置尽量运用农业及乡村文化特性来塑造气氛；

餐厅场地布置要有令人温馨、愉悦、自在的感受；

用餐区的地板、桌椅及墙壁、天花板、灯饰、纱门窗要保持清洁；

餐厅的光线无论采用自然光还是借助灯光，都要让客人有明亮舒适的感觉；

避免厨房嘈杂声与味道传到餐厅用餐区。

此外，除一些以前农村特色的桌椅外，其余的桌椅应尽量按一般人适合的高度来定做。

（2）环境要求

厨房天花板距离地面不宜少于2.5米，并选择能通风、减少油脂、吸附湿气的材料。

厨房墙面满铺瓷砖（墙面瓷砖高度不少于1.5米）。

厨房地面用防滑材料铺满，选防滑耐用、无吸附性以及容易洗涤的材料铺设，铺设时注意斜度，一般为1.5~2厘米，以利于排水。

餐厅远离禽畜圈养、屠宰等区域25米以上，符合防止环境污染等要求。

厨房排水沟的宽度应在20厘米以上，深度不少于15厘米，水沟尽量避免弯曲。

有足够通风设备与采光，通风排气口有防止虫媒、鼠媒或其他污染物质进入的措施。

在色彩的运用上要处理恰当。色彩设计应以明朗轻快的色调为主，最适用的是橙色和黄色以及绿色，这三种色彩既有刺激人食欲的功效，还能给人轻快爽朗的感觉。

人在不同季节，对色彩有不同的感官需求，这可以利用餐厅中的桌布、灯具和反光罩来调节，以产生不同的情调。餐厅的装饰功能要充分体现出来，餐厅的装饰物包括花卉、桌布、窗帘、地板等。要选择恰当的窗帘和桌布，窗帘以竹制品较好。桌布以纤维制品较好，因为棉织布料不容易洗涤、去除异味。图案以具有民族特色的图案为佳，如松、竹、菊、兰、梅、龙凤抢宝、花好月圆、鸳鸯戏水等。植物和花卉可调节环境气氛，美化进餐环境，像农家的水车、小桥流水、野花是上好的装饰品。地面装饰选用易洗、耐磨、耐腐蚀、抗污等材料，如紫砂陶地板砖、复合地板等。实木地板反而不具备上述功能，虽然可以就近取材，但用在不恰当的地方也是一种资源浪费。

三、项目设计

（一）设计的原则

久居都市的人们到农家乐的目的一般就是去体验农家生活、融入并感受神秘的大自然。农家乐的最大吸引力是它的农家乡土味和生态田园的背景，所以在设计农家乐时，建筑风格、饮食服务、游乐项目等方面的设计应突出其乡土味及民俗文化，使其与周围大自然的环境背景及当地的乡村环境和建筑风格相协调，即保持与周围环境的协调。这样，游客既可以体验到农家乐与环境的和谐，又可以体验到乡土风情、特色饮食和民俗文化。

1. 资源综合利用原则

资源是农家乐发展的基础条件。我国是一个资源相对紧缺的国家，如何开发、利用和保护农业的自然资源和农村的人文资源，便成为开办农家乐首先考虑的基本问题。因为，农家乐的区域性特点是由资源的地区差别决定的。不同地区有不同的资源条件，决定了农家乐有着不同的项目内容，从而形成各自不同的产品特色和旅游特色。我国南方与北方、东部与西部的旅游农业，由于气候、风土、生物的不同，因此景观、风情、格调也各不相同。

农家乐讲究因地制宜，讲究发挥资源优势，讲究项目特色，这对资源的开发、利用和保护是极为有利的。农家乐功能的发挥，使同一资源产生一举多得的效果，这本身就是资源的一种综合利用，资源的作用也由此得到更充分的发挥，资源的价值也由此得到提升。如柳州市利用市郊的田园风光开展垂钓和赛龙舟等旅游娱乐活动，田还是那个田，水还是那个水，但效益却明显提高了。全国各地农家乐由于环境优化而使土地升值，由于人流增加而使产品升值，这已是普遍的现象。

2. 环境优化、美化原则

农家乐讲究景观效果和绿色氛围，对保护生态和优化、美化环境极为有利。生态旅游是农家乐的一个强项，保护生态和优化、美化环境是农家乐的基本宗旨，符合可持续发展的战略原则，符合《中国21世纪议程》所提出的关于开辟新旅游专线要加强旅游资源的保护和发展不污染、不破坏环境的绿色旅游的要求。目前我国的自然保护区和园林风景名胜区的面积在不断扩大，为农家乐的进一步发展提供了越来越丰富的基础条件，并展现出广阔的发展前景。

尤其值得提出的是，各地农家乐，包括已有的和在建的，都十分重视开发绿色食品，千方百计地根治环境污染，创建了"生态停车场""生态餐厅""生态屋室""生态商店"，并着"生态服装"，让游客置身于相对古朴、自然、幽静的环境之中。这一切都表明,农家乐能成为农业发展的新势头确实有其经济和文化发展的必然性。

3. 突出乡土民俗特色原则

农家乐实质上是一种特殊形式的乡村旅游。它将特有的乡村景观、民风民俗等融为一体,因而农家乐的设计具有鲜明的乡土民俗特点,以其原汁原味的村野乡土特色来吸引游客。要因地制宜、因物施巧,充分利用当地的旅游吸引物如物产、风光、民俗等资源,来设计不同的农家乐产品,设置更好的项目。广大经营者要敢于突破常规的限制,拓宽思路,创造有新意的产品,特别是更多的参与型体验式的项目,开发休闲、度假、民俗、养生、观光、教育、科技、商业等多层面的旅游吸引物,形成经营的核心竞争力。

4. 遵循可持续发展原则

可持续发展是我国社会主义经济建设的总战略,也是设计、开发农家乐所必须遵循的基本原则。因此,在农家乐的项目设计中,必须苛求资源与环境的永续利用,绝不能为追求眼前的利益而牺牲长远的利益,否则,即使是已经设计出来的农家乐项目也将失去生存与发展的物质基础。

要做到农家乐项目具有可持续发展的活力,在项目设计方案中,必须有与对资源环境的保护与开发、利用相配套(包括设施配套、技术配套、管理配套)的措施,必须兼顾经济效益、社会效益和生态效益,必须是文明生产、文明经营。

坚持可持续发展的原则,实现资源与环境的永续利用,体现在农家乐的项目设计中,还必须根据项目的不同特点,做好资源、人力、资金等生产要素的科学、合理配置,使项目设计方案的实施能够处于高效、节约和有序的状态。

(二)设计的内容

1. 直接体验项目的设计

农家乐的设计者和经营者要在充分理解旅游者心理需求的基础上,从旅游者的切身体验出发,设计农家乐项目。

(1)视觉设计

视觉设计是农家乐最基本的设计,其主体是景观设计。

①建筑景观。建筑景观应该比较丰富,但又要和谐统一。我国现建成不少农家乐,这一点上设计得比较好,建筑景观非常丰富,方寸之间变化多样,但又很和谐。

②文化景观。文化景观是通过多样化的元素来吸引人的,体现的方式很多。比如很多村子里,标语口号刷了很多,这些都是文化景观,但却是有破坏效果的文化景观。不过,一些老村子遗留下来的一些特殊年代的标语口号,例如红

军长征遗留下来的标语、建国初期遗留下来的口号等，却成为具有特殊文化风味的景观，游客见到了就会觉得这个村庄有历史、有味道。

③环境景观。环境景观首先是对环境的总体要求。一是自然环境协调，不一定只是绿，比如大漠景观，莽莽苍苍的感觉，就是协调。二是要注重细节，细节有弥补主题不足的作用。

④视线走廊。在整个游览过程中，会形成一个视线走廊。视觉设计要使游客保持一个美好的视线感觉，有的地方需要贯通，有的地方需要遮蔽，总体来说应该是形断神不断，通过视线走廊把各个景观连接起来。

（2）触觉设计

触觉设计以细为根本。游客在游览的过程中，第一注重的是脚的触觉，第二注重的是手的触觉，第三注重的是全身心的触觉。

①触觉深入。触觉本身会引导深入体验。比如有的乡间古树，大家都去摸，时间长了，某个部位会变得光滑细腻，触感非常好。

②触摸兴奋。触摸到一些平时不常触摸到的东西，会给人带来兴奋感。比如在乡间，触摸各种动物，如猪、牛、羊、蛙、鸡、龟等，虽然触摸起来感觉不一样，但是对于大城市的人来说无疑都是新鲜刺激的体验。

③触摸特色。景区的很多节目，只能看不能摸则不行，要通过摸，让游客产生不同的感觉。比如南非有一个黄金旅游景点，谁要能一只手拿起一块黄金来，就可以把它拿走。这就是触摸特色，至少给人们提供了一个体验机会。有的农家乐为游客提供了"掏鸡蛋"的项目，也是一种触摸特色。

（3）听觉设计

旅游区最大的声音是游客的声音，研究声音设计，从某种意义上讲，也是研究如何反噪声。

①设立集中地点。需要设立几个让游客集中的场所，避免到处都是嘈杂人声。设置集中地点后还需做好游客疏导和分散工作。

②背景声音。需要研究一些背景音乐，有些景区有背景音乐，但如果达到了吵人的程度，就不叫背景音乐了。景区的背景音乐需要研究，严格地说，应该是和主题紧密联系在一起的，和故事紧密联系在一起的。放什么样的背景音乐，在什么样的区域播多长时间，都需要研究。

③表演性的声音。比如这个地方有鸟叫，那个地方有蛙鸣和溪流声等。

（4）嗅觉设计

需要运用多种手段，达到多种效果，尤其主题公园有许多特殊的项目。比如客人要到这个地方寻求刺激，就要制造出嗅觉的效果。味道的设计要以清为目的，首先要清新，进一步要清香。一些人群比较集中的景区，人群聚集在一起都有汗味,在做规划设计的时候,可以在适当的地方种植或者摆放一些有香味的植物,把味道调整过来,让游客有更好的体验。

对于农家乐来说,既要保留一些乡野的气味,如柴草味、炊烟味、肥料味等,又要有必要的"度",像家畜家禽的粪便味还是控制得淡些为好,否则会招致游客的反感。

(5)肢体活动设计

肢体活动设计是以旅游者的肢体活动为中心的设计。一般来说,一个旅游区的体验设计里,必须要让旅游者有肢体的活动,没有肢体活动就是一个死的景区。在日常生活中有这样的体验,一片草原,光有牛、马、羊在上面吃草,就会觉得很死,如果游客能够亲自骑上马去放一趟羊的话,就觉得活了。从设计的角度,一定要研究参与性活动。参与性活动的主要对象是青少年和儿童,他们的顾忌很少,但是要想发动中年以上的游客参与,则难度较大。有些地方搞参与性的活动,设想很好,却经常冷场,大家都希望别人上去自己当观众。中国不像意大利、巴西,天然就有狂欢的文化。

在活动设计方面,必须研究我国的一些独特的地方,让我们的游客"动起来",才能把旅游体验做到位。

2. 功能创新项目的设计

农家乐旅游按照其功能可分为3个层次:一是基础层次——陈列式观光游览,游客主要通过视觉得到满足;二是提高层次——表演展示,由景静人动到景动人静,游客在游览观光景点后,能够通过欣赏歌舞表演得到娱乐和新奇的感受;三是发展层次——参与式娱乐与相关活动,通过使游客参与活动项目,身心得到放松、愉悦,随着每次遇到的挑战不同而得到不同的满足。农家乐的项目在三大层面上演进,带给游客的满足感和获得的游客重游率逐级上升。我们从中也能认识到,从功能出发和从体验出发是紧密结合在一起的。

(1)行

第一是交通支线功能的设计。农家乐只强调交通不行,应该按景观路、生态路、文化路、交通路的四路合一来设计,使农家乐的游客一进村口就感觉到了景区气氛,这样会减轻客人的烦躁程度,增加兴奋程度。

第二是游线设计,应该通过多种手段达到多重效果。一种是曲径通幽,另外一种方式是豁然开朗,要两种方式结合。在游线设计中,更需要考虑的是安全。这个问题在设计里也经常碰到,有的项目视觉设计一流,但是安全隐患问题大,这就和游线设计有关系。

(2)游览

旅游,就是研究怎样让客人关注游览点,尤其是让客人的精神参与进去。

不同的游客,参与方式不同。比如同样是看庙,文物专家看文物,建筑专家看建筑,一般的客人看外表。要根据游客的身份特点,设计不同参与程度的游览项目。

(3)住宿

现在比较好的农家乐已经发展成了"城市人的第二居所"。要使住宿功能和庭院紧密地结合在一起,主题建筑更要特点突出,庭院美化绿化要下大力气,研究主题建筑怎么与乡村文化紧密融合。如果农家乐的住宿只是把城市的低星级酒店直接搬过来,这必然会妨碍农家乐项目的提升和品位的提高。

3. 农家乐参与体验性项目的设计

随着农家乐游客需求的日渐多样化,"看风景"的"眼睛旅游"方式已不能满足所有客人的需要。从最初的观光游览到追求休闲旅游,再上升到寻找另类感觉的个性化旅游,这是旅游的3个不同层次。

"体验式旅游"在中国始于1997年广东中旅推出的穿越罗布泊探险游,而"到农民家里体验田园生活""像职业探险家一样穿越西部无人区""去国外入住当地人家"等旅游方式,当前已经引起越来越多旅游者的响应。"体验式旅游"正悄然升温,受到追捧,成为现代旅游中最具开发潜力的一个亮点。

(1)参与体验——农家乐的发展趋势

以观光为主流的旅游产品,似乎正逐渐让位于新、奇、特的感同身受的参与性体验游。

市民旅游的需求趋势

越来越多的游客感悟到,在游憩观光的时候,由表及里从"心眼"中领略到一点儿什么,比"肉眼"看到了什么更有意思。其实有这样旅游需求的都市人并不在少数。一些热衷旅游的市民表示,该去的景点近几年都去得差不多了,还有相当部分的年轻人认为,现代旅游不在乎到过哪里,更多的是一种生活方式的体验,一种旅游心情的分享。

农家乐的劳动参与性特点

劳动的参与性是农家乐旅游有别于其他休闲旅游形式的一大特点。农家乐因其集观赏性、娱乐性、参与性和知识性为一体的独特优势,在一定程度上符合了人们的体验心理,游客可以亲自参加农事生产劳动,既可从劳动中得到乐趣,锻炼身体,又可从中体验农事生产的艰辛,特别是让青少年参加劳动,亲身体验,增强劳动意识,突出了参与性、知识性、趣味性,具有极好的教育意义。

参与体验将是农家乐的发展趋势

目前农家乐的参与体验项目并不能满足多层次游客求知求真求趣的需要,

要在农家乐旅游资源的开发过程中创造更多的空间和机会，便于游客自由活动，使游客真正体验到人与环境协调统一、人和人和睦相处、人与大自然融为一体的感受，因此，参与体验式旅游必将成为农家乐的发展趋势。

（2）农家乐参与体验项目设计内容

针对农家乐参与体验项目可以设计以下内容：

做一天牧民或渔民

马术表演，马球比赛，马上篮球赛，狩猎，放牧，手工挤牛奶，骑骆驼，开越野车，滑沙，滩涂船速滑，挖沙蛤，打紫菜，潜水，堆沙，水上射击，摇橹接力，沙滩自行车，爬顶桅杆，船头拔河，跳伞，渔家垂钓，锦鲤喂养，龟、鳖、鳟鱼等水产品饮食，荷花全席，游泳，划龙船，戽水，踩龙骨车，采菱角，剥莲子比赛，摸鸭子，篝火烤全羊，等等。

冒险旅游和体育健身项目

定向越野，寻幽探险，漂流，冲浪，空中滑翔，帆伞运动，喷汽船，游泳比赛，赛马，露营，水上高尔夫，网球，溪降，穿越，溜索，打木球，练武术，骑山地自行车，滩涂滑泥，滑草，桑拿浴室，卵石健康路，香花治疗室，中草药茶厅，棋趣广场，农村传统健身器械，等等。

学生学习体验之旅

水果采摘，看红叶，山水写生，徒步旅游，登山，参加农事活动，滑雪，野营，农村科普长廊，电化教室，录像演播厅，开放式实验室，温室大棚，观看农作物切片的组织培养，小鸡孵化，辨别蝴蝶、飞蛾、杂草等动植物的标本，烧窑，作坊，陶艺作品展览厅，等等。

当一天农民

春天参与播麦、插秧、耕作、扬谷、脱粒、吊井水、点豆、种花、养鸟等；秋天采摘瓜果梨桃、种植蔬菜、喂鸡放鸭、做民间菜点、收割麦子、摘棉花、掰玉米、挖土豆等。其他可学做刺绣，学习竹编、草编工艺和农民版画，学做农家风味小吃，学包粽子、品尝水果、糯米香茶、烤地瓜、磨豆腐、车水，参与农户婚嫁迎娶，等等。

产品化链条体验旅游

从采摘各种农产品，到送到工厂加工装罐，直到出售等。

老年乐园

"学书画农家游"：请书法家、画家任教开讲座；茶文化讲座、观茶、种茶、采茶、制茶、茶道、茶膳；酒文化讲座、酿酒、品酒、酒疗、酒俗、酒艺；老知青重返农家种菜种瓜、聊天、打牌、下棋等，抚今追昔游；天然氧吧、中秋赏月诗会、重阳敬老活动，等等。

特色农家乐

支锅野炊，围绕篝火打歌，看花灯，农家评弹，异域风情，歌舞表演，彩绘麦田，建植物迷宫，乘坐畜力车，养殖（突出特色，避免常规品种）；观看野猪、鸡打斗，野猪、野兔赛跑，钓蟹比赛，斗牛，斗羊，小猪排队站列表演；种花，赏花，花浴，花疗，花艺，种新型水果蔬菜（如美国黑树莓、台湾青枣、西番莲、佛肚竹、大红桃、台湾脆桃、食用仙人掌），等等。

农家美食文化

山珍野菜，野生菌宴，野花，芦荟，茉莉花炖鸡蛋，炒芭蕉花，炒酸角叶，炒甘蔗芽，甜菜汤，绿色食品，鸡、鱼、兔等的特色烹调，各地特色饮食、风味小吃，等等。

少儿农庄与"领养制"

踢毽子，踩高跷，滚铁球，射箭，玩弹弓，抬轿子，堆沙，荡秋千，抖空竹，摇水车，捉鱼，粘鸟，造琥珀，剪纸，刻蜡版，放鞭炮，斗蟋蟀，打乒乓球，滑梯，吊床，儿童乐园，翻腾蹦床，冲天太空舱，空中索道，富斯特滑道，以及"领养"动植物等。

宠物农家乐

以金鱼、热带鱼、宠物狗等为主，修鸡宅、鸭寮、鹅园、鸽宫、孔雀院、小鸟天堂、猪邸、马房、牛王府、羊庄、驴舍、狗别墅、兔公馆、鼠红楼、鹿苑、猴山庄、蛇王国等。

岁时节令、节庆游

元宵节的观灯、跑旱船、耍龙灯、舞狮子、观焰火、拜庙等活动，中秋拜祭，春节年饭，祝寿习俗，婚庆习俗、生养习俗。蒙古族的"那达慕"，藏族的"跳神会"、跳锅庄，高山族的"丰收节"，白族的三月街、背新娘，彝族的火把节，壮族的歌圩节，等等。

民俗建筑、古村落、古建筑、历史文化游

四合院，天井院，云南"一颗印"与"三坊一照壁"民居，蒙古包，客家五凤楼，藏族方室、碉房，彝族土掌房，傣式竹楼，苗族吊脚楼，新疆地铺民居等。历朝历代遗留下来的众多古村落、古桥、祠堂、古坊、古庙、古碾、古楼、宗祠文化、民间传说、历史典故、名人胜迹、道观佛寺等。

农家乐主题活动

以瓜果时节为主题，如南瓜艺术节、珍奇蔬菜文化节、盆景艺术节、樱桃节等。以节日习俗为主题，如清明踏青游、白族赶海会、苗族龙船节等。

户外拓展训练基地

野外健身活动场，生存游戏，协作配合游戏项目，野营，自助旅游项目，天然浴场，徒步，摩托车沙漠越野，滑水，帆板，攀岩运动，丛林野战，荒岛探险，登山，沙滩排球，沙滩足球，海上冲浪，摩托艇，潜水，牵引伞，木排漂流，等等。

连点成线农家乐

把几家各具特色的农家乐或是几个村不同风格的农家乐组成一条旅游线路，发挥各处特长，建立大农家乐旅游概念。

第六章 农家乐营销

一、市场营销目标

农家乐虽与其他旅游行业具有相同的特性,但在经营管理和目标制定上,它却有着自己独特的性质,要与公司化、集团化及专业型的旅游行业区分开来,不学拿来主义,生搬硬套地将其他旅游行业里的东西照搬过来。

农家乐的根在农村,魂在农民,所以要想把自己经营的农家乐做好,就必须要充分结合当地特有资源,融入当地乡村,营造本土文化,打造具有当地特色的乡俗民风,这样才能与地区休闲旅游产业互动,共生共荣。

(一)共同性与独特性

1. 共同性

作为旅游业,农家乐旅游是一种具有特殊使用价值的服务及活动,与其他旅游行业具有很多相同之处,其中包括不易储存性、不可衡量性、需求弹性大、替代性强、品质差异性等。

不易储存性:所谓不易储存性,说白了就是,该今天挣的钱只能今天挣,今天挣不来,对明天来说没有一点用。如客房,今天没有出售完,就失去了今天的价值。

不可衡量性:所谓不可衡量性,就是仁者见仁智者见智,一百个人,一百张嘴。旅游产品服务不同于一般产品,它具有抽象性、无形性,既无一定状态又不可触摸,如服务质量完全是凭消费者的印象、感受来评价和衡量的。

需求弹性大:所谓需求弹性大,就是不能算平均,旅游行业由于受气候、自然季节、节庆假日等的影响,所以需求弹性大,如今天挣2000元,也许明天是3000元;这个月可能挣10万元,也许下个月只能挣5万元。

替代性强:所谓替代性强,就是对于人们来说旅游不像盐、水、空气是生活必需品,非此地不行,非今天不行,很容易被取代。游客完全可以根据自己的时间、心情选择旅游路线、目的地、景点、饭店、交通工具、餐饮等。

品质差异性:所谓品质差异性,是指同一服务,因提供者、生产者及提供季节、时间、地点、环境不同,使服务品质产生差异。

2. 独特性

供给弹性小：①投资大。对个体农户而言，农家乐投资大，固定资产投资高。②季节性。农家乐受季节性影响，有淡旺季之分，且受天气影响。③量的限制。农家乐住宿，一般房间数量少，且数目固定。④地点的限制。农家乐一旦选择好位置、确定地点、建筑物完成后，就无法移动。

兼顾家庭功能：来到农家乐就该像回到家里一样，而其所提供的住宿与餐饮应该兼有家庭的功能，使游客有宾至如归的感受，所以必须重视服务。

做全天候的生意：农家乐的经营者不像旅馆业的服务员，实行上班制，而是全天待命，服务顾客。

（二）展现地方特色的窗户

农家乐的经营管理理念应与旅馆业有明显的差异，除了追求利润之外，农家乐的经营管理更需要融合当地文化，承担地方发展的责任，也须负起营造社区文化的义务。

从某种意义上来说，农家乐不只是一处休闲住宿的场所，更是展现地方特色的窗口。因此，需要把以下这些相关经营理念渗透到农家乐管理和服务的每个工作人员心中。

①为人们提供一个舒适的住宿休闲、游憩的场所。

②追求独特氛围与特色。

③树立良好的口碑与形象。

④培养专业化经营意识，树立乡土化的经营理念。

⑤经常保持创新，不断发挥创意的理念。

⑥追求利益与成长。

⑦善尽经营者的社会责任。

⑧融入当地社区总体营造的理念。

（三）目标：带领更多人一同致富

农家乐的经营需同时兼顾地方经济、社会、文化的发展，除了增加就业机会、提高农户收入、促进地方特色产业发展、提高农产品附加值等外，对地方社区的回报都是农家乐经营发展应该有的目标。

①追求投资成本回收。

②追求营运成本降低。

③追求产业合理价值利润。

④追求合理、有效的管理。

⑤追求带动地方产业发展。

⑥对当地社区的回报。

⑦塑造当地良好口碑形象。
⑧协助培养当地居民成为经营管理人才。
⑨重视地方传统文化的发展与传承。

二、市场营销策略

(一) 多维度营销策略

农家乐多维度、全媒体营销，根据内容可分为农家乐4P营销策略和创新营销策略两大类。其中多维度营销也可叫作4P营销策略，而4P主要是指产品（product）、价格（price）、渠道（place）、促销（promotion）4大策略。

1. 产品策略

产品设计要"体验化"

旅游产品的设计要遵循"保护第一，开发第二"的原则。无论从环境保护，还是从旅游开发的要求来讲，都需要把保护放在首要地位，这样才能确保农村经济、社会和环境协调发展。

旅游产品的设计，要适应市场体验化趋势要求，要符合与当地农耕文化相结合的原则，这是对旅游产品设计的根本要求。另外，旅游产品设计要以乡村景观、环境、文化为主体，凸显乡村特色，避免雷同化、商业化倾向，因为在乡村优越的自然生态环境正是城市居民趋之若鹜的根本所在。

旅游产品的设计要尊重地方民意，尊重地方文化和民俗，强调社区参与原则。在农家乐旅游开发中，设计不仅要符合游客的需要，也要体现当地百姓的权益和意见，尽量优先吸收和安排当地村民就业。

产品体系设计也要"体验化"

农家乐旅游产品体系设计，要遵循农家乐旅游产品体验化设计原则，合理利用乡村旅游资源，开发融农家乐餐饮、乡土娱乐、乡村度假、乡村观光、乡村文化体验等功能于一体的农家乐。

农家餐饮产品：以农家土菜、饮食为特色，实行品牌化、系列化开发，注重包含文化挖掘和体验。不同时节，推出农家时令土菜，例如，在浙江有阴历四月时令土菜白麦果、鸡鸭蛋白、大蒜白等。

乡土娱乐产品：设置参与性项目，包括喝茶、垂钓、射箭、烧烤、传统作坊参与制作、蔬菜采摘、果品采摘品尝、竹林迷宫等项目。夜间也可开展喝茶、篝火、野营等休闲娱乐项目。

乡村观光产品：乔、灌、草、藤立体绿化，融风景林、果园、稻田、水塘、村落等于一体，春华秋实，杨柳依依，荷叶田田，瓜果满园，稻浪飘香，传统作坊、观光果园、花卉盆景园等都可开发乡村观光产品。

乡村节庆活动产品：结合地方文化、特色蔬菜果品，策划农家乐文化旅游节，增强游客参与性。

乡村教育旅游产品：利用农家乐良好的生态环境建设农村社会实践基地、新农村建设示范基地，开发农作物辨识、环境教育等乡村教育旅游产品。

乡村度假产品：建小木屋、草庐，结合农家餐饮、乡土娱乐、乡村文化体验等，开展乡村度假。

乡村旅游纪念品：深入挖掘乡村文化，将其整合到旅游纪念品设计中去，利用当地资源制作雕刻、绘画、竹编、泥塑、根雕器皿等。

2. 定价策略

旅游产品定价包括成本导向法、竞争导向法、需求导向法等方法。农家乐产品常用成本导向法和竞争导向法。

成本导向法定价

成本导向定价法是一种以产品的成本为中心，制定对企业最有利的价格的定价方法。该方法又具体包括成本加成定价法和目标利润定价法两种方法。

成本加成定价法是一种最简单的定价方法，即在产品单位成本的基础上，加上预期利润作为产品的销售价格。售价与成本之间的差额就是利润。由于利润的多少是有一定比例的，这种比例就是人们俗称的"几成"，因此，这种方法就成为成本加成定价法。

采用这种定价方式，一要准确核算成本；二要确定恰当的利润百分比。依据核算成本的标准不同，成本加成定价法可分为两种：平均成本加成定价法和边际成本加成定价法。

目标利润定价法是根据企业的总成本和估计的总销售量，确定一个目标收益率，作为定价的标准。

竞争导向定价法

竞争导向定价法是以市场上相互竞争的同类商品价格作为定价基本依据，以随竞争状况的变化确定和调整价格水平为特征，与竞争商品价格保持一定的比例，而不过多考虑成本及市场需求因素的定价方法。

竞争导向定价法可细分为两种方法：一种是以同类农家乐产品的价格水平为基础进行定价；另一种是跟踪同类农家乐的价格变化，率先进行价格调整。

3. 渠道策略

营销渠道策略是整个营销系统的重要组成部分，它对降低企业成本和提高企业竞争力具有重要意义，是规划中的重中之重。

旅游产品营销渠道是指农家乐产品向游客转移过程中所要经过的各个环节连接成的通道，包括普遍性、选择性、专营性、复合性渠道等不同类型。根据农家乐以短程客源为主的特点，通常采用选择性渠道策略。

对农家乐营销渠道开发来说，可以与旅行社等旅游中间商建立合作伙伴关系，通过打折、展览会等方式，把自己的农家乐纳入到他们的旅游线路，吸引团队游客。

4. 促销策略

农家乐促销宣传主要是针对旅游消费者和潜在的游客，这种宣传强调实际效果，注重宣传效率。从促销策略来看，包括广告、营销推广、公共关系、人员推销四大策略。

（1）广告

农家乐旅游广告的主体是农家乐经营户、协会等以及政府有关部门，他们通过媒介进行有关农家乐产品、旅游服务和旅游信息的有偿的、有组织的、劝服性、非人员的信息传播活动，也就是通过运用电视、报纸、杂志、互联网等各种媒体手段，广泛宣传和推广农家乐及其旅游产品，有效地推动其旅游产品的销售，从而帮助农家乐业主获得经济效益。

广告信息主要是推广农家乐旅游产品，它包括旅游地的各种特色和接待设施，还包括一些无形的服务，既包括旅游目的地的相关景区、交通、餐饮住宿、购物等接待设施的横向信息，还必须通过不同形式的纵向信息，向旅游者提供诸如旅游常识、当地优势特色、历史文化等相关知识，丰富游客或潜在旅游者的知识，帮助旅游者更好地达到旅游审美和愉悦的效果。

散发宣传品是农家乐常用的一种广告方式。在本地区散发旅游宣传品可以让旅游消费者一来就对农家乐有了良好的第一印象。但值得注意的是，旅游宣传品要有农家乐的详细地点、经营特色、服务承诺以及联系方式等内容，散发宣传品的地点要选择在该地区的交通枢纽地、主要景区景点、旅游商品购买地等人流物流聚焦的地方，别忘记在自己家里也要多准备这些宣传材料，并主动发给游客。宣传品的制作要突出自己的特色，不宜太贵，可以是纸片、塑料卡、纸巾和照片等。对于大客户如旅行社之类的单位，可以制作一些幻灯片、图册以及视频光盘等宣传材料。

（2）营销推广

营销推广又称销售促进，指在一定时间内农家乐可采用特殊的手段对旅游消费者实行强烈的刺激，促进农家乐销售迅速增长、游客数量明显上升的一种方式。对消费者，通过诸如样品、优惠券、现金返还、减价、赠品、奖金、光顾奖励、免费试用、产品保证、产品陈列和示范等销售促进方法，吸引回头客，鼓励回头客等。营销推广是一种直接的诱惑，其首要目标是创造即刻的销售，方式优点明显。但是，如果使用不当，则可能损害其形象，反而影响经营。因此，无论采用何种推广活动，一定要注意成本控制和服务质量的保障。农家乐常用的营销推广手段包括：

赠品销售：即通过向旅游者赠送能够传递农家乐及其旅游产品信息的小物品，如印有农家乐名称、地址、电话号码、景点等的招贴画、打火机、小手巾、纪念卡、纪念币、小玩具、折扇、帽子等，以刺激游客的购买欲望，甚至可以结合当地特色，在游客尽兴而归时，送上几棵新鲜的蔬菜或刚摘下的水果，或几条小鱼，或自己做的咸菜等，关键是游客感觉新鲜的东西。这些赠品不在于价格的大小，而是一份感情的传递，让游客在带回快乐的同时，也为其下次的光顾做好感情联络。

价格折扣：即对一次性购买旅游产品达到一定量的游客实行价格折扣，如连续玩几天的顾客或者是熟悉的回头客。实际上在这一方面，农家乐是可以按照宾馆、饭店的做法，对回头客给予一定的价格折扣，为老熟客赠送额外服务，对消费在一定数量之上的游客发放打折贵宾卡，推行积分卡或赠送印花，当游客手中的印花积累到一定数量时，可以到农家乐来免费住一晚、吃一餐或享受几项服务等，鼓励多来多优惠。另外，对与农家乐业务关系密切的旅游中间商也可实行价格折扣，鼓励他们多带团来旅游。

现场示范：在农家乐的庭院里现场示范农产品的制作过程以及当地有特色的手工业品的制作，也是招揽游客的好方式，特别是针对外地游客和海外游客，这些方式尤为有效。和老乡一起磨豆腐，亲自动手织布，教孩子种种菜、喂喂鸡，有条件的农家乐还应提供耕作、采茶、扬谷、舂米、推磨等部分参与性农事活动，这些都是到农家乐来的游客的喜好。那些留存在人们记忆中的生产资料和农耕方式，总能引起游客的好奇与关注。

（3）公共关系

旅游公共关系对农家乐旅游是一种间接的促销方式，实质上是利用多种传播手段，同包括游客、旅游中间商、社区民众、政府机构以及新闻媒体在内的各方面公众沟通思想感情，建立良好的社会形象和营销环境的活动。农家乐经营户作为一个个体来开展大规模的公共关系活动不太符合实际，而且成本高、投资大、效果不是太好。所以，最好是以农家乐协会或农家乐组织等一些政府、半官方或集体的形式来进行公共关系活动。如全国各地都在不厌其烦地举办乡村旅游节庆活动和专题研讨会，提高其影响力，而作为农家乐经营户个体而言，可以积极参与到这些活动中来，比如说，可以提供自己的宣传材料给会议的组委会，将自己的农家乐定为旅游接待点和参观点等，并适时创造机会来吸引公众关注，尽量利用这些机会来宣传好自己的农家乐。

公共关系活动有着特殊的作用方式和影响，它以树立某个地区农家乐品牌为出发点，力求以该地区的事实、数据等显而易见的证据说服人，可信度高；它作用于一个地区的各个层次，与社会活动、市场环境等诸多因素的关联性比较强，其作用面广；另外，公共关系活动通常是以新闻报道的形式来传播信息，客观上比广告等促销手段的传播力强。

（4）人员推销

人员推销是指农家乐的专职或兼职推销人员，直接与游客或潜在旅游者接触、洽谈、宣传、介绍旅游产品及服务，以达到促进销售的目的。一般来说，人员推销的方式亲切感强，便于交流感情，培养和游客的友好关系；说服力强，能对不同游客进行不同的介绍，做到有的放矢；优点在于灵活性强，推销人员能根据时间、空间、环境以及旅游者的心理状况，及时调整具体的推销手法，提高销售效果；同时，可及时将游客的意见和建议反馈给农家乐经营者，使其适时作出调整。人员推销的缺点在于费用较高，接触面比较窄，与具体推销人员素质关系很大。

（二）全媒体营销策略

随着媒体融合大潮愈演愈烈，"全媒体营销"一词成为广告媒体圈的新宠。可以说"全媒体"是"媒体融合"的必然产物。这一概念随着信息技术和通信技术的发展、应用和普及，从以前的"跨媒体""多媒体"逐步衍生而来。

对于农家乐企业来说，全媒体营销的主要内容包括网络、报纸、图书、电视、杂志等。而全媒体营销的具体内容则可包括人物专访、软文资讯、案例推广、宣传册、宣传片、农事庆典活动、学术研讨会等。

农家乐创新营销方式有许多种，通常采用网络营销、报纸营销、电视营销、图书营销四种类型。

1. 网络营销

网络营销可以说是全媒体营销中的第一代营销媒体。21世纪是网络营销时代，作为一种新兴的媒体，网络营销的形式可谓是令人眼花缭乱，如网站建设搜索引擎优化搜索，大众网站图文展示和广告投放，专业对口媒体网站资讯、人物、企业、案例、活动等内容发布。在互联网营销中，微博和微信营销也是一个不容错过的网络营销手段。

在互联网世界里，移动互联网作为一种更具黏性的用户体验，目前正在以颠覆性的态势赶超互联网。而相比如日中天的移动互联网、手机客户端来说，早被人们熟知的台式电脑正在日薄西山，成为夕阳产业。作为先知先觉的农家乐经营者，一定会大胆出手，而绝不会让自己在移动互联网营销中错失先机。

若想让更多潜在客户能够全面了解自己的农家乐，网站设立必不可少。网站建设的内容包括域名申请、服务器等设备购置、机房设置、页面设计、功能设计、动画制作、图文内容准备、视频上传、网站音乐等。这些可以交给专业人员进行设计，自己只需配合设计者提供相应的图文资料和视频资料即可。

同时，我们建议网站以农家乐协会或农家乐组织为单位进行建设，如农业部休闲农业官方媒体平台"魅力城乡网"、宁夏休闲农业专业媒体平台"宁夏休闲农业网"等，这种网站的资料丰富，可以满足不同游客的不同需求，而且可以减少自己单独建立网站的费用。当然旅游网站作为一个信息承载量巨大的媒体，应充分发挥其优势，收了用户的钱就要全力以游客为中心，提供全面、深度、多形式（文字、图片、视频、动态）的信息，尽力提高网站的质量和专业性，这样才能与农户间形成一个长久的合作关系。

网站建立以后，如果很少有人点击就发挥不了作用，因此，在根据需求不断调整完善网站功能的同时，还要进行大力推广以提高知名度。增加点击率有很多方法，包括搜索引擎推广，就是通过商业合作使在百度、360、谷歌等知名网站的关键词搜索结果排名尽可能靠前。

2. 报纸营销

因为报纸的读者主要集中在城市集镇，读者群稳定，正是农家乐推广宣传的合作平台。报纸的特点是时效性强、更新快、传播速度快，更容易获得受众的信赖。报纸广告是旅游线路、旅游交通等产品信息传播的主要渠道。报纸广告的主要形式以文字为主，信息容量大，能够更全面、准确、详细地对农家乐进行宣传。

不过出于报纸本身的局限，如印刷版面限制、硬广告表现力不够强、受众目的性不明确等，对于报纸这一营销媒体，不适应做整合宣传，而最适合做的营销推广是新闻资讯发布、人物专访、案例推广、游记软文等。

3. 电视营销

电视广告是农家乐进行形象宣传推广的重要表现形式。电视广告色彩绚丽、声情并茂，具有较强的感染力，更容易被观众所接受和记忆，同时加上其具有广泛的覆盖范围的优势，所以是大型农家乐品牌形象宣传的最佳表现形式。

这种广告可通过节目主持人或参与者的亲身体验，向观众展现农家乐的食、住、行、游、购、娱。如此，不仅可以形象地将游记与旅游文化相结合，还可以模糊传统电视广告劝服性宣传的特点，从而在一定程度上达到多方互动的效果。

不过，电视广告的保存性较差，加上制作、发布费用昂贵，受众目标市场不明确等因素，农家乐经营者应慎重考虑，这其中包括自身农家乐级别、档次、在市场中的前景，只有将这些想清楚后，才可针对性地选择广告媒体级别。

4. 图书营销

书，是一种载体，是一种荣誉，更是一种骄傲的资本。一本好书，就像一把神奇的钥匙，可以为自己打开那扇一直想迈进的门，可以拉大自己的人生和事业格局，可以让更多梦想更快成真，可以拉近未来事业规划与现实的距离。

相比其他媒体，书的可信度高，更能获得客户和消费者的信赖，同时还可以帮助企业完成其他相关战略资源整合，于无声中对接企业对外营销战略。加之书的信息承载量大、内容系统、推广范围广、保持时间长，对于农家乐企业来说，选择以书的方式来宣传、推广自己，可谓是最明智之举。

📖【案例】

在湖北咸宁咸安区有一个吉祥农庄，正准备在出版社出一本有关农庄发展的书。之所以要出一本自己的书，不仅是因为庄主看中了书的媒体营销宣传作用，更重要的是，庄主觉得自己辛辛苦苦十几年下来，可谓是孤军奋战，经历了太多，承受了太多，煎熬、苦楚、抛弃、绝望、信念、坚持，这些东西也只有一本书才能将其系统记录下来，也只有书才能让自己这些年的艰苦奋斗故事得到传播，也只有出版一本书才是对自己一生最大的抚慰，证明自己没有白活。

也许很多人没有听说过吉祥农庄。在咸宁温泉偏东南 30 千米，有一座被蓝光笼罩的金桂湖水库，紧邻金桂湖西畔山的另一边，有一个被十二座山峰包围着的盆地。来过这里的人都不约而同地称这里为"世外桃源"。沿着曲曲折折的山路向下进入农庄，里面别有一番洞天。在这个几乎与外界隔绝的地方，果树到处是，楠竹绿满园，水塘倒碧影，夏荷共青山，凉亭对竹楼，独钓惊鸣蝉。看着满眼的景色，心中不禁发出一个声音——好一个人间仙境，好一个世外桃源。

而十几年前，这片占地近 2 平方千米的地方，可谓是荒山野岭，曾是一个方圆 3 千米没有人烟的地方。然而早在 1998 年，原本是深圳一家物流公司老板的陈耀祥放下了手头所有的事情，带上所有的积蓄和家人义无反顾地来到这里。

后来，跟着他一起做的女儿、侄子先后都离开了他，最后甚至连老伴一气之下也离他而去。有几年他穷得跟要饭的差不多，连吃饭的钱都没有。一个人，一双手，数千亩荒山野地。在最艰难的时候，他咬紧牙关，一棵棵树木亲自动手栽培，如果说，除了愚公移山是他一种精神的话，起码他还有子孙作为心灵上的慰藉。对陈耀祥来说，支撑他一路下来的，只有身上那股不服输的精神，以及藏在内心深处那种绝不能丢掉的自尊。

出版社之所以要帮庄主出版这本书，看重的正是陈耀祥身上那股"中国式农庄"里的愚公精神，以及他用双手打造出来的吉祥农庄，值得让每一个正走在梦想路上的人来这里亲身感受一番。来吉祥农庄休闲，不为其他，只为感受和汲取一些他身上的那种绝不放弃的精神和正能量。

在农家乐的创业道路上，我们相信有很多经营者身上也发生过许许多多感人至深的故事，或是因为资金问题，或是因为土地问题，或是因为经营问题，或是因为客源问题，或是因为合伙问题，或是因为战略升级问题等。在美丽的包裹下，几乎每个人内心都有一本自己的辛酸故事，我们的农家乐之所以能有今天的规模和发展，也许这些心酸故事更是游客们愿意细细品味的一道上等佳肴。

管理篇

3

第七章 服务管理

一、住宿管理

随着农家乐的发展及人们内心对于回归自然、回归田园乡村的向往,越来越多的人选择在农家乐住宿以更深入、更好地体验乡土风情。农家乐住宿服务的好坏在很大程度上影响了顾客对于农家乐整体的评判,最终影响到农家乐整体的经营与发展。在农家乐住宿服务管理上,应该主要从客房清扫管理、接待服务、入住期间服务、离店服务及投诉处理等方面进行规范化、标准化管理。

(一)客房清扫管理

客房的干净与否是农家乐入住的顾客最为关心和重视的问题,所以在农家乐的经营与管理中,一定要重视客房的清扫工作,以便让顾客能放心入住,最终对整个农家乐留下一个满意的印象。农家乐的客房应该做到每日清洁打扫、通风消毒,对于暂时无人入住的空房,服务人员也应该做到每日打扫,保持房间的整洁、干净。每日通风换气,防止房间产生异味。如果房间长时间无人入住还应该注意检查房间内是否有蜘蛛网出现、房间的水电管线是否运行正常。每日客房的清洁应该尽量安排在不打扰顾客休息的时间,在清扫过程中应该遵循认真、细致、仔细、迅速的基本原则。一般选择在顾客外出期间进行清洁工作,保证客房的干净、清新、整洁、美观。日常客房的清洁顺序如下:

- 打开房门,拉开窗帘,打开房间窗户进行通风换气;
- 清扫房间,处理房间垃圾,将顾客用过的一次性用品替换,将垃圾桶清理干净,摆放好;
- 整理好顾客的床铺,如果发现顾客使用的床品上有脏污或破损,应该立即为顾客更换新的床品;
- 清扫地面、桌面等,保持房间的地面光亮干净,无垃圾、杂物,家具及用品干净无尘;
- 检查房间内的电器设备是否运作正常,如果有问题应该及时记录并通知相关人员前来修理或进行替换;
- 为顾客更换或添加房间内的用品,对房间内的杯具进行清洗、消毒;
- 如果房间内配备有卫生间,还需要对卫生间进行专门的清扫及检查工作,

用专用清洁工具对卫生间进行清扫及消毒工作并检查水龙头及沐浴喷头是否能正常使用,如果有问题需要通知相关人员及时处理;

● 各项工作处理完成后,服务人员还应该对整个房间做一个全面检查,确保没有遗漏的工作。

服务人员在对客房进行清洁时,不能乱动顾客的物品,要注意保持顾客物品的原样,不能翻看顾客的物品。在整理客房的过程中,不能随意丢弃顾客的物品,顾客没有丢入垃圾桶的物品不可以随意处理。在对客房清扫的过程中,服务人员不可以使用房间内的物品,不可以在客房内休息,清扫工作结束后应立即离开,不要在客房内长时间停留。

对于当天结账离店的顾客的房间称为走客房,对于走客房的清扫,应该在送走顾客后尽快进行,以保证接下来的顾客能够顺利入住。走客房的清扫,一般应该遵循以下原则:

● 打开房间门,拉开窗帘,打开房间窗户通风换气;

● 撤走顾客用过的毛巾、面巾、浴巾、脚垫等物品,检查房间内是否有顾客遗落下的物品,如果有应该及时登记记录,妥善保管并想办法交还给顾客;

● 收拾垃圾,将房间内的垃圾都收拾到垃圾桶中;

● 撤掉顾客用过的杯具、餐具等,清理床铺,将顾客睡过的床单、被罩、枕套等床品全部撤掉,换上干净的床品,按照铺床的规则及要求将床铺铺好;

● 对房间内的电器设备及家具进行清扫及擦拭,保持设备及家具光亮干净;

● 检查房间内的电器设备是否能够正常运行,如果发现问题要及时通知相关人员前来修理,以免因为电器设备的损坏引起安全事故或导致客房无法正常出租;

● 对房间内的用品进行补充,对房间内配备的用具进行严格的清洗及消毒工作;

● 清扫完毕后,服务人员应该再次检查整个房间,确保清洁工作无遗漏,物品齐全,摆放整齐到位,最后关上窗户,拉上窗帘,关闭房间内的灯具,锁好房间门。

卫生间是比较容易藏污纳垢的地方,容易出现卫生死角,所以在进行客房清洁时需要特别注意卫生间的清扫及消毒工作。卫生间是顾客比较敏感及关注的区域,所以服务人员一定要确保卫生间的干净、整洁、无异味。在进行卫生间的清扫工作时,一定要注意将卫生间所用的清扫工具与房间所用的清扫工作区分开来,切忌混用两处的清洁工具。卫生间的垃圾要收拾干净,一次性洗漱用具及时为顾客补充好,牙具杯要清洗消毒到位,洗漱台的台面及镜面要保持整洁干燥,无水渍及脏污,洁具要按照要求进行清洗消毒工作。一般来说,农家乐的卫生间可以采用紫外线照射消毒或喷洒消毒剂消毒。卫生间的洁具通常采用2%~3%浓度的来苏水或84消毒液与清水按一定比例稀释后进行擦拭消毒。卫生间是容易产生异味的地方，所以在清扫时一定要注意通风换气，保持其气味清新。

（二）接待服务

对于农家乐住宿的服务人员来说，看到顾客进门应该在第一时间迎上去进行欢迎顾客，并询问顾客是否做过预订，引导顾客到指定区域按照国家相应的法律法规要求办理入住登记手续；如果顾客没有预订房间，应该立即查询当日的房间预订情况，查看是否还有空房间可以接待顾客，如果全部房间均已订满，应该向顾客表示歉意，如果还有可以入住的空房间，应该将房间的情况及价格告知顾客，向顾客确认是否办理入住。在给顾客办理入住登记手续的过程中，接待人员应该注意自身的言行举止，做到热情礼貌的待客，主动为顾客介绍自身农家乐的设施设备与客房情况，明确告知顾客房间的价格及是否包含餐食，顾客确认入住后请顾客出示所有入住人员的身份证件并填写好入住登记单；对于预订多间房间的顾客还应该主动询问顾客房间分配情况，以便更好地处理入住登记手续；查验过身份证件并确认好顾客填写的入住登记单没有任何问题之后，需要再次跟顾客确认入住天数、人数、房间数及价格，核对无误后请顾客支付押金，现金支付的顾客需要当顾客的面清点好现金，确认钱币没有任何问题；刷卡支付押金的顾客需要请顾客在刷卡单上签字确认；押金收取完毕后，告知顾客将要入住房间的房号及如何前往；在顾客离开办理入住区域前，还应该询问顾客是否有贵重物品需要在前台办理寄存；最后祝愿顾客在农家乐入住愉快并由服务人员携带房间钥匙带领前往客房。顾客办好入住手续之后，服务人员应该主动引导顾客前往房间，帮助顾客运送行李，帮助顾客打开房门及房间内的灯，并请顾客先进入房间，之后帮助顾客安放好行李后为顾客简单介绍房间内的设施设备的使用方法及房门的锁如何进行开关操作，基本事项交代完毕后可以询问顾客是否还有需要帮助的事情，如果没有则应该道声"失陪"之后离开顾客的房间。

（三）入住期间服务

顾客入住期间的服务会直接影响到顾客对农家乐住宿的整体满意度，决定了整个农家乐的服务口碑。农家乐住宿的服务人员要做好顾客入住期间的服务以便使整个农家乐在顾客心中留下美好的印象，让顾客有一个愉快的假期体验。在顾客入住期间，服务人员应该时刻留意顾客的情况，当顾客有需要的时候，能够迅速出现提供服务。每日主动为顾客提供热水，及时补充房间内的物品。当有访客前来拜访顾客，应该主动询问是否需要为其准备茶水，为顾客提供恰当的服务。在顾客入住期间，服务人员遇到顾客应该主动问候，对于顾客询问的问题应热情耐心细致地进行回答。服务应该遵从细致周到但不过分热情的原则，不过度服务打扰到顾客。来到农家乐的很多顾客都希望自己能暂时远离日常繁忙琐碎、高压力的生活，让身心得到彻底的放松，他们非常需要放松休闲的氛围，所以在顾客入住期间，服务人员的服务应该适度，不让顾客产生压力或困扰。服务人员为顾客提供的服务应该让顾客感觉舒服、放松、贴心。

（四）离店服务

离店服务是顾客离开之前最后与农家乐接触的环节，这个环节对于顾客对农家乐整体服务的评价同样非常重要，如果最后的离店服务做得不好，那么之前的努力都将白费，最后给顾客同样留下了不好的印象，导致功亏一篑的结果，所以在农家乐的经营过程中不可忽视对住宿顾客的离店服务。

当顾客前往前台办理退房手续时，应将住宿期间的详细账单递给顾客核对，顾客确认金额无误后询问顾客的付款方式并收取相应的金额。如果顾客使用现金付款，钱款需要当顾客的面进行清点及确认，避免发生纠纷，影响顾客的住宿体验。

当顾客要离开时，应该提醒顾客检查好自己的行李，带好自己的随身物品，并协助顾客运送行李；在顾客离开时微笑跟顾客告别，并欢迎顾客再次光临。

当顾客离开后，应该立即前往顾客入住的房间进行检查。仔细检查房间的物品是否有损坏或丢失，如果有，应该立即向前台报告，按照相关规定进行处理。如果在检查过程中发现了顾客遗落下的物品，应该立即想办法追上顾客将物品进行归还，如果无法追上顾客，应该将遗落的物品进行记录，妥善保管。

（五）投诉处理

在顾客入住期间，可能会因各种原因而使顾客产生不满，从而导致投诉的发生。如果发生了投诉事件，应该正面积极地进行处理，切不可回避投诉事件，这样可能会进一步激化矛盾，使顾客的感受更加不好，严重影响农家乐的口碑。发生了投诉事件，服务人员应该用正确的态度和恰当合适的方法进行处理。当顾客对服务有不满之处，选择投诉的时候，表明我们自身在服务上还有欠缺的地方，没能达到顾客的要求。顾客的投诉是一个使我们自身提高服务意识、改进服务方式及内容、提升服务水平的很好的机会。面对顾客投诉，我们应该检查自身的服务是否有问题，不应该从心理上觉得是顾客在找茬，对顾客的投诉心生不满。通过顾客的投诉，能够使我们在未来做得更好，提升农家乐的经营和管理水平，以更加优质的服务来吸引顾客。作为服务人员，应该发现顾客投诉背后的价值，转换心态，积极应对顾客的投诉。在处理投诉时，应该做到沉着冷静，灵活变通。对待顾客的投诉，服务人员应该耐心倾听顾客投诉的内容并认真记录在册。对于顾客反映的问题，应该第一时间先向顾客表示歉意，并积极提出合理的解决方案给顾客。如果顾客在投诉时情绪比较激动，则应该先安抚顾客的情绪，待顾客情绪稳定后再用委婉的语言询问顾客的不满之处。在与顾客沟通的过程中，要注意语气语调及方式方法，切不可让顾客觉得自己是被审问的。要尽量让顾客在沟通的过程中觉得自己被尊重、被重视，要让顾客感受到服务人员是在真诚地与其沟通，在尽自己最大的努力帮助其解决问题。在接待顾客的过程中，要尽量保持专注，排除外来干扰，如果在接待过程中服务人员还同时处理别的事情，那么会给顾客留下不被重视、服务人员不想解决问题的感觉，顾客会觉得受到了进一步的伤害，最终会使局面更加恶化。在顾客倾诉问题的过程中，尽量做到安静耐心地倾听，不要中途频繁打断顾客，否则可能会使顾客因为缺少发泄的机会而更加生气。服务人员应该心平气和地同顾客沟通，公正客观地解决出现的问题，以便让顾客最终得到心灵上的安抚，使问题得到最终的化解。为了更好地处理顾客在住宿期间发生的投诉事件，农家乐的经营和管理者需要加强对服务人员的培训，提升服务人员的服务意识及服务质量，让他们减少工作中出现失误的可能性，最终减少投诉的发生。

二、餐饮管理

俗语说"民以食为天"，吃对于人们来说是非常重要的一件事，是农家乐吸引客人的关键要素。"吃"也是传统的旅游六要素中的一个要素，所以做好餐饮管理对于农家乐的经营与发展起着至关重要的作用。

（一）农家乐餐饮开发与设计

对于很多来农家乐的游客来说，吃是一个重要的吸引物。游客来到农家乐，最想体验的就是原汁原味的农村特色。所以对于农家乐的经营与管理者来说，在农家乐餐饮的开发与设计上，应该时刻注意保持当地特色，将绿色健康的理念融入其中，满足游客对于农家乐餐饮的最主要期待。

在农家乐的餐饮开发与设计上，应该主要遵循以下几个原则：

1. 顾客定位精准

农家乐的餐饮作为一种旅游服务产品，在开发与设计上需要充分考虑到市场的需求，在市场经济为主导的时代，只有适应了市场的需要，才能有发展下去的可能。农家乐的餐饮在开发与设计上首先需要弄清楚的一个问题就是菜品是做给谁吃的？即面向的客群是谁？谁来吃决定了一个农家乐要开发与设计什么样的菜品，只有清楚地知道面向的客群的心理、消费习惯、消费能力、消费特点及需求，才能更好地吸引人们前来品尝，才能使农家乐更好地经营与发展。如果没有一个清晰的顾客定位，对于自身的餐饮服务是面向谁、谁想吃、想吃什么没有了解，那么就没有办法吸引顾客、留住顾客。农家乐因为地理位置的原因，吸引的主要客源分布在地理半径20千米左右，所以农家乐的餐饮在开发与设计上要着重研究这些区域的人群的特点及需求，以便更好地吸引顾客。

2. 菜品特色鲜明

游客来到农村体验农家乐，很多是出于一种放松休闲、逃避世俗的心理，他们想摆脱每日高强度、快节奏的生活环境，体验乡村悠闲自在的生活氛围，让自己的身心在陌生的环境中得到彻底的放松。此外，近几年来越来越加剧的环境污染问题使得很多人开始向往农村山清水秀的自然环境，所以农家乐的餐饮在开发与设计上应该充分考虑到他们的这种心理与需求，因地制宜，根据当地的资源及顾客的需求来开发与设计菜品，充分体现出当地农村的特色。随着近些年来关于食品安全问题的报道越来越多，人们对于绿色、纯天然、无污染的食品的渴望越来越大，需求也日益增加，农村原生态的环境孕育出的绿色天然农产品正好符合了人们的需求，这也是农家乐餐饮一个吸引顾客的地方，所以在菜品的开发与设计上应当注重绿色自然的理念，就地取材，将当地农村的自然特产进行加工，做出符合顾客期望的菜品。来农家乐的游客平日基本生活在城市中，他们中的很多人都已经厌倦了城市餐厅的菜肴，希望体验跟平日不一样的、具有特色的东西。原汁原味、充满当地地域特色及乡土风情的农家乐餐饮能够充分地满足他们的猎奇心理。所以农家乐餐饮在开发与设计上，应该注意保持乡土特色，保留地域风味。

3. 价格定位合理

农家乐餐饮价格的制定是一个较为复杂的问题。如果价格定位过高，游客会因为无法承受而拒绝光顾；如果价格定位太低，对于经营者来说会因为利润太低而面临亏损的风险或者失去经营下去的热情和动力。各个地方的经济发展情况不同，相应地，农家乐的运营成本、当地的人均消费水平会有所不同，所以在农家乐的餐饮价格制定上，没有一个统一的公式或方法。在实际的经营中，各个农家乐应该充分调查当地人的人均收入、消费水平及当地其他餐馆的餐饮价格作为自身定价的参考依据，结合自己的实际运营成本、利润目标等因素做到合理定价。如果当地的餐饮竞争较为激烈，在定价时应适当降低利润以求更好地经营下去；如果当地的餐饮竞争不激烈或自己拥有较稀缺的资源，别人比较难以模仿或替代，那么在定价时可以将利润适当提高。

4. 食品安全到位

随着生活水平的提高，人们对于食品安全的重视程度也在不断提升。干净、安全、健康是农家乐餐饮应注意的三个标准。在餐饮行业当中干净、卫生是最基本的要求之一，农家乐餐饮也不例外。如果农家乐餐饮的环境脏乱，食物做不到干净、卫生，客人的饮食安全得不到保障，餐后可能会引起身体不适，那么无论菜肴多么美味也难以吸引游客前来。所以农家乐的经营与管理者应该对餐饮服务做到严格管理，将食品安全放到首位，从原材料的采购与选用开始，把控好每个环节，对于餐饮加工制作人员及服务人员进行食品安全培训，学习国家餐饮行业相关的法律法规，将食品安全意识根植心中。在厨房的设计上要符合国家餐饮卫生的要求与标准，做到后厨环境干净卫生、食品生熟分开，有专门的贮存设备，物品摆放有序，配备有专门的餐具清洗消毒设备，厨具餐具清洗消毒到位，原材料新鲜干净，无病虫害问题，确保最终进入到客人口中的食物干净、卫生、安全、健康，让客人能够在干净美丽的环境中放心就餐。

（二）农家乐餐饮服务

游客来到农家乐体验其餐饮，除了品尝特色地道的乡村美味，其提供的餐饮服务会决定客人的就餐体验，最终影响到农家乐的经营与发展。想要让农家乐得到良好的发展，那么餐饮服务的内容、程序与质量不可忽视。在餐饮服务上，服务人员应该秉持顾客至上的原则，做到服务热情周到，表现自然大方。餐饮服务可以划分为餐前准备、餐中服务和餐后服务，对于服务过程中出现的特殊情况，还应该进行相应的特殊情况处理。

1. 餐前准备

在顾客到来之前，应该提前清扫、整理餐厅，做到餐厅干净整洁，无异味及蚊虫鼠害；餐具提前准备好，将消过毒的餐具拿出，完成摆台工作；准备餐桌上的调味品应将容器清理干净并灌满调味品；提前准备好热水、茶叶、茶壶，为客人开餐做准备；服务人员提前熟悉当日的菜单，了解当日的菜品品种、种类、价格、数量等，以便在客人到来之后能根据当日的菜品情况更好地给客人推荐菜肴；在客人到来之前，服务人员还应该整理好个人的仪容仪表，以饱满的热情来迎接客人的到来。在农家乐的实际经营过程中，会有很多团队用餐的顾客，对于团体用餐的顾客，在预订时需要确认好用餐人的单位、预订人的姓名、用餐人数、桌数、餐食标准、用餐形式、特殊要求、开餐时间、结账方式等，以便在顾客到来之前提前做好准备工作，在顾客到来之后可以迅速安排顾客就餐。

2. 餐中服务

顾客到来是整个餐饮服务中真正对客服务的开始，也是其最重要的部分，所以餐中服务的质量决定了顾客对整个餐饮服务的满意度。顾客到来之后，第一件事情也是非常重要的一件事情就是要真诚热情地迎客。看到顾客进门要主动迎上去热情问候客人，询问客人总的就餐人数，是否有订位，根据顾客人数及是否预订，引导顾客走到合适的位置就座。人与人之间的第一印象非常重要，为了给顾客留下一个好印象，提升顾客的用餐体验，对于进门的顾客，服务人员一定要第一时间微笑相迎，以便让顾客对于餐厅有一个良好的印象。服务人员对于顾客的引导不仅能体现出餐厅对于顾客的重视，给顾客留下一个好印象，还能够让餐厅很好地控制客人的流动量，使整个餐厅处于受控制的状态下，不会因秩序的混乱而产生安全隐患，影响餐厅的正常运营。在给顾客安排座位时，需要充分考虑顾客的意愿，以不违背他们的意愿为原则。如果餐厅因就餐人数较多，服务人员无法立即为顾客安排座位的，应该在第一时间跟顾客打招呼，解释原因，请顾客谅解并请顾客耐心等待。服务人员不可以因为工作繁忙而忽视顾客，让顾客有被冷落的感觉，从而对餐厅留下不好的印象。当领位员将顾客引领到餐桌旁时，服务人员要及时上前问候顾客，协助顾客落座。给顾客递毛巾应当从顾客的右手边递送。顾客落座后应及时给顾客上茶，茶水应该从顾客的右侧进行斟倒并提醒顾客热茶，请小心慢用。顾客落座后还应该及时给顾客送上菜单。当顾客看过菜单一段时间后或顾客示意后，服务人员应该立即微笑上前，询问顾客是否可以开始点菜。顾客确认可以点菜后，服务人员应当站在顾客的左手边的位置，手拿记录本认真记录顾客所点菜品。服务人员可以在顾客点菜过程中给顾客提供一些建议，如介绍本店特色菜品、推销时令菜品等。服务人员向顾客推销菜品应该在为顾客点菜服务的过程中，且应该根据顾客的特点、要求或喜好来进行推荐，切不可盲目推荐高单价菜品，以免导致顾客产生反感。如果顾客所点的菜品已经售罄，应该立即向顾客表示歉意并推荐其他替换的菜品；如果顾客所点的菜品制作工艺复杂，等待时间较长，应该及时向顾客说明，让顾客提前有一个心理准备，以免因为等待时间过长而引起投诉；如果顾客想要点菜单上没有的菜品，可以让顾客稍做等待，待询问过厨师的意见后再做回复，避免生硬地直接拒绝顾客，让顾客觉得服务不够热情周到。在为顾客进行点菜服务的过程中，服务人员应该做到准确回答顾客提出的有关餐饮的问题；当顾客点菜结束后，服务人员应该跟顾客重复一遍其所点菜品，以确认记录是否正确无误，以免上错菜品；在跟顾客确认好所点菜品之后，还应该询问客人是否有忌口，如有忌口应该在点菜单上进行记录，以方便后厨制作菜品。如果顾客点了酒水，应该将包装完好的酒水当顾客的面开启，并帮顾客斟好酒，以免产生不必要的麻烦。菜品制作完毕给顾客上菜时，应该先用言语提醒顾客注意上菜，菜品切忌从顾客头顶越过，应该将菜品从顾客身侧的空间进行上菜；在上菜顺序上应该按照冷菜、热菜、主食、汤、甜品、水果的顺序；菜品上齐后应该告知顾客菜品已经上齐。在顾客用餐期间，服务人员应该积极主动巡视自己所负责的区域，及时帮助顾客撤换空掉的餐盘、酒瓶等，并帮助顾客续满酒水并适时询问顾客是否还需要添菜；巡视过程中应该控制服务的频率，避免因为过于频繁的打扰顾客而引起顾客的不满。当顾客结束用餐需要结账时，要第一时间将账单明细交给顾客，请顾客核对是否有误；对于有异议的账单应该及时耐心地跟顾客做说明，不能表现出任何不满、不耐烦或不屑的表情；结账时要注意清点好收取的现金，以免造成纠纷，对于刷卡结账的顾客要请顾客核对好刷卡金额，并请顾客签字确认刷卡单。整个结账过程中要做到金额结算准确、服务及时、耐心、细致、周到。

3. 餐后服务

顾客用餐结束准备离开时，服务人员应该主动上前提醒顾客带好随身物品并检查顾客是否有遗落的东西。如果有遗落的东西，应该立即交还给顾客，如果顾客已经离去无法交还，应该交到前台做好登记，专门保管。在顾客离开时，服务人员应该主动与顾客交流，询问用餐感受，并欢迎顾客再次光临。顾客离开后，服务人员应该及时进行清扫工作，收拾餐桌，清洁地面，并按照要求重新进行摆台工作，妥善处理各项事宜以迎接新的顾客的到来。

4. 特殊情况处理

餐饮服务过程中的特殊情况无法避免，在遇到特殊情况时，服务人员应该沉着冷静，灵活应对，以使问题得以圆满解决，最终使顾客感到满意。如果就餐的顾客有婴幼儿，应该尽量避免安排其在过道就座，应主动给顾客提供儿童餐椅并将餐桌上的调味瓶等小物品尽量放到儿童不易触碰到的地方，以免发生危险；如果没有取得孩子父母或监护人的同意，不可以触摸孩子也不可以随便给孩子食品，以免产生不必要的纠纷。如果顾客在用餐期间喝醉，可以安排顾客到安静的区域稍做休息或帮助顾客联系其亲朋好友，协助其离开餐厅；如果顾客因为醉酒而发生呕吐，服务人员应该在第一时间耐心清扫现场，不可以在言语及行为上表现出不满或不耐烦。如果顾客产生投诉，应该在第一时间向顾客致歉并询问投诉原因，尽量安抚顾客情绪并帮助顾客解决问题，以消除不良影响。

5. 投诉处理

如果顾客对于餐饮服务产生了投诉，证明在服务上还有所欠缺，餐厅应该将其当作是一个改进及提升服务水平的机会。对待顾客的投诉不可以置之不理，应该做到耐心冷静地听顾客倾诉，让顾客的情绪得以充分的发泄。对于顾客的投诉，应该及时记录下来，在未来可以对员工进行培训时当作案例来使用。服务人员对于顾客的投诉应该认真倾听，让顾客感觉到被理解、被重视。对于顾客提出的问题应该诚恳地提出解决方案，让顾客感受到餐厅解决问题的诚意。服务人员应该及时帮顾客处理问题，如果问题较严重，自身无法处理，应该上报给上级主管，请求其协助帮忙处理。

三、卫生管理

(一) 农家乐卫生管理的重要性

随着人们健康观念的升级及卫生意识的提升，人们对于卫生的标准与要求越来越高，也越来越重视。在农家乐的经营过程中，做好卫生管理不仅能给顾客留下一个好的印象，提升农家乐的整体吸引力，还能为农家乐避免很多不必要的麻烦及减少经济损失。总的来说，卫生管理的重要性主要体现在以下几个方面：

1. 做好卫生管理是农家乐经营的基本保证

顾客来到农家乐吃农家饭、赏乡村景、住农家屋，深度体验乡村生活，卫生安全问题不可小视。农家乐的卫生管理如果不到位，出现了卫生安全事故，那么农家乐将无法正常地经营下去。如果一个农家乐连基本的卫生干净都做不到，谈何吸引顾客，让顾客来放松休闲呢？没有顾客那么也无法谈经营与发展的问题。

2. 做好卫生管理是维护顾客利益的需要

对于农家乐而言，选择一家农家乐是顾客对其的一种信任。农家乐的经营与管理者应该做好卫生管理，不辜负顾客的信任。如果农家乐的卫生管理不到位，环境脏乱，房间卫生状况有问题，餐饮卫生得不到保障，顾客来到之后会面临对健康的危害，这是严重损害顾客利益、对顾客不负责任的行为。

3. 做好卫生管理是维护员工健康的需要

农家乐是人员密集的地方，在人员密集的场所细菌容易滋生，易出现人员因交叉感染而生病的情况。农家乐的员工对于农家乐自身的经营与发展非常重要，是农家乐重要的资源，保障员工的身心健康对于保持农家乐的稳定与发展至关重要。如果农家乐的卫生管理不到位，员工长期在不够干净的环境中工作，身体健康会受到严重危害。员工一旦身体健康出现问题，则无法很好地服务于顾客，最终会影响到农家乐的整体运营。

4. 做好卫生管理是保障农家乐自身利益的需要

农家乐的经营与管理者需要考虑到农家乐的盈利问题，所以保障农家乐的正常运营、最大限度地避免经济损失是农家乐经营与管理过程中非常重要的一件事。如果农家乐的卫生管理有问题，顾客来到农家乐因为餐饮、住宿等卫生问题出现状况，那么对于农家乐而言，轻则受到道德的谴责，重则要承担一定的法律责任。如果顾客出现状况，农家乐需要承担相应的责任，为顾客负责，对于农家乐而言不仅会承受经济损失，对于自身的名声与发展也会有很大的负面影响。所以农家乐一定要做好卫生管理，将风险降到最低，尽可能减少或避免经济损失。

(二) 农家乐卫生管理的内容

农家乐的卫生管理主要体现在对农家乐外部环境卫生的管理、员工个人卫生的管理、客房卫生的管理及餐饮卫生的管理。

1. 外部环境卫生管理

对于顾客而言，来到农家乐第一眼看到的就是农家乐整体的外部环境。第一印象对于顾客来说很重要，试想如果顾客来到农家乐放眼望去看到的是垃圾遍地、蚊虫萦绕、异味刺鼻，那么顾客会想要继续在这里品尝农家菜，留宿农家屋，体验农家风情吗？想要更好地吸引顾客，首先需要搞好农家乐的外部环境卫生，做到门口干净整洁、整个外部空间无随意丢弃的垃圾、无异味及无老鼠、苍蝇等"六害"。农家乐应该做到外部环境整洁干净，给人舒服愉悦、想要深度体验的感觉。

2. 员工个人卫生管理

农家乐的员工是顾客接触最多、联系最紧密的人，如果员工的个人卫生出现了问题，会对农家乐的整体形象产生巨大的负面影响。为了农家乐更好地经营与发展，农家乐的经营与管理人员需要特别注意员工的个人卫生管理，通过培训等手段提升员工个人的卫生意识，以便让员工养成良好的卫生习惯，更好地服务于顾客。

根据我国的法律法规的要求，农家乐的工作人员应该具备健康证。除了具备健康证，农家乐的员工应该衣着干净整洁，有良好的卫生习惯。对于在餐厅工作的服务人员，除了具备餐饮行业从业人员必须具备的健康证外，还应该没有皮肤病或传染性疾病，如果员工患有皮肤病或传染性疾病，应该立即停止其工作，让其专心接受治疗，待其完全康复后再重新返回工作岗位继续工作。

除了衣着干净外，农家乐的员工还应该注意自身的外表形象。农家乐员工的外表形象在一定程度上代表了农家乐的整个形象，当顾客来到农家乐时，他们往往会通过农家乐员工的形象来判定一个农家乐的整体卫生情况，所以农家乐的员工要特别注意自身的外表形象，要保持头发干净清爽、发型适合工作情况，指甲长度适宜、干净无污垢，身体无异味，面部干净，女士妆容浓淡适宜。通过一个干净、整洁、清爽的形象面对顾客，给顾客留下一个良好的印象，帮助农家乐建立良好的卫生形象。

对于农家乐的餐饮服务人员，因其与顾客的接触较多、较频繁，他们的个人卫生情况会比较严重地影响到顾客对农家乐整体卫生的感知及顾客的个人健康，所以需要格外注意。在日常的工作中，应该穿着统一的工作服装，注意保持工作服装的干净、整洁、清新。在工作中还需要特别注意以下几点：

- 勤洗澡保持身体干净、气味清新；勤刷牙保持口气清新；勤理发保持形象干净,勤刮胡须避免给顾客邋遢、不干净的感觉;勤剪指甲避免误伤顾客或污物存于指甲中。

- 在工作前后、上厕所后都要进行手部清洁;工作前要进行漱口,保持口腔干净。
- 不在顾客面前做掏耳朵、剔牙齿、抓头皮、梳头发、打哈欠、抠鼻子等不文雅、不卫生、容易引起顾客反感及投诉的行为。
- 在工作前不吃大葱、蒜、韭菜等有强烈气味的食品;在为顾客服务中如果要咳嗽、打喷嚏应该掩住口鼻并将身体背对顾客,结束后再重新面向顾客继续服务。
- 禁止在餐厅或厨房区域吸烟、吃东西、嚼口香糖,吸烟或吃东西应该前往指定地点进行。
- 滑出盘子或者掉到地上的东西应该直接丢弃到垃圾桶内,不得再次捡起给顾客食用。
- 掉落的餐具或餐巾应该立即用干净的进行替换,不得捡起后直接使用。
- 禁止用手直接接触食品,食品的取用应该使用专用的工具。
- 尽量避免用手去接触餐具或者食品可能跟顾客的嘴部接触的部位,如取用或递送杯子应该手握杯把或杯子的下部。
- 禁止将围裙、抹布或餐巾等物品搭在肩头或夹在腋下。
- 工作时所用到的托盘应该保持内部外部均干净整洁,无油污及破损,时刻注意不要弄脏工作服装、餐具或台布。

3. **客房卫生管理**

近些年来,酒店客房卫生状况不佳的报道经常出现在媒体上,所以客房卫生成了大众较为敏感及关注的事情。为了长久的发展及获得更好的口碑,农家乐的客房卫生管理必须做到严格、细致、到位。对于农家乐的客房卫生管理,应该注意以下几点:

- 客房的床单、被罩、枕套要做到每个顾客退房离开即更换,不能将使用过的床单、被罩、枕套留给之后的顾客继续使用。
- 客房的床上需要保持干净整洁及无污渍、无异味、无毛发等异物。
- 房间要保持干燥、无异味,物品要摆放整齐。
- 客房内的墙壁、地板、天花板应该保持干净光亮,无蜘蛛网、无灰尘、无毛发、无垃圾。
- 提供给顾客的物品应该注意消毒,如果发现破损需要及时更换。
- 客房的卫生间要注意清扫及消毒,保持卫生间干燥、干净、无异味、无灰尘。镜面要做到干净无水渍。

● 客房内的装饰画等物品应该注意定期打扫,保持其表面无明显灰尘。

● 客房内的桌子、椅子要保持每日清洁,保持其表面干净,如果发现破损要第一时间进行更换,以免对顾客造成伤害。

4. 餐饮卫生管理

"民以食为天",食物在人们的心中有着非常重要、无可替代的地位,如果在餐饮卫生上出现问题,那么可能会给农家乐带来毁灭性的打击。对于顾客而言,相比较起食物的味道是否符合"色、香、味"俱全的要求,食材的搭配上是否符合营养均衡的要求,食物是否干净卫生是最基本、最主要的要求。农家乐的餐饮卫生管理要做好餐厅环境卫生的管理、餐厅设备卫生的管理及厨房卫生的管理。

餐厅应该保持地面干净、无油污、无明显灰尘。如果地面铺有地毯,要注意定期清洁及消毒,避免灰尘积累及细菌滋生。台布应该每日清洗及消毒,如果发现破损要第一时间更换,不可以给顾客使用有污渍或破损的台布。

农家乐的餐厅设备众多,虽然绝大多数设备不会直接让顾客看到,但是如果不注意清洁及消毒工作,也会影响餐厅的经营及形象,还有可能给顾客的身体带来负面影响。农家乐餐厅设备的清洁工作应该主要注意以下几个方面:

空调的过滤系统应该每周进行清洗及消毒工作,确保空调能正常运行,吹出的风不会携带大量细菌及病毒,危害顾客及工作人员的健康。

炉灶、烹饪器具用过立即清理干净,保持其干净光亮、表面无油垢。

冷藏、冷冻设备要定期除霜清洁,保持其干净;不将裸露的物品直接放入冷藏、冷冻设备中,不将过期物品存放在设备中。

垃圾处理设备及抽油烟机要定期清洗及做保养,保证其正常运行。洗碗池要保持每日清洗消毒,清洗餐具所用的洗涤用品符合国家的要求,严格遵守国家餐饮业相关的卫生规定,保证顾客使用的餐具干净、卫生、安全。

对于很多农家乐来说,很容易忽视的一个卫生问题就是所使用的菜单的卫生。菜单是顾客会直接接触到的物品,试想如果一个顾客走进农家乐的餐厅,落座后拿到的菜单布满油污,那么他会对这家农家乐的卫生状况满意吗?是否还会想再次光顾这家农家乐?菜单不够干净是很多农家乐在运营过程中实实在在存在的问题。虽然菜单不是菜,顾客不会直接食用,但是布满油渍的菜单也会让顾客产生反感,使顾客对农家乐的卫生状况大失所望。菜单问题虽小,但是其背后代表的意义却很重大,农家乐的经营与管理者需要予以高度重视。

农家乐的厨房卫生也是需要非常重视的地方。厨房是餐厅的核心,顾客品尝到的菜品都会在厨房中制作完成。厨房的卫生水平在很大程度上代表了整个餐厅甚至农家乐的总体卫生水平。对于农家乐的厨房卫生,应该做到厨房无异味、无积水、地面无油污、无卫生死角,物品摆放合理,餐具干净卫生,有专门的符合卫生要求的存放地点,需要冷冻或冷藏存放的食材能够按要求存放在冷冻或冷藏柜中。厨房要确保无蟑螂、老鼠、苍蝇、蚊子。餐具的清洗需要经过一刮、二刷、三冲、四消毒、五保洁这五道程序。对于隔夜没有使用的餐具第二日需要重新消毒后方可使用。

厨房的卫生需要做到以下几点:
- 厨房应该保持清洁干净,无明显油污,厨房不可随意堆放杂物。
- 厨房空气要注意保持流通,照明设施干净,亮度适宜。
- 厨房工作台不可以随意坐卧。
- 厨房内禁止吸烟及饮食。
- 厨房内的垃圾要进行分类处理,垃圾桶盖要保持常闭状态,避免害虫及老鼠、猫等动物滋扰。
- 餐具、厨具清洗消毒到位,食材清洗彻底,菜品烹制时间充足,防止发生顾客食物中毒事件。
- 厨房灶台的照明灯具要使用防潮灯,灯泡的瓦数要在40瓦以上。
- 液化气罐不可以露天存放。液化气在使用过程中不可以无人监管,要做到人走就熄灭燃气灶。

农家乐厨房要建立完善的清扫制度,对于厨房的整体环境及设施设备要区分打扫频率,严格划分好每日打扫、定期打扫、搬家式打扫的内容。对于每日打扫的内容要做到每日必须有人负责打扫,还应该安排专人对厨房卫生进行监督管理,每日检查卫生情况,对于不合格的地方要求负责的人重新打扫。对于定期打扫的内容,应该设定好具体的打扫周期,做到按照规定的打扫周期按时打扫。搬家式打扫是对厨房全面彻底的打扫,要能清洁到平时不易打扫到的卫生死角,做到认真、细致、全面地清扫。因为搬家式打扫工作量较大,耗费的人力、物力较多,花费的时间较长,所以可以将其与厨房的改建、装修、安装新设备设施等工程相配合。

厨房的主要功能是制作各种菜品,在制作各式菜品的过程中需要注意操作卫生及食品卫生。
- 生熟食物和器具、容器在使用时要做到严格分开,严禁交叉使用,以免发生交叉污染,影响顾客的身体健康。
- 用来放熟菜的器皿、切熟食的砧板在不使用时要用干净的纱布覆盖好,需要使用时要先消毒,后使用。
- 制作冷盘时,刀具、器具、容器要按照规定进行消毒,使用专门的刀具、砧板、容器,避免食物受到污染。

- 在尝味时，要做到使用汤匙，不得使用炒菜工具或手指直接尝味。
- 存入冷藏设备中的熟食要与生的物品分格存放，避免交叉污染。
- 为了顾客的安全与健康考虑，农家乐要尽量少制售凉菜，不售卖食物中毒高危风险的食品。
- 不出售过期、腐败变质、有明显异味、霉变或生虫的食品。
- 不出售法律禁止售卖的食品。
- 不使用不符合国家农药残留规定的原材料及有毒有害的物品。
- 不出售有毒有害的动植物及被有害物质污染的食品。
- 不使用没有生产厂家、名称、生产地址、生产日期、保质期、配方或主要成分标志的产品为顾客加工制作菜品。
- 不售卖没有生产厂家、名称、生产地址、生产日期、保质期、配方或主要成分标志的食品给顾客。

四、服务礼仪

（一）农家乐讲求服务礼仪的原因

中华民族的文化历史悠久，源远流长，我国自古就是礼仪之邦，对于礼仪礼貌非常重视。讲究礼仪礼貌是自身素质及文明的体现。农家乐作为服务业，是人与人的接触、心与心的沟通。农家乐每天需要接待众多游客，农家乐服务人员良好的礼仪礼貌能够迅速拉近与游客之间的距离，让游客放下心防，得到彻底的放松，感觉到开心舒适。农家乐如果能够展现良好的礼仪礼貌，就能更好地吸引游客前来，提升农家乐的经济效益及名声。农家乐展示出的礼仪礼貌也代表了整个乡村的文明礼仪，能够为构建和谐社会助力。

礼貌，是人类为维系社会正常生活而要求人们共同遵守的最起码的道德规范。礼貌是对他人表示尊重的具体态度、动作和语言。礼貌可能是人类文明史上最伟大的发明，它可以帮我们解决很多问题。俗语说"礼多人不怪"，讲究礼仪礼貌可以让我们缩短人与人之间的距离，使交流沟通更加顺畅便捷，减少很多麻烦。服务业一直讲求宾客至上，顾客第一，为了更好地服务于顾客，礼仪礼貌决不可少。服务人员只有对顾客有尊敬之心，才能用心服务顾客，才能展现出礼仪礼貌，在接待顾客的过程中，才会在言语、动作、行为上让人感受到礼仪礼貌。

（二）农家乐服务礼仪的具体体现

在农家乐服务中，农家乐的经营与管理者、农家乐的服务人员及游客应该做到彼此尊重，维护彼此的人格尊严。虽然人的地位上有高低之分，企业规模上也有大小之别，但是在对客服务与人际交往中，应该做到一视同仁，不因阶层、身份地位、经济实力等因素而区别对待。在服务过程中，接待礼仪可以因人而异，但是不能以貌取人、以财取人，出现"看人下菜碟"的情况。

农家乐的服务礼仪是农家乐的服务人员在农家乐的服务活动中必须遵守的行为规范。农家乐的全体人员，无论接待的顾客身份等级如何、顾客人数是多是少，都应该按照服务礼仪的要求执行。对于农家乐的服务人员，在给顾客的服务过程中，服务礼仪主要体现在仪容仪表仪态和对客服务的语言、态度及行为上。

服务人员的服务礼仪代表着农家乐的整体形象，决定着农家乐的口碑与未来的发展。服务人员在接待顾客的过程中，应该首先在外表上给顾客一个干净清爽的形象。服务人员的仪容仪表及仪态会严重影响顾客对于服务的感知评价。仪表是一个人精神面貌的体现；仪容是一个人容貌的展现；仪态是工作状态及对客态度的展示，包括工作中的各种举止，如站立的姿势、走路的姿势和说话的语音、语调、语速及个人的面部表情等。

人是视觉动物，爱美之心人皆有之，如果农家乐的服务人员能以良好的精神面貌及个人形象展现在顾客面前，那么顾客的爱美之心就能够得到一定程度的满足。此外，良好的精神面貌及个人形象也让顾客感觉到自己被重视、被尊重。服务人员良好的精神面貌及个人形象也会给顾客留下一个美好的第一印象，降低了顾客对农家乐不满意的风险。服务人员良好的精神面貌及个人形象也可以为农家乐起到一个积极的宣传促进作用。服务人员良好的精神面貌及个人形象也能展现出对自我的高要求及对工作的认可，能够促进服务人员严格要求自己，提升自己的服务质量。

在服务人员的仪容、仪表、仪态的塑造上，应该注意头发、手、面部表情、服装、体态、手势等。

对于农家乐的服务人员，在站姿上应该保持优雅，让人看上去舒适自然。在站立时应该抬头、挺胸、收腹、双肩自然下垂，眼睛正视前方，表情平和自然。服务人员在站立时不应过于随便，不能有手插口袋或插在腰间、抖动双腿、双手抱臂等让人觉得不礼貌、不文雅的姿势。在坐下的时候，坐姿应该端正，入座时应该动作轻而稳，不给人以着急的感觉。女性在入座时如果穿着裙装，还应该注意用手收拢裙摆。坐下后应该上身自然挺直，双腿自然并拢，不叉开，不随意颤动或抖动，不随意晃动身体。在走路时，应该给人一种轻快稳健的感觉，让人感受到积极向上的精神。走路时应该控制步伐与姿态，不要弯腰驼背，不要大幅摆动胳膊。在为顾客服务的过程中，走动给人以动态的美感，服务动作保持姿态优美大方。在为顾客取放行李、捡拾物品、做清洁卫生等时，如需要做下蹲的动作，应该采用下蹲屈膝的动作，展现出优雅的姿态，给客人留下好印象。服务人员在与顾客交谈过程中，应该注意恰当、规范、准确地运用手势，不随意乱做手势，不用手指指点他人。在服务过程中，不要有随地吐痰、随意吸烟、吃东西、剪指甲、剔牙、挖鼻子、掏耳朵、抓痒、抓头皮、打喷嚏、打哈欠、抖腿等不卫生、不优雅、不健康，容易引起顾客强烈反感的行为。在为顾客服务的过程中，应该做到行动敏捷、举止优雅得当，展现出良好的服务态度与服务形象。农家乐的服务人员还需要注意保持工作服装的干净整洁，不穿着脏污的衣服或者衣冠不整出现在顾客面前；不戴过多的佩饰，面部保持干净清爽无异物，不喷香水，女性不化浓妆，不披散长发，头发梳理整齐，男性不留长胡须，保持整洁干净、充满活力的形象出现在顾客面前。

微笑是最美的语言，农家乐的服务人员在为顾客服务的过程中，应该注意让自己保持恰当的微笑，不过分大笑也不面容紧绷地面对顾客，让顾客从心里感受到舒服，感觉自己受到了尊重与欢迎。保持微笑能够让顾客觉得舒心满意的同时还能够让服务人员忘记烦恼，改善心情，以饱满的精神状态面对每一位顾客。作为服务业，让顾客觉得心里舒服非常重要，微笑是最有用的工具，所以在面对顾客时，应该提醒自己做好表情管理，以真诚自然的微笑面对每一位顾客，让他们感受到真诚与温暖。

语言是人与人之间沟通的工具，俗话说"良言一句三冬暖，恶语伤人六月寒"。作为在接待顾客第一线的服务人员，在与顾客的交流沟通过程中，一定要注意自己的言行，控制好语音、语调，不可在与顾客交往的过程中表现出不耐烦、不高兴，不可以对顾客恶语相向，不可以与顾客在语言上发生冲突。不同的语音、语调会使相同的内容展现出不同的意思，让人有不同的理解。所以在与顾客沟通交流的过程中，要时刻注意控制好自己的音量、音色及音调，不可以对顾客大声嚷嚷，但也不能音量过低让顾客无法听清。在对顾客说话时，要做到语调轻柔缓和，让人有如沐春风的感觉。在语速上，要做到语速适中，避免语速过快让顾客无法听清或觉得态度不够和善。在为顾客服务时应该吐字清晰，有抑扬顿挫的变化，让顾客能够清晰地抓住重点。

农家乐的服务人员在对客服务时要注意多使用礼貌用语，如"请""谢谢""您""您好""对不起"等。在服务时基本的服务用语也不可少，如："请您稍等""不好意思""欢迎光临""好的，请您稍等""对不起，让您久等了""欢迎再次光临"等。

农家乐服务人员对于顾客的迎送是给顾客留下最初和最后印象的环节，影响重大。在顾客到来后，应该热情欢迎顾客，主动问候顾客，为顾客介绍农家乐的设施设备及服务项目，给顾客留下一个美好的第一印象；在顾客要离开时，应该用得体的语言礼貌地送走顾客，在门口目送顾客离开，给顾客留下一个美好的回忆。顾客到来时对于顾客的称呼问题需要格外注意。不恰当的称呼方式可能会引起顾客的反感甚至引起不必要的冲突。一般来说，尽量避免称呼女士为小姐，以免引起顾客的不愉快。对于女性顾客，可以用女士来称呼；对于男性顾客，可以选择用男士或先生来称呼。如果不直接称呼某位顾客，应该在间接称呼时加上礼貌用语，如"您的太太、您的先生、您的母亲"等。正确恰当的称呼不仅能体现对顾客的尊重，也能展现服务人员良好的自身修养及积极的服务意识。

  在接待服务的过程中，回答顾客的问题要做到真诚有礼、简洁明白。当顾客提出各种服务要求时，要注意应答的礼节，做到回答及时，清晰明了。应答顾客的话语时，礼貌用语不可少，如"不用客气""请您稍候""没关系，这是我应该做的"等。要让顾客的问题得到解决的同时还感觉到愉快。

  在为顾客递送物品时，应该注意双手递送物品，以显示对对方的尊重。如果确实不方便双手递送物品，应该选择右手递送物品，以表达基本的礼仪礼貌，避免使用左手递送物品。在递交名片的时候，应该双手呈递给对方，在呈递时，应该注意将正面朝向对方。在递送尖利物品时，应该将尖利的地方对着自己，不能将尖利的方向直接对着顾客进行递送。在接受对方递过来的物品时，应该伸出双手接受，同时点头示意或向对方说一句谢谢。

  农家乐服务人员在电话中与人沟通的方式往往可以判断出他的素质及服务水平。服务人员在接听电话时，应该做到态度热情，语音、语调合适，彬彬有礼，让对方觉得沟通的过程舒适愉快，心情舒畅。农家乐的服务人员应该在电话铃响三声之内接听，以体现高效的服务效率。接听电话后，礼貌用语不可少，应该注意问候对方，语言表述用词规范，使用礼貌用语。在讲话过程中，要语言简洁，态度诚恳，热情对答。在对方讲完之前不轻易打断，不先挂断电话，做到认真倾听对方讲话。遇到情绪不稳定的客人的来电，要做到耐心解释与劝导，不可以对顾客发脾气、说脏话。对于年老的顾客，应该放慢语速，让对方可以清楚明白地理解讲话内容。在接到顾客做预订时，应该主动介绍农家乐的基本情况，记清顾客的基本信息并跟顾客重复确认，避免出现错误而引起纠纷或经济损失。在打电话时，应该注意通话的时长及接电话人的反应，尽量做到将心比心，多多体谅他人。在通话前先询问对方是否方便接听，如果对方不方便应选择另约时间；如果通话时间较长，应征求对方是否愿意，在结束时还应该向对方表示歉意。在通话过程中，服务人员应该言简意赅，不说废话，不吞吞吐吐或含混不清。

  凡事均有度，过犹不及，所以农家乐的工作人员在农家乐的接待服务过程中还需掌握一个让顾客感觉舒服的尺度，不让顾客因为过度服务而感觉到不安甚至产生反感，也不让顾客因为感觉服务不到位而影响心情及对农家乐的印象。

第八章　安全管理

一、农家乐安全管理的原则及内容

（一）农家乐安全管理的作用

做好农家乐安全管理工作有助于正常管理工作的开展和服务质量的提高。农家乐的安全是提高游客满意程度的保障，安全是人类最基本的要求，农家乐的客人也和其他人一样，具有免遭人身伤害和财产损失的安全要求。而且客人身处异地他乡，他们对自己的生命安全、财产安全和心理安全会更加关注与敏感，他们对安全的期望程度比其他人更高。因此，从经营的角度来说，提供安全的环境以满足客人的安全期望，是农家乐开展正常管理工作和提高服务质量的一个基础。

做好农家乐安全管理工作有助于实现社会经济效益。农家乐安全工作直接影响到农家乐的社会经济效益，客人来农家乐消费，农家乐的经营者有义务制定出能保证消费者安全的服务措施，具备能保证消费者安全的服务设施，否则农家乐将面临安全问题而引起投诉、索赔甚至承担法律责任，从而影响农家乐的社会效益、经济效益及声誉。

做好农家乐安全管理工作有助于提高员工的积极性。安全工作不仅是对客人和农家乐财产安全的管理，同时也包括对农家乐员工安全的管理。如果员工在工作和休息过程中缺乏各种防范和保护措施，导致经常发生偷盗、抢劫、火灾等事故，员工就不能安心工作下去。因此，只有农家乐的安全防范措施做得好，员工才能感觉到生命财产有保障，才能安心地工作下去。

（二）农家乐安全管理的原则

做任何事情都要有一定的实施原则，只有确定了事情实施的原则并将其加以灵活运用，才能将事情做到最好。安全对于农家乐旅游来说更为重要，每位顾客都不希望游玩时处在不安全的环境或是发生意外，那就需要农家乐安全管理的过程中遵循以下三个原则：

1. 坚持预防为主

预防为主，就是要在事前做好安全工作，"防患于未然"。也就是指农家乐安全工作应当做在生产活动开始之前，并贯彻始终。凡事预则立，不预则废。

安全工作的重点应放在预防事故的发生，事先考虑事故发生的可能性，以尽量减少事故的发生和事故造成的损失。因此，必须掌握一些必要的安全管理工具和方法、安全常识及突发事件的应对技能，只有自己成为安全专业人才，才可能在事故来临时保护好自己、保护好别人，才能临危不乱，化险为夷。

2. 树立安全意识

安全管理在紧随当代社会发展的脚步之时，已经成为任何组织谋生存、求发展过程中不可或缺的因素。只有把握好安全管理这道关，在安全的基础上进行生产经营活动，才能给予员工最稳定的保障。农家乐也不例外。而安全管理的实施顺畅与否是建立在全体员工所树立的安全管理意识的基础上，所以必须优先树立员工安全管理意识。意识优先的原则要求农家乐全体员工上下众志成城、齐抓共管、高度统一思想，将安全意识时刻放大并根植于每一位员工之心。当然，首先强调要求管理者对安全管理必须高度重视并给予农家乐实施安全管理强有力的支持；其次，要求各部门加强对安全的管理，切实做到安全管理横向到边、纵向到底，经常性开展员工安全意识教育，通过安全教育培训、班组安全的讲评、员工安全技术交流以及员工自身安全学习等形式加以强化。随着数字化、信息化的脚步日益加快，网络媒体已成为时代发展的象征，农家乐应适时、适当充分利用网络系统寻找适应农家乐发展和增强员工安全教育的素材进行"充电"，让员工由被动式的"要我安全"转换成为主动式的"我要安全"。只有农家乐全体员工优先树立了安全管理的意识，安全管理才能够体现其强大的推动力。

3. 明确安全职责

任何事物的发展永远存在着职与责的高度统一，安全管理当然也不例外。近年来，我国安全生产事故时有发生，综观其原因主要存在着人员安全责任不明确或存在有其职而无其责的现象。很多部门尤其是安全管理部门对于其安全管理的责任认识不清，权责分离现象严重，从而使安全管理的网产生了漏洞，使事故的发生有了"可乘之机"。

因此，农家乐要生存和发展就必须要安全，农家乐要安全就必须要建立健全安全管理制度，明确安全职责，并且做到权责一致。责任是一种压力的同时也是一种无形的动力，没有压力永远不会进步。农家乐的安全管理应将责任置于第一位，利用法律或自身制度的形式明确责任，给予一定的奖惩，执行奖惩并举、惩治严厉的政策，让相关部门或人员首先从制度上意识到自身责任所能导致的后果，才能时刻提醒其严格行使其职责。要将责任形成一把双刃剑，一面指向管理，另一面指向执行。当然，也必须明确从业人员在安全管理上的责任，给予从业人员行使监督权，让从业人员参与到安全管理之中，充分体现员工是企业主人的理念。只有充分贯彻员工在安全管理中的责任优先原则，才能更好地推进企业安全管理又快又好地向前发展。任何放弃或排除员工作用的管理最终必将在发展中被抛弃。

（三）农家乐安全影响因素

农家乐安全不仅包括客人的人身、财产安全，而且包括客人的心理安全及员工和农家乐的安全。一般来说，农家乐安全工作中不安全的因素可以分为三类：

第一类是农家乐企业内部存在的不安全因素。比如内部的餐饮、住宿等设施设备不完善，组织管理制度不完善，从业人员专业知识缺乏、操作不规范等多种内部因素容易导致安全问题的产生。

第二类是农家乐住宿客人自身存在的不安全因素。有的游客自己的身体素质对环境的适应能力，以及游客自己的安全意识和出游经验都会带来安全问题发生的可能性。

第三类是农家乐周边环境带来的不安全因素。比如，由于农家乐特殊的地理位置，大多临河（沟、渠或堰塘），靠近公铁路，农家乐没有固定的安保人员，又缺乏一些重点部位的提示性标牌，如果带孩子前来游玩的家长只顾自己玩或喝茶，孩子缺乏监管很容易发生伤害事故。而如果发生事故，以农家乐的特殊经营地位，双方要解决纠纷将会十分麻烦。此外，一些农家乐里还有狗、猫等动物，稍有不慎，也容易给小孩子带来难以预料的伤害。

【案例】

10岁儿子意外溺亡　父母索要赔偿未获一审支持

2016年暑假期间，华先生一家三口及亲友来到一家农家乐度假。用完午餐，大家在农家乐经营者黄先生的安排下，准备前往该农家乐对面的自然河道水域进行游泳等水上活动。就在大家更换泳衣、穿戴救生衣的过程中，华先生还不满十周岁的儿子脱离了众人视线，不知去向。此时突然有人大喊："小孩儿掉水里了。"大家闻声赶来，发现掉入湖中的就是华先生的儿子。不幸的是，孩子最终因溺水经抢救无效死亡。原本轻松愉快的度假之旅被这一意外终止，巨大的悲痛笼罩着整个家庭。

事后，华先生夫妇将农家乐的承包经营者黄先生、农家乐工商登记的经营方以及某旅游度假区管委会一并告上法庭，要求三方赔偿死亡赔偿金、丧葬费、精神损失费等共计125万元。一审法院经审理认为，华先生的儿子为未成年人，华先生夫妇作为家长负有法定监护责任，而此次事故的发生系监护人疏于对孩子的看管，以致酿成悲剧，故驳回了华先生夫妇的诉请。华先生夫妇不服，向上海一中院提起上诉。

农家乐未尽安全保障义务　二审改判其承担20%赔偿责任

二审中，华先生夫妇声称此次意外的发生是农家乐的经营者黄先生未履行游玩项目中的风险告知义务，发现小孩落水后亦未第一时间积极施救，导致孩子溺亡，应承担相应赔偿责任。黄先生辩称，事发水域是公共水域，他们不具有管理义务。农家乐工商登记经营方称其只是出租房屋供黄先生经营，经营范围无水上项目，与其无关。旅游度假区管委会表示该农家乐经营地及事发水域均不在其管辖范围。

上海一中院经审理查明，该农家乐从事餐饮、住宿服务项目，但并不具备水上项目经营资质，而黄先生在实际承包经营中却宣传和开展了水上游玩项目。事发当日华先生一家及其亲友已同黄先生形成旅游服务关系并实际履行。黄先生作为旅游经营者对游客负有安全保障义务，其利用农家乐附近自然水域供游客玩乐，应严格执行旅游安全规范，确保游客旅游安全；农家乐工商登记经营方将农家乐住宿、餐饮服务以房屋出租形式交由黄先生承包经营，应对其实际经营活动中侵权民事责任承担连带责任；华先生夫妇作为法定监护人，未尽监护职责，对事故后果具有重大过失，应承担主要责任；而旅游度假区管委会对事发自然河道水域并不负有自身职责内的监管义务，故不应成为赔偿责任主体。

最终，上海一中院综合各方过错程度，酌情改判华先生夫妇自负80%赔偿责任；农家乐经营者黄先生承担20%赔偿责任，共计23.8万余元；农家乐工商登记经营方与黄先生承担连带赔偿责任。

资料来源：佰佰安全网

（四）农家乐安全管理的内容

1. 餐饮卫生与食品安全

餐饮卫生与食品安全直接关系到游客的身体健康。餐饮卫生是餐厅饮食服务非常重要的组成部分，餐厅必须提供给客人安全卫生的饮食。餐饮卫生和食品安全不仅关系到农家乐服务的好坏，更重要的是直接影响到客人的身体健康，因此餐饮卫生与食品安全是农家乐安全管理的重要内容之一。

2. 消防安全

农家乐建筑消防条件存在先天不足的问题，大多数农家乐建筑由村民自建房屋改造而成，存在建筑耐火等级低、安全疏散条件差、防火间距不足、缺少防火分隔和消防水源等问题，火灾危险性大。近年来，农家乐、民宿火灾在全国屡有发生，为游客和经营者带了很大损失，因此消防安全也是农家乐安全管理的重要内容。

3. 治安安全

乡村旅游区点基本没有安装摄像头，很多农家乐甚至连路灯也没有安装，防盗设施设备严重不足，矛盾协调处理能力不足，治安安全方面存在一些治安隐患，影响农家乐的可持续发展。社会治安状况不仅直接关系到农家乐游客的人身、财产安全，还关系到乡村旅游地的形象。

4. 基础设施安全

农家乐经营户自家的道路应该平整便于行走，有必要的路灯设施；对于周围环境的安全应加以注意，特别是要提防毒蛇、毒蜂及恶狗造成伤害。同时室外电闸要有闸箱，木质箱须包衬铁皮；拉临时电线要经安全保卫部门同意，由指定电工安装并限期拆除；农家乐在游客入住前，要对水、电及房间内设施进行安全检查。

5. 娱乐项目安全

农家乐主要的娱乐项目有棋牌、荡竹排、游泳、打靶场、骑马、垂钓、羽毛球、乒乓球、秋千，此外，还有参与性的活动，如采摘果实干农活、种菜等。对易于造成游客人身伤害的项目要事先提醒客人注意安全，并有明确的警示标志。对可能损害客人人身和财产安全的场所，农家乐应当采取防护、警示措施。例如秋千的最大承受力、竹排的最大承重应有明确的说明；周边的池塘水域要设置警示说明，提醒游客注意安全。对于游客的活动要有相应的人员在场给予必要的指导。农家乐中有些简易的秋千、睡袋及小木桥等都要及时地进行检查，避免因木材、绳索的老化而给游客造成人身伤害。

二、餐饮卫生与食品安全

（一）食品安全的定义

《中华人民共和国食品安全法》第十章附则第一百五十条规定：本法下列用语的含义：食品安全，指食品无毒、无害，符合应当有的营养要求，对人体健康不造成任何急性、亚急性或者慢性危害。农家乐食品安全是指农家乐的食品的制作或食用等活动符合国家标准和要求，不损害消费者的权益。

（二）餐饮卫生和食品安全隐患

1. 基础设施设备相对落后，食品环境相对较差

相对比于城市旅游餐饮行业，乡村发展整体较为落后，有关旅游食品加工及经营的基础设备都比较落后，难以有效地对食品进行规范的加工、储存及管理。农家乐一般都是本地村民自行经营的，由于自身知识水平有限，大部分的居民缺乏食品安全管理意识，所以常出现食品生产加工设备配备不到位、设备使用不当、食品储存方式不合适，甚至食品经营场地脏、乱、差等现象。有的

餐厅虽然菜肴很可口,但是餐饮卫生方面的厨房卫生、厨食具卫生、食物卫生、日常消毒都不能得到保证,从而使得乡村旅游食品的质量不能得到保证,这就直接影响到餐厅服务的质量,甚至会导致食物中毒等威胁消费者健康的事件发生。这将影响到农家乐的可持续发展,所以农家乐经营者要特别重视餐厅服务的环境卫生。无论设备、条件多么有限,都要把卫生做好,为顾客提供饮食安全,创造良好的用餐环境。卫生是餐厅生存下去的基本条件。

2. 经营者自产或外购的食品原料存在安全隐患

乡村一般仍沿用自给自足的生活方式,因此农家乐的食材一般都是村民自产或者是外购。近年来一些污染较重的企业建在郊区农村,因此导致乡村饮用的水源或土壤不可避免地出现一些重金属超标的问题,再加上农作物种植时过量使用化肥、农药等行为屡见不鲜,这些都使得自产的食品原材料存在安全隐患。再则,一部分外购食材,尤其是生鲜类食物,受到乡村运输条件限制,出现腐坏、变质问题,再加上一些经营者不关心消费者权益及食品安全问题,发生变质的食材仍然在使用,从而使农家乐食品的质量不能得到保障。

3. 从业人员食品安全卫生意识淡薄

乡村居民由于受到知识水平的限制,很少有人接受系统化的食品卫生安全培训,因此往往会忽视食品安全的问题。在农家乐经营者中不乏存在着素质低下,只为追求经济利益的人,可能会将劣质食品材料充当优质材料来牟取暴利,而不顾消费者的身体健康。另外还存在一些从业人员健康无保证、饭菜卫生无监管的现象。

(三)餐饮卫生和食品安全管理措施

农家乐在经营过程中若不注意餐饮卫生,不仅会影响个人的健康,也可能波及整个社会,其中的严重性及重要性,是每个餐厅经营者都不可轻视的问题。清新幽雅、整洁卫生的饮食环境给顾客一种温暖的感觉,并能给餐厅带来更多的回头客。建议采取以下措施:

1. 做到厨房设备及环境清洁

农家乐在经营的过程中要做到厨房干净,布局合理,餐具卫生,防蝇防鼠措施好,餐具必须有消毒措施,有消毒水池和冷藏设施。所有的饭菜都是在厨房里做出来的,所以,厨房卫生直接反映整个餐厅卫生水平的高低,也就是说厨房卫生是餐厅里一切卫生的基础。厨房卫生应具体达到以下基本要求:

①厨房内应保持清洁、干净,不可堆放杂物;
②保持空气流通,照明亮度适中;
③工作台不可坐卧,厨房内禁止吸烟、饮食;
④厨房内不应有灰尘及油垢堆积,垃圾应分类处理,并紧封垃圾袋口,以

防虫害及鼠、猫的扰乱；

⑤加强消毒工作，防止食物中毒；

⑥液化气罐不得露天存放，不许在楼内使用，点燃煤气灶要用点火棒，操作时不能离人，离人必须关闭阀门。

2. 做到餐厅设备清洁

设备清洁对餐厅来说至关重要。有些设备是顾客能够直接看见的，若不注重卫生，会影响顾客的食欲和餐厅的形象；有些设备顾客虽然看不见，但若不注重卫生，不仅会影响顾客的身体健康，同时也是餐厅经营的隐患。设备清洁包括以下几个方面：

①为使空调设备的清洁达到合格的清洁标准，最好的办法就是制订每周清洗过滤系统计划。一套完善的空调系统，应能将可溶性物质、细小固体、悬浮物沉淀过滤掉，并达到除去多余水气和恒温的目的，使相对湿度达到一定标准。

②保持炉灶、烹饪器具清洁，炉灶和烹饪器具在使用后应立即清洗干净，并保证每天至少清洗一次。

③冷藏设备应定期除霜、清理，不要储存过期食品。

④垃圾处理设备及抽油烟机也应定期清洗、保养。

3. 做到饭菜酒水等食材新鲜无变质

农家乐餐厅要尽量少做凉菜，不加工皮蛋等高危菜品，避免可能造成的食品卫生问题。在食品卫生方面具体应做到不得违反以下几点：

①不得出售腐败变质、油脂酸败、霉变、生虫污秽不洁或感官性状异常的食品。

②不得出售法律、法规禁止使用的高毒农药喷洒过或使用农药后尚未超过安全期采摘的蔬菜、水果及其他可食农产品。

③不得出售病死、毒死或者死因不明的禽、畜、兽（包括野味）、水产动物及其制品，未检验或检验不合格的肉类及其制品。

④不得出售野蘑菇、河豚等有毒动植物及被有毒有害物质污染的食品。

⑤不得出售国家禁止食用的野生动物食品。

⑥不得出售无产地、厂名、生产日期、保存期限、配方或主要成分等商品标识的定型包装食品和超过保存期限的食品。

4. 做好人员管理和培训

为了使农家乐里的每一个工作人员都能意识到卫生的重要性，农家乐经营者必须时时进行监管和督促。农家乐管理人员必须经常检查餐厅内外的卫生状况、服务员的卫生状况，以及厨房和厨师的卫生状况。一旦发现问题，责令其立即改正，只有通过有效的管理才能养成良好的卫生习惯。加强对厨师及厨房其他工作人员的管理，才能达到厨房卫生的标准。这些必须做好以下工作：

①从事餐饮工作的人员必须获得健康证。

②厨房工作人员应注重个人卫生，养成良好的卫生习惯。必须严格要求厨房工作人员，经常向他们灌输搞好厨房卫生的思想和理念，让他们明确地认识到自己所做工作的重要性。

③厨房工作人员患有传染性疾病时，应立即中止工作。

餐厅卫生需要长期保持下去并不断进行提高，稍不注意，就会出现卫生状况下降的情况。而只有时时刻刻教育员工在这方面加以注意，才会使良好的卫生习惯得以维持下去。所以，加强员工的卫生素质培训，是提高餐厅卫生的一种行之有效的方法。

5. 保证农家乐菜单清洁

在农家乐餐厅进餐，经常会碰到这样一种情况，当你拿起菜单准备点菜时，却发现菜单上沾满了灰垢和油渍。由此可见，菜单不清洁是农家乐存在的一种普遍现象。我们要知道菜单是展示餐饮水平的一个窗口，尽管菜单不是用来吃的，只是用来点菜用的，但沾满油渍和灰垢的菜单同样会使就餐者对餐厅的卫生状况的认可大打折扣，保持菜单清洁同样是餐厅卫生的一个重要组成部分，因此必须给予足够重视，在经营的过程中要保证农家乐菜单的清洁。

6. 政府加大对农家乐食品安全生产管理的投入

从政府的角度来说，在乡村振兴战略的背景下，应加大对农家乐食品安全生产管理的投入，促进农家乐以及乡村旅游的发展。一是乡村的基础设施整体较为落后，政府应加大对食品安全相关设施设备的资金投入。二是应加大对农家乐经营者和从业人员的食品安全管理的培训学习，让其了解食品安全相关法律法规和最新政策，学习食品安全生产技术，了解经营者应该承担的义务和享有的权利，只有经营者和从业人员的安全意识和安全技术提高了，才能保障餐饮卫生和食品安全。三是加强食品安全卫生监督管理，建立完善的经营者信用评级制度。由于监管不到位导致一些农家乐经营者出现一些不规范行为，因此，加大对农家乐餐饮卫生和食品安全的日常监督管理是非常有必要的，有关监督部门通过不定期的监督检查，发现不合规的农家乐予以限期整改甚至取缔，从制度层面避免食品安全问题的发生。

三、消防安全

（一）农家乐消防安全

农家乐消防安全工作的好坏，不仅关系到农家乐的声誉和效益，也会直接关系到游客和员工的生命财产安全及农家乐安全。农家乐作为人们食宿及娱乐休闲等各种活动的公共场所,对消防安全的管理应贯穿于整个农家乐管理的全过程。虽然农家乐火灾的发生率很低,但一旦发生火灾后果会很严重,所以必须花力气去认真对待防火问题,做好消防安全管理。尤其是对于很多农家乐来说,是利用自有房屋来经营餐饮、住宿和娱乐等业态,也就是将自家房屋改建为"农家乐",因此没有经过规划、消防等部门批准,前期的建设没有达到消防安全标准,导致其存在先天性安全隐患,这些问题一旦发生就会产生严重的后果,并影响当地的经济发展,因此必须做好消防工作。

(二)农家乐消防安全隐患

做好农家乐消防工作首先必须清楚地认识农家乐存在的安全隐患。

1. 建筑耐火等级较低及防火间距不足

农村建筑耐火等级大都较低。开办农家乐(民宿)的建筑,主要有近几年统一规划、统一建设的钢筋混凝土多层建筑,传统砖木结构、土木结构建筑,甚至还有全木结构的建筑。钢筋混凝土建筑,由于建设年代较近,耐火极限可以达到二级或三级;但大量传统砖木结构、土木结构、木结构建筑,建设年代久远,耐火极限仅为四级。

传统村镇内的建筑防火间距大都严重不足。比如有的乡村农家乐是砖木结构,建筑密集地连片布置,即使是主街也不足4米宽。一旦失火,完全不能避免火烧连营的现象。

2. 农家乐诱发火灾的因素多

一是农家乐用电隐患大。用电隐患大,是农家乐(民宿)普遍存在的问题。主要体现在有的经营者为了减少成本,在安装电器线路和设备的时候,没有请专业电工安装,而是私拉乱接电线,留有火灾隐患。还存在线路老化、使用老旧报废电器、劣质电器及使用大功率电器等现象,致使火灾事故时有发生。

二是农家乐存在大量易燃可燃材料的使用。农家乐内一般设有餐厅、客房、歌舞娱乐场所等,这些场所装修前大多未经过公安消防机构审核批准,大量采用易燃可燃材料装修。此外,一些农家乐还在庭院里搭建遮阳、遮雨棚,普遍使用木材、藤竹、油毡、麦秆等易燃材料,增加了火灾隐患。

三是农家乐内有大量明火的使用。有些农家乐经营者还存在使用土灶台的现象,使用秸秆、木柴等易燃物引火做饭,炭火烧烤的普遍使用也极大地增加了明火的使用,明火的使用增加了火灾的隐患。

3. 缺乏消防设施及消防水源,消防车道不通畅

缺乏消防设施。城市旅馆大都建有完善的火灾自动报警系统、自动喷水灭火系统、室内消火栓系统,但是农家乐几乎没有安装任何自动消防设施。个别农家乐配备有灭火器,仅少数经济发达地区的农家(民宿)配备有独立式感烟

探测器。

缺乏消防水源。有些地区缺乏消防水源，部分经济较发达地区铺设了自来水管道和消防给水管道，部分经济欠发达地区仅铺设了自来水管道，没有铺设消防给水管道；部分经济不发达地区的村庄则连自来水管道都未铺设。

消防车道不通畅。保存完好的传统建筑往往位于深山或偏远地区，不仅距离消防站远，其道路条件也较差。例如，有的村镇道路狭窄、曲折，有的村镇道路有台阶，有的村镇道路为土路难以承重，都难以满足消防车通行的要求。有的甚至位于山上，位置偏僻，道路狭窄，消防公共设施匮乏。有的位于风景区，水源建设困难加大，消防车辆难以进入，一旦发生火灾就会酿成较大的事故。

4. 消防安全意识比较淡薄，自防自救能力差

农家乐的经营者及从业人员大多为自家人，也有一部分是附近农户，且妇女居多，这些工作人员整体的文化水平较低，消防意识淡薄，缺乏基本的防火、灭火常识，发生火灾后不懂自防自救，不懂安全疏散，容易造成更大的人员伤亡和财产损失，也影响农家乐的可持续发展。

（三）农家乐消防安全管理措施

1. 相关部门加强监管，减少诱发火灾的因素

农家乐应视为公众聚集场所，在开业前应进行消防安全检查，符合条件，取得《消防安全检查意见书》同意开业后才能开业。对未经消防审核和验收已经开办的农家乐，应补办消防审查、验收手续，提高农家乐建筑的耐火等级，保证防火间距，完善其建筑的合法性。

对存在的隐患应要求经营者立即整改，应设计安装火灾疏散指示标志和应急照明。要充分发挥社区、基层公安派出所的作用，建立相应的监管机制，进一步明确其消防工作职责，加强监管，控制好火灾的诱发因素。同时消防部门应该与文旅部门、工商等密切配合，共同做好农家乐的安全监督管理工作，减少诱发火灾的因素。

2. 多方共同完善消防设施

完善消防水源、供水设施。各级政府应结合社会主义新农村建设，加大投入，完善消防水源，按规范要求各业主修建消防水池，并配备发电设备和消防泵。同时根据《"农家乐"（民宿）建筑防火导则》指导"农家乐"完善消防设施，配备足够的灭火器材。对远离公路和道路不畅的"农家乐"，应尽量想办法解决消防车道的问题。应备有应急疏散图，客房内应该放置服务指南、住宿须知和防火指南。一般农家乐应该配备的消防设备如图8-1所示。

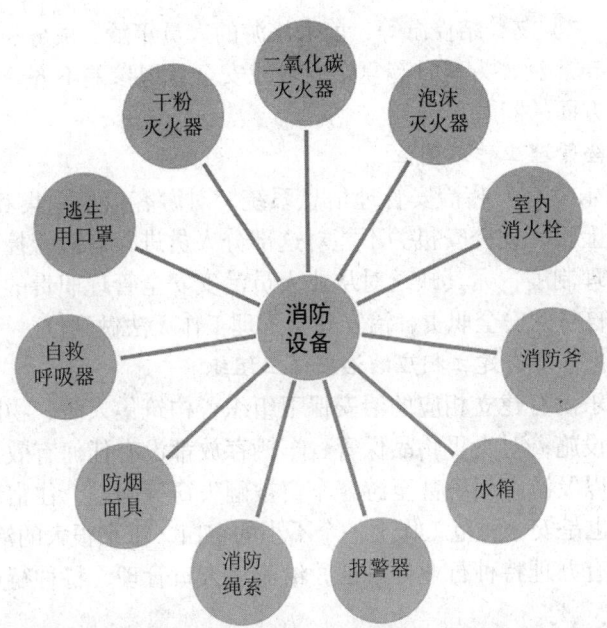

图 8-1 一般农家乐应该配备的消防设备

3. 要加强从业人员的消防知识学习

农家乐从业人员应该加强消防法律、法规以及其他消防知识的学习。当前,农家乐的从业人员的消防安全意识和知识普遍较低。因此,要加强从业人员的消防安全培训,组织从业人员学习国家消防法律、法规,学习消防安全常识,开展警示教育,以增强员工的消防法律意识,增长消防安全知识。特别要学习和掌握《公共娱乐场所消防安全管理规定》和基本的防火灭火常识,定期开展自查,及时消除火灾隐患。从业人员要做到"三懂、四会","三懂"即懂得本部门的火灾危险性,懂得预防火灾的措施,懂得自查整改火灾隐患;"四会"即会报警,会使用灭火器材,会组织人员疏散,会扑救初起火灾。从业人员必须通过消防安全培训方可上岗。根据此类场所从业人员常会变动的特点,消防培训工作要做到经常化、正规化、制度化,严防农家乐火灾事故的发生。

四、治安安全

(一)农家乐治安安全隐患

1. 农家乐客源分布广,成分复杂

乡村旅游是我国旅游市场中的一大亮点市场,目前已经成为人们外出短途旅游的首选地,入住农家乐的游客外出旅游方式多样化,有旅行社组团游、自驾游、家庭游、"驴友"结伴游等，前来旅游的人员年龄、成分、个体素质参差不齐，客源分布广泛，人员日趋复杂，自我安全意识参差不齐，带来很大安全防范管理工作方面的问题。

2. 治安安全管理工作不到位

大多农家乐没有安装治安管理信息系统，对游客信息采集和上报不及时，甚至不采集和上报，使公安机关不能对这部分人员进行有效管控；农家乐还缺乏日常治安管理制度，尤其缺乏对从业人员治安安全管理职责的要求，导致从业人员不明确自身的安全职责，治安安全管理工作无法做到位。

3. 很多农家乐没有建立相应的治安保卫组织

很多农家乐没有建立相应的治安保卫组织，构筑集人防、物防和技防于一体的治安防范设施，对贵重物品保管、车辆存放都没有任何有效措施，极易发生盗窃案件，以及游客纠纷甚至游客车窗被砸失窃等问题，住宿和接待的随意性和不确定性也是安全防范工作上一个不小的空白，带来很大的治安安全隐患。有些农家乐没有办理特种行业许可证，给流动人口管理、特种行业管理方面带来许多问题。

4. 从业人员缺乏治安安全意识

农家乐的经营者及服务人员均为当地农民，文化素质相对较低，法律意识淡薄，防范意识差，未经过任何培训，对公安机关旅馆业管理的基本要求更是不甚了解。在日常经营过程中，经营人员对入住人员不查看身份证件、不履行审查登记的现象普遍存在，导致公安机关对入住人员的管理处于失控状态。

（二）农家乐治安安全管理措施

1. 安装治安管理信息系统及进行规范管理

第一，农家乐要安装治安管理信息系统。农家乐经营者对游客信息采集，实现游客信息实名、实情、实数、实时登记的上报工作，并将游客住宿信息纳入到公安机关治安管理系统。解决"农家乐"不实名登记，公安机关不能有效进行人员管控的问题，已成为公安机关治安管理工作的难点问题。

第二，加强日常治安安全管理，有条件的农家乐应当安装客房电子门锁和公共区域安全监控系统。为了保护客人的人身和财产安全，农家乐客房门应该装有防盗锁、猫眼。农家乐所有门锁均应安装规范、安全可靠。住店客人领取房间钥匙，要严格检查其住房卡或钥匙领取凭证。客房钥匙要专柜存放，专人管理；领取要办理严格的手续。严禁工作人员将客房钥匙携出农家乐外。住客退房离开农家乐，要及时收回房间钥匙。发现钥匙丢失要迅速查明原因并要采取及时更换锁芯的措施。

第三，农家乐服务人员要有明确的责任。一是不得擅自动用客人物品，打扫房间时要"开一间,做一间","完一间,锁一间"。二是农家乐服务人员不得把住店客人情况向外泄露。三是对要求会见住店客人的宾客,要经验看证件并征求被会见人同意后方可允许进入。来访客人必须在23点前离开客房。四是农家乐经营户要告知入住游客妥善保管好自己的贵重物品。另外,服务人员还要注意发现可疑情况,迅速通报危险信息,随时提醒客人照看好钱、物,防止盗窃活动。

2. 加强组织领导,做好治安安全防范工作

村集体组织应牢固树立"没有安全就没旅游"的理念,同时坚持"预防为主"的原则,认真研究部署乡村旅游安全防范工作。在统一协调指挥下,加强组织领导,针对辖区农家乐的特点,分析、研判农家乐各项安全防范工作实际状况,制订专门工作方案,采取有效措施,全面落实当地公安机关和旅游企业的安全防范主体责任,做到早筹划、早布置、早落实。加强宣传教育,提高安全防范意识,认真落实安全防范工作责任,有针对性地开展安全隐患大排查,督促指导农家乐加强内部治安安全隐患自查整改,努力减少和控制各类安全事故的发生。

3. 强化监督检查力度,落实各项治安安全措施

按照"谁主办,谁负责,谁落实"的原则,强化监督检查力度,督促农家乐严格落实安全管理责任,妥善做好现场疏导,完善应急处置预案,加强人防、物防、机房设施建设。同时,联系多部门对景区安全进行大检查,对存在隐患的景区提出具体的整改要求,要求其立即整改,落实各项安全措施,并跟踪整改成效。同时要求乡村要利用标语、广播等形式加强宣传旅游安全事项,确保广大游客高兴而来、满意而归。

4. 开展常态化高峰勤务,强化治安管控

在节假日和旅游旺季期间,警力前移,抽调足够执备勤警力,加强乡村的巡逻防范工作,在游客较多、治安情况复杂的部位和路段设立临时执勤服务点,增设报警点,依托乡村警务室和乡村服务点,第一时间受理游客各类诉求,及时规范处置游客的求助报警,努力营造高效、便捷、安全的旅游环境。按照"警力跟着流量走""警力跟着警情走"的思路,辖区派出所、乡村警务站要开展常态化高峰勤务,实行网格化巡逻模式,农家乐外部突出易发案时段治安巡逻。组织"一村一警"包村民警和治安积极分子,深入农家乐开展安全宣传,切实筑牢农家乐治安防控网络。

5. 加强乡村旅游治安防范基础工作

要组织农家乐经营者和从业人员,开展以相关法律法规、安全防范、消防安全、信息收集报告等为主要内容的教育培训,提升其素质。同时引导其规范

农家乐安全管理，加强情报信息收集、上报。特别是对入住的可疑人员、物品等要及时向公安机关报告，对发生的案件或突发性事件在迅速上报的同时，采取必要措施予以处置。针对旅游高峰实施重点管理，依托农村警务室、治安信息员，积极构建防控网络，实施动态管理，全面掌控各类不安全稳定因素，并采取针对性措施做好整治工作。

另外，维护农家乐正常经营秩序，农家乐经营者和从业人员要配合查禁和打击卖淫、嫖娼、赌博、吸毒、贩毒等违法活动，协助、配合公安机关查破案件；加强工作人员的安全教育工作，警惕不法分子混进农家乐进行偷盗行为；要防止外部偷盗、内外勾结和旅游者自盗行为的发生。

五、旅游安全事故的处理

无论是游客还是农家乐经营户都不希望发生任何事故，因为事故一旦发生轻者带来麻烦，重者可能带来灾难，会给客人及经营户带来许多不必要的损失。农家乐在经营过程中要尽可能地做好事故的预防工作，但是在实际接待过程中，往往可能出现意想不到的事故。一旦发生，无论是游客还是农家乐经营户都应高度重视，特别是要沉着、冷静、果断地采取措施，力争使事故的损失和影响减小到最低程度。处理各种事故的办法很多，现介绍几种，仅供参考。

（一）客人死亡事故的处理方法

客人死亡是指客人在住宿期间内伤病死亡、意外死亡、自杀或他杀或原因不明的死亡。除第一种正常死亡外，其他几种均为非正常死亡。农家乐经营人员在发现客人死亡后，应保护好现场，立即向公安部门报案，并向当地旅游行政部门报告；在客人尚未死亡的情况下，应和其他游客一同立即把他送往医院抢救；经医务人员检查确定死亡的，要保护好现场，对现场的每一件物品都不得移动，严禁无关人员接近现场并立即向公安机关报告。

（二）食物中毒事故的处理办法

食物中毒以恶心、呕吐、腹疼、腹泻等急性肠胃炎症状为主。发现食物中毒或疑似食物中毒事故时，"农家乐"业主必须及时向当地县级疾病控制机构、卫生行政部门报告，并保留造成食物中毒或可能导致食物中毒的食品及其原料、工具、设备和现场，及时将病人送往医院救治，并积极配合卫生行政部门开展食物中毒事故调查和处理。

①如发现客人同时出现上述症状，应立即把客人送往医院，在基本确认为食物中毒后，应报告当地旅游行政部门。当怀疑客人食物中毒后，农家乐经营户应设法催吐，让客人多喝水以加速排泄，缓解毒性。

②将病情严重的客人送往医院抢救，并请医生开具证明。

③请相关部门对食品取样、化验，查明原因。
④协助调查中毒原因、中毒人数、中毒者身份等，通知中毒客人的所在单位或家属，并向他们说明情况，协助做好善后工作。

（三）火灾事故的处理方法

发现农家乐失火，应做好以下工作：
①应立即打电话通知消防部门，让客人不要惊慌，同时立即组织员工协助游客撤离现场。
②发动村民、客人及员工奔赴现场，利用农家乐的安全灭火设备进行救火，并切断电源，将火源隔断。
③因火灾给客人造成的损失要妥善处理，原则上要赔偿客人的损失；如果发生死亡事故，由农家乐配合公安部门根据有关法律程序处理。
④妥善安置受到火灾影响的住店的客人，农家乐经营户应分别到客人新的住地，向客人表示问候和道歉。
⑤火灾扑灭后，协助公安部门查明起火原因，除公安部门要求保护现场的地方外，其他地方应迅速清理，清查农家乐设备物品损失，一一做好登记，并向保险公司索赔，办理相关手续。
⑥农家乐工作人员、客人要积极配合，提供线索，待查明原因后，根据具体情况追究责任。凡属人为原因造成的火灾事故，经过调查，对于直接责任者一般由公安部门追究刑事责任。

（四）客人行李物品被盗事故的处理方法

当发生客人行李物品遗失事故时，要协助客人首先在客房内部仔细地查找，要求客人回想一下最后发现该物品是在什么时候、什么地方，并询问有没有其他人员进入该客人的房间。
①客人报告贵重物品丢失或被盗，农家乐人员要保持冷静，应根据客人提供的线索，分析是否确实被盗，并分别采取不同的措施。
②如被盗物品涉及到农家乐员工，在未掌握确切事实之前管理人员不可妄下结论，也不可盲目相信客人的陈述，以免损伤服务人员的自尊心。要坚持内紧外松的原则，细心查访和找寻。
③贵重物品是否被盗，在掌握确切事实之前，不要给客人以肯定的答复，但应对客人表示同情和安慰。
④如果客人东西确实丢失，应向公安部门报案，协助公安部门处理相关的事情，追究相关人员的刑事责任。

（五）刑事案件的处理办法

①一旦发现农家乐内发生凶杀、抢劫、强奸、重大盗窃诈骗以及其他恶性

刑事案件，应在5分钟内向公安部门报案，农家乐经营户迅速赶赴案发现场，查明情况，保护现场。

②农家乐发生盗窃、打架斗殴、流氓、毁坏公共财物等治安案件时，农家乐经营户要立即报案，并保护好现场。公安部门接到报案后应迅速到现场进行调查处理，并视情况紧急程度决定处理方法。

③农家乐经营者应该填写报案表，协助公安部门开展调查工作。

④农家乐员工发生的各类纠纷和治安案件应向有关部门报案，如属于失窃、丢失事件，应及时向旅游行政部门报告，按要求将事情经过交代清楚，并备案。事情经过包括：事情发生的时间、地点、当事人、主要事情的原因、经过、结果。

（六）旅游安全事故处理相关法律法规

1.《旅游法》

第78条 突发事件发生后，当地人民政府及其有关部门和机构应当采取措施开展救援，并协助旅游者返回出发地或者旅游者指定的合理地点。

第81条 突发事件或者旅游安全事故发生后，旅游经营者应当立即采取必要的救助和处置措施，依法履行报告义务，并对旅游者作出妥善安排。

第82条 旅游者在人身、财产安全遇有危险时，有权请求旅游经营者、当地政府和相关机构进行及时救助。中国出境旅游者在境外陷于困境时，有权请求我国驻当地机构在其职责范围内给予协助和保护。旅游者接受相关组织或者机构的救助后，应当支付应由个人承担的费用。

2.《旅游安全管理办法》

第14条 ①旅游突发事件发生后，旅游经营者及其现场人员应当采取合理、必要的措施救助受害旅游者，控制事态发展，防止损害扩大。②旅游经营者应当按照履行统一领导职责或者组织处置突发事件的人民政府的要求，配合其采取的应急处置措施，并参加所在地人民政府组织的应急救援和善后处置工作。③旅游突发事件发生在境外的，旅行社及其领队应当在中国驻当地使领馆或者政府派出机构的指导下，全力做好突发事件应对处置工作。

第15条 ①旅游突发事件发生后，旅游经营者的现场人员应当立即向本单位负责人报告，单位负责人接到报告后，应当于1小时内向发生地县级旅游主管部门、安全生产监督管理部门和负有安全生产监督管理职责的其他相关部门报告；旅行社负责人应当同时向单位所在地县级以上地方旅游主管部门报告。②情况紧急或者发生重大、特别重大旅游突发事件时，现场有关人员可直接向发生地、旅行社所在地县级以上旅游主管部门、安全生产监督管理部门和负有安全生产监督管理职责的其他相关部门报告。③旅游突发事件发生在境外的，旅游团队的领队应当立即向当地警方、中国驻当地使领馆或者政府派出机构，以及旅行社负责人报告。旅行社负责人应当在接到领队报告后1小时内，向单位所在地县级以上地方旅游主管部门报告。

第18条 风险提示发布后，旅行社应当根据风险级别采取下列措施：①四级风险的，加强对旅游者的提示；②三级风险的，采取必要的安全防范措施；③二级风险的，停止组团或者带团前往风险区域；已在风险区域的，调整或者中止行程；④一级风险的，停止组团或者带团前往风险区域，组织已在风险区域的旅游者撤离。其他旅游经营者应当根据风险提示的级别，加强对旅游者的风险提示，采取相应的安全防范措施，妥善安置旅游者，并根据政府或者有关部门的要求，暂停或者关闭易受风险危害的旅游项目或者场所。

第25条 旅游突发事件发生后，发生地县级以上旅游主管部门应当根据同级人民政府的要求和有关规定，启动旅游突发事件应急预案，并采取下列一项或者多项措施：①组织或者协同、配合相关部门开展对旅游者的救助及善后处置，防止次生、衍生事件；②协调医疗、救援和保险等机构对旅游者进行救助及善后处置；③按照同级人民政府的要求，统一、准确、及时发布有关事态发展和应急处置工作的信息，并公布咨询电话。

第26条 旅游突发事件发生后，发生地县级以上旅游主管部门应当根据同级人民政府的要求和有关规定，参与旅游突发事件的调查，配合相关部门依法对应当承担事件责任的旅游经营者及其责任人进行处理。

第27条 各级旅游主管部门应当建立旅游突发事件报告制度。

第28条 旅游主管部门在接到旅游经营者依据本办法第十五条规定的报告后，应当向同级人民政府和上级旅游主管部门报告。一般旅游突发事件上报至设区的市级旅游主管部门；较大旅游突发事件逐级上报至省级旅游主管部门；重大和特别重大旅游突发事件逐级上报至国家旅游局。向上级旅游主管部门报告旅游突发事件，应当包括下列内容：①事件发生的时间、地点、信息来源；②简要经过、伤亡人数、影响范围；③事件涉及的旅游经营者、其他有关单位的名称；④事件发生原因及发展趋势的初步判断；⑤采取的应急措施及处置情况；⑥需要支持协助的事项；⑦报告人姓名、单位及联系电话。前款所列内容暂时无法确定的，应当先报告已知情况；报告后出现新情况的，应当及时补报、续报。

第38条 旅游主管部门及其工作人员违反相关法律、法规及本办法规定，玩忽职守，未履行安全管理职责的，由有关部门责令改正，对直接负责的主管人员和其他直接责任人员依法给予处分。

第九章 投诉管理

一、投诉类型及处理要点

随着人们对服务认识的深入,越来越多的游客开始注重保护自身权益,游客投诉也随之变得越来越多,正确处理游客投诉,增加游客价值成为许多农家乐研究的课题。处理好游客投诉,首先要对游客的投诉内容及诉求做到心中有数,根据投诉的类型采取相应的策略。农家乐的投诉类型一般分为餐饮投诉、卫生环境投诉和噪声投诉。

(一)餐饮投诉

"民以食为天",餐饮消费一直是消费投诉的热点问题,无论是食品的质量问题、餐饮广告宣传、餐饮行业的诚信问题,还是就餐环境的卫生和安全问题等,均能引起消费者不满和投诉,甚至直接导致消费者身体不适,严重危害消费者的身体健康和合法权益。

1. **常见的投诉问题**

(1)食品质量投诉

餐饮服务投诉仍以食品质量问题居多。主要是指食物本身质量低劣,导致游客在进餐过程中对饭菜、饮用品的质量不满意,影响游客的身心健康,甚至引发食物中毒等恶性事件,食品质量投诉这一类型是最为常见和最重要的饮食投诉类型。以温州市为例,温州 2017 年度餐饮行业投诉情况分析报告中,食品质量投诉占到餐饮服务投诉的 51.72%。

常见的食品质量投诉问题

- 食物中含有异物,如食物中含有头发、苍蝇、玻璃、老鼠屎等异物,引发消费者不满。
- 食品、饮料过期变质不新鲜,如食物变臭、发黑,导致食品无法食用。
- 用餐后出现身体不适,如用餐后出现呕吐、腹痛、腹泻、细菌感染、急性肠胃炎。

(2)服务质量投诉

- 服务内容

在游客用餐过程中服务人员服务不到位,导致游客产生不满情绪,进而向农家乐投诉。如服务员服务不周到、触犯游客的饮食禁忌、等待上菜时间太长、上菜错误、游客衣物溅到饭菜汤渍等情况。

● 服务态度

服务人员在服务过程中对游客态度不好，引起游客不满，从而导致游客投诉。服务人员对待游客不友好、不热情、不主动，以及有求无应、冷淡、嘲笑、戏弄、怠慢等。

（3）价格和结算投诉

由于菜品解释不到位、价格标注不明显或者上错菜，被游客认为价格与实际不符从而导致投诉。游客会认为店家有缺斤短两、多收费、诱导消费等嫌疑。

（4）影响形象和信誉的投诉

服务人员在服务过程中有严重侵害游客人身权、人格权、财产权的行为，进而引发游客投诉的恶性事件。如侮辱、殴打游客及偷拿游客钱物、多收消费款项等违规违纪行为。

（5）人身安全及其他投诉

● 农家乐提供的就餐环境或餐具存在缺陷或瑕疵导致游客受伤。如农家乐提供的盘子有破口把游客的脸刮伤。

● 农家乐经营人员未尽到提醒告知义务导致游客受伤。如有游客到一家农家乐烤鱼店吃烤鱼，由于商家未告知操作的正确方法，导致用餐人员全部一氧化碳中毒，引发投诉。

● 因农家乐服务人员操作失误导致游客受伤。如由于服务员操作不当导致游客被烫伤等。

● 游客在农家乐用餐过程中，被非农家乐服务人员侵害权益时进行投诉或其他类型投诉。如用餐过程中游客钱物被外来人员偷窃、游客之间发生争执、游客自己不小心被烫伤等。

2. 食品投诉处理要点

农家乐服务人员在处理餐饮投诉时，需要掌握以下3个要点，以确保投诉处理的有效性。

一是站在游客的角度，以游客的实际诉求为出发点制订处理方案，确保方案能够满足游客的实际诉求。

二是需要耐心对待游客投诉，尤其是那些由于游客误解而引发的投诉事件，需要耐心地向游客进行解释，并进行妥当处理，不得表现出不耐烦或敷衍游客。

三是需做好投诉处理方案实施效果调查分析工作，确定实施效果并做好后续餐饮服务的改进工作。

（二）卫生环境投诉

农村的生活环境与城市有所区别，卫生标准与城市也有一定的差别，而农家乐的游客多为城市居民，对环境的要求标准会更高，因此农村的环境问题有可能会引起游客的投诉。常见的卫生环境投诉主要有餐饮卫生环境、住宿卫生环境、厕所卫生环境和周边卫生环境投诉。

1. 餐饮卫生环境

食品安全是游客关注的重点。游客在农家游玩的过程中，首先关注的是自己所能看到和接触到的食品环境卫生。餐饮卫生条件差往往会引起游客投诉，如蚊虫、苍蝇等是否出现在食物周围，厨房是否干净卫生，餐厅是否干净卫生，甚至厨师是否有健康证等问题。

2. 住宿卫生环境

对于住宿环境卫生的不满也是引起游客投诉的另一个重要因素。如被褥上有污渍、房间有残留的垃圾、厕所不干净甚至有爬虫、家具有破损现象、房间存在安全隐患等。

3. 厕所卫生环境

厕所环境不卫生是引起游客投诉的最主要因素。农村受到上下水的限制，容易造成冲水问题，冲水不及时就会引起苍蝇成群、臭气熏天等问题，从而引发游客投诉。

4. 周边卫生环境

周边环境不能过于脏乱差，要进行统一规划，保证环境干净整洁。农家乐周边如乱堆垃圾、停车位置规划不合理等，容易引起游客投诉。

（三）噪声投诉

噪声投诉主要来自两个方面：一是游客对噪声的投诉；二是周边居民对于噪声的投诉。

1. 游客对噪声的投诉

很多农家乐是农民利用自有住宅建筑修建的，隔音效果达不到标准，房间之间距离较近，如果有一个房间比较吵就会影响到其他房间的客人休息，进而引发游客投诉。如果对噪声投诉的处理不及时、不到位，就很容易导致客源流失。所以，农家乐在经营过程中，要为游客营造一个相对放松安静的环境，并对游客提出的噪声方面的投诉及时进行处理。

2. 周边居民对于噪声的投诉

农家乐住宿的游客比较杂乱，人员进出比较频繁，甚至一些具有娱乐设施设备的农家乐，有些游客会使用高音设备唱歌，造成噪声扰民，影响周边的居民正常生活，引发周边居民对于噪声的投诉。

二、投诉心理及处理原则

游客投诉是游客对自己的期望没有得到满足的一种表述，是对农家乐的管理和服务不满的表达方式，也是农家乐有价值的信息来源，它为农家乐创造了许多机会。因此，如何利用处理游客投诉的时机而赢得游客的信任，把游客的不满转化为满意，锁定他们对自己产品的忠诚，获得竞争优势，已成为农家乐营销实践的重要内容之一。

> 有一个现象：
> 一个高兴的游客会把满意告诉3个人。
> 一个不高兴的游客会将他不满意的原因告诉10个人，包括差劲的服务和质量等。很多不满意的游客不会抱怨，而是不再光临。
> 当游客来投诉时，这恰恰给我们一个改正错误的机会，我们要使他们确信，我们可以找到解决方法来改善我们的服务。

（一）游客投诉心理

游客投诉心理是指游客对即将进行或已经进行的旅游投诉的心理反应。游客投诉心理随时受到社会环境及个人情感、情绪的影响。人在情绪比较平衡的状态下，旅游投诉不容易发生；客人心里不平衡、气愤时，一些小事也容易引发旅游投诉心理，因而农家乐从业人员要有充分的准备，利用适当时机寻求最佳途径让他们释放心中的怨气。

1. 寻求尊重的心理

游客寻求受人尊重的心理在整个旅游活动中一直都存在，游客的自我意识、主体意识越来越强，逐渐将认可、尊严等放在突出位置。游客在投诉之后，都希望别人认为他的投诉是有道理的，希望得到同情和尊重，希望相关部门和人员予以高度重视，能向他表达歉意，并立即采取相应的处理措施。

2. 寻求平衡心理

游客在农家乐遇到烦恼的事情之后，会觉得心理不平衡，认为自己受到了不公正的待遇，因此才会投诉。投诉的目的是弥补，是为了宣泄心中的怨气，获得心理上的平衡。根据心理学的研究，人在遭遇到心理挫折后会有三种心理补偿措施：心理补偿、寻求合理解释而得到安慰、宣泄不愉快的心情。在这个时候，农家乐服务人员应通过耐心的聆听、积极处理的态度、诚恳的道歉等方式给予游客精神上的安抚。

3. 寻求补偿的心理

在农家乐的服务过程中，如果由于服务员的行为给游客造成物质上的损失或精神上的伤害，游客完全可以而且应该通过投诉的方式要求农家乐给予他们物质上和精神上的补偿，这也是一种十分正常和普遍的心理现象。

（二）投诉处理原则

"不打不成交"麦肯锡顾问公司研究表明，有了大问题但没有提出抱怨的顾客，有再惠顾意愿的占9%；会提出抱怨，不管结果如何，愿意再度惠顾的占19%；提出抱怨并获圆满解决，愿意再度惠顾的占54%；提出抱怨并迅速获圆满解决，愿意再度惠顾的占82%。提出抱怨的顾客，若问题获得圆满解决，其忠诚度比没遇到问题的顾客高。因此农家乐经营者和从业人员应该树立这样的理念：受理投诉、解决问题是农家乐发展提升的机遇，是农家乐改进发展的方向。

在处理游客投诉的过程中，应注意把握一下几个原则：

1. 认真聆听，真心诚意解决问题

将心比心，在处理投诉的过程中认真聆听，理解投诉游客的心情，可以缓解游客情绪，有助于了解游客抱怨的真正原因，有助于了解游客的真实需要，并能赢得游客的信任，能更快、更好地解决问题。下面介绍一些聆听的技巧：

给游客足够的时间表达他（她）的不满，不要着急解释。

在听的过程中适时地表示你非常能体会游客的心情，可以说："我特别能体会您现在的心情"，或者说："我明白您的感受，如果是我碰到这样的情况，也会不大舒服的。"

适时提问，确保自己听到了游客的抱怨重点："您说的是……吗？"或者"您的意思是……"

不要在听的过程中试图和游客做任何形式的争辩，因为游客已经情绪失控的时候，花时间去讨论谁的过错，只会更加激怒游客，使投诉升级。

尽量避免其他游客在场的情况下现场处理投诉，或接打处理电话，绝不允许当着其他游客的面处理游客投诉或争论。

适当的目光注视及面部表情和肢体动作，借以表现出你的专心真诚的态度。

2. 真诚道歉，切忌同游客争辩

在游客情绪激动时，接待者要注意礼仪礼貌，给游客申诉或解释的机会，而不能与游客争辩事情的对错和责任，而应对事情发生所带给游客的损失和伤害深表歉意，比如说："很抱歉，因为我们的服务不周而使您感觉不愉快。""实在对不起，其实我们原本是想带给你满意的服务的。""对于这件事，我由衷地对您表示道歉。"但是在沟通的过程中，不要轻易地说"都是我们做错了"之类的话，因为盲目地认错，只会让自己陷入僵局；相反，更加重要的是思考如何采取有效的行动，及时达成游客的满意。

3. 满足甚至超值满足游客的需求，合理维护自身利益

首先了解游客的真实需求，比如说"我们非常期待您能获得最满意的服务，您希望我们怎样做才会使您感觉好些呢？"然后提出建议，但不要为游客决定："现在可以这样……，您看呢？"也不要推卸责任，合理维护自身利益。达成共识后，立即付诸行动，绝不拖延，最后确认游客感到满意。

4. 向游客表示感谢

感谢游客给予我们改进的机会："非常感谢您给予我们改进的机会，这对我们的帮助太大了。""非常感谢您对我们的谅解和支持，我们今后一定引以为戒。"

欢迎游客和朋友再次光临："感谢您的谅解，并且期待您今后还能继续支持我们，我们不会再令您失望，谢谢！"

三、投诉处理流程

（一）接待投诉

在农家乐经营过程中难免会遇到游客投诉的现象，面对游客投诉应认真接待。

1. 接待当面投诉

在接待游客当面投诉时，首先应尽量避开公共场所，客气地将投诉的游客请到会客室或者其他合适的位置，以免打扰其他游客。然后要态度诚恳、心平气和地认真听取顾客投诉的原因，承认游客投诉的事实。听取游客投诉意见时，要注视游客，不时地点头示意，并不时地说："我理解，我明白，一定认真处理这件事情。"同时表示虚心接受，向游客致谢或道歉，如："非常抱歉听到此事，我们理解您现在的心情。"感谢游客的批评指教，当遇到游客批评、抱怨和投诉的时候，不仅要欢迎而且要感谢，如"感谢您，××先生/女士，给我们提出的批评、指导意见"。

2. 接受电话投诉

倾听游客的抱怨，站在对方的立场考虑问题，对游客的不满情绪表示理解。了解并记录投诉事件的基本信息，包括投诉事件、投诉人基本情况、投诉问题、期望解决的方法等。

如果能够当时处理，应立即告知游客处理结果；如果处理问题需要时间的，则请游客留下联系方式，以备日后取得联系。

问题得到解决后，及时向游客反馈相关信息。

3. 接待函件投诉

在收到游客的投诉信时，应立即转给店长、专职部门或专职人员，并做好

记录。

以信函的形式通知游客已收到投诉信,表明诚恳接受投诉和解决问题的意愿,并请游客留下联系电话,以便日后沟通和联系。

问题得到解决后,及时告知游客处理结果。

(二)明确问题

处理游客投诉,首先应该弄清游客投诉的原因。通过倾听游客投诉,对游客表示同情以及对游客进行恰当的询问,可以很快地对投诉情况有充分的了解。

1. 倾听游客投诉

倾听游客投诉首先要保持耐心,不要随便打断游客的陈述,用平静的心情聆听游客的不满诉求。在倾听的过程中要做到:

①面带微笑,即便是接待电话投诉也要面带微笑,因为微笑的声音与严肃的声音有很大区别。

②保持积极主动的态度,不要把游客投诉当作麻烦,而应视作是提高服务质量的机会。

③认真听取游客投诉的内容,不遗漏细节,最好是做好笔录,以便很好地确认问题之所在。

④先让游客发泄情绪。发生投诉事件一般都是因为游客不满意,没有达到游客期望,所以会有一些情绪,应先让其发泄出情绪,缓解心情。

⑤坚持听完游客陈述,不要打断,即便是问题出在游客身上也要让游客表达完整。通过倾听可以让游客的情绪得到发泄,收集有用信息,向游客表明你的真诚和对游客的尊重。

2. 让游客感受到理解

听取完游客投诉后,对游客表示同情,在感情上与游客站在一起,增加游客的信任感,为投诉处理奠定良好的基础。可通过以下做法,使游客感受到服务人员的理解:

①语气要温和,用温和的语气劝慰游客,使其放松心情,并表现出愿意为游客解决问题的诚意。

②站在游客的立场看问题,对其行为表示理解。即使游客误解了,也要先表示歉意,道歉使游客觉得态度诚恳,能够消除怨气,怨气没有了游客就会认识到自己的不对了。

③做好投诉细节记录,尤其是用笔记记录游客的问题,会让游客感觉农家对游客的投诉的重视,而且规范。

3. 明确游客诉求

聆听游客投诉内容,在表示理解的同时最核心的是弄清游客诉求,了解和掌握游客投诉产生的经过、原因，以及游客内心的真实想法。应该做到以下几点：

①重复游客所说的重点，让游客确认服务人员已经理解其意思和目的。
②通过询问了解投诉重点。
③对于通情达理的游客可以直接询问，让游客自己阐明诉求。
④弄清问题后，告知游客已了解问题所在，并适时结束，不要拖延时间。

（三）提出解决方案

1. 为游客提供选择

一个问题的解决方案一般不是唯一的，给游客提供选择会让游客感到受尊重，同时游客选择的解决方案在实施的时候也会得到来自游客方更多的认可和配合。

2. 诚实地向游客承诺

因为有些问题比较复杂或特殊，服务人员或经营人员不确定该如何为游客解决。如果不确定，不要向游客做出任何承诺，诚实地告诉游客，会尽力寻找解决方法，但需要一点时间，然后与游客约定反馈的时间。一定要确保准时给游客回话，即使到时候仍不能解决，也要向游客说明问题进展，并再次约定答复时间，诚实更容易获得游客的尊重。

3. 适当地给游客一些补偿

为弥补服务过程中的一些缺憾，可以在解决问题之外，给游客一些额外补偿。但需要注意的是，投诉问题解决后，一定要改进工作，以避免今后发生类似的问题。

（四）跟踪回访

对于投诉的游客，都可以看作是在给农家乐提意见。因此，问题解决以后，应该向游客表示感谢，并及时回访投诉游客，这样不仅能够降低投诉游客对农家乐产生的不信任感，而且可能会提高游客的忠诚度。对于投诉的游客，应该做好回访记录。

跟踪回访的方式主要有电话回访、信函回访、E-mail 回访、登门拜访等。

趋势篇

4

蒙娜丽莎

第十章 商品创新——乡村文创

一、传统乡村旅游商品的概念、类型、特征

（一）概念

传统乡村旅游商品是指伴随农家乐等乡村旅游而产生的、供游客购买的、具有农村地域特色的旅游商品。

（二）类型

大致可以分为以下两大类：

1. 乡村特产

它具有很强的地域性，绿色生态为主要卖点，通常包含特色农作物和农副产品两个子类。特色农作物指借地域优势发展的、运用现代科技保证质量、有助于农民增收的特色农产品，如江西赣南脐橙、河南信阳毛尖、北京怀柔板栗、山东烟台富士苹果、新疆阿克苏苹果、山西杏花村酒、四川攀枝花石榴等。特色农副产品是指以地方特有的技术手段或历史悠久的传统工艺对地方原材料进行加工而成的产品，以地道正宗、绿色生态为主要特点，例如新疆吐鲁番葡萄干、江苏高邮咸鸭蛋、山东德州扒鸡等。

2. 民间工艺品

与土特产类似，具有较强的地域文化属性，不同地域文化下的工艺品不尽相同，更有一村一品之说。特色民间工艺品通常包括雕刻、剪纸、版画、陶瓷、饰品、竹编、草编、布匹、皮影、泥娃娃等。民间工艺品的形式有精雕细琢的，也有粗犷质朴的，均反映了当地的工艺水平和文化习俗。

（三）特征

表 10-1 乡村旅游商品的特征

地域性	乡村旅游商品的制作和生产与当地地理区位、气候环境、地域文化紧密联系，带有很强的地域属性。"橘生淮南则为橘，生于淮北则为枳"，正是体现了这种差异性，而这种地域性的特点恰恰是吸引游客购买的重要原因
乡土性	质朴接地气，原汁原味，是乡村旅游商品的内在生命力，是乡村旅游商品区别于城市普通商品最显著的特色。乡土性是乡村给予游客的一种关于传统农耕文化的记忆、乡味和乡愁

续表

文化性	乡村旅游商品多少都带有当地的文化特征,有些商品文化感知度较强,如当地的民间工艺品;有些文化感知度较弱,如当地土特产
艺术性	乡村旅游商品同样也具有艺术特性,这种艺术性的高度取决于民间艺人的水平
体验性	乡村旅游商品十分注重游客的参与体验性。比如游客去果园采摘水果,DIY制作手工艺品等。这也是乡村旅游商品吸引游客购买的重要原因
实用性	与普通的商品一样,乡村旅游商品也具有实用性

二、传统乡村旅游商品设计开发存在的问题

(一)地方特色缺失

一方面产品同质化严重,大多数传统乡村旅游商品缺乏创意,山寨现象严重。全国各地的农村地区的店铺装修特别是商品的款式、图案配色、制作工艺都大同小异,甚至很多都由浙江义乌小商品市场批发,导致各地区生产的文创产品出现相似或雷同,完全没有体现出当地的独特个性和文化创意属性。另外,对于特定地域而言,每个地域都有自己独特的地理、历史、人文背景,这些多元化的地域文化组成了这个丰富多彩的世界。然而,很多地区的旅游商品类型较为单一,特色不鲜明,不能够正确体现所代表的乡村文化内涵,旅游商品的设计价值没有凸显,无法达到传承乡村文化的目的。

(二)文化挖掘不够

乡村旅游的文化挖掘深度不够,文化元素表面化,很多乡村旅游商品无法反映特色标志建筑物、奇异的自然风光、田园生活、丰富多彩的民俗风情、富有特色的农事生产等乡村性景象,同时缺乏互动体验性、教育性、购买性,导致产品缺乏吸引力。另一方面设计只是停留在对传统图案或器物形态等表面的符号化元素的简单嫁接和拼凑上,而忽略了传统文化中的精神内涵,使得产品设计缺乏文化价值。

(三)传统手工艺品缺乏创新

当前国内市场上旅游商品和传统手工艺结合的产品,开发思路较窄,缺乏创新。我国文化积淀深厚,各种传统技艺源远流长,这种文化优势应该积极传承并融入到现代生活当中。另一方面,科技作为当今世界很重要的一种表达方式,设计中缺乏能够改变产品的发展轨迹的科技力量,我们应该利用科技的力量构思精神层面的互动文创产品。还有较为普遍的一大问题是缺乏人力支撑。很多美术院校和综合大学开设设计专业,也应该在精准扶贫过程中发挥重要作用。

（四）从业者缺乏文化创意意识

农村人口大量进城务工，传统手艺无人可传。农家乐从业者缺乏创新意识，迫切需要专业设计人员介入，协同创作乡村旅游文创产品。设计师通过文字、图片、体验等方式外显地域象征、人文文化、当代名人、品牌符号等与农产品的关联，可以提高特色农产品的文化价值，同时使消费者将产品与其背景进行有效连接，迅速建立概念，也迎合了送礼的需求。

（五）盲目追求经济价值

"工匠精神"是中国自古以来拥有的民族精神，旅游商品的研发，也需要"注重细节，精益求精"的中华传统文化的"工匠精神"。然而大批企业商家为了牟取暴利中间完全没有传统工艺的制作过程，不仅没有体现传统手艺的特色，反而粗制滥造，使得我国旅游商品设计与开发远远滞后，已跟不上旅游业的整体发展态势。在追求经济效益的同时，也需要保持设计产品价值传递文化的"正能量"作用。

（六）过度包装

有很多商品缺乏"包装"，有些商品却又越来越多地包装奢华，用材过多，导致完全背离了商品的核心价值。消费社会下的人们开始注重商品品牌和品牌的附加值，来满足自身的虚荣心和送礼的需求。然而过度包装的情况是生态价值与经济价值的矛盾。合理化包装、绿色包装才符合农产品包装设计的生态价值要求。从包装设计中获得利润无可厚非，但是这不是我们的首要动机。在公众需求为导向、文化创意为核心的前提下，把历史渊源、文化寓意融入到设计当中去，传播乡村文化才是我们的本质追求。当然，当代设计的经济价值与文化价值的关系是互相渗透的，我们要建立可持续发展的设计，不能片面追求经济价值，而导致了设计的品质下降和设计生态价值的失衡。必须要有一个正确的设计价值观。好的设计必须满足社会现实需求，但是我们需要重视中国传统的设计，力求把握设计的民族性和时代性。

三、乡村文创产品开发的现实意义

乡村文创产品是指在乡村地域文化背景下，对乡村地区的物质、历史文化等进行研究并开发出能够体现和传播当地历史文化特色、能够传达一定教育功能、发展乡村旅游事业的创新性产品。

（一）传承乡土文化

中国是一个长期以农为本的农业社会，农业、农村和农民在中国历史的发展进程中占有很重要的地位，即使在进行现代化建设的今天，中国社会很大程度上仍然是一个农村社会。然而随着我国城镇化进程加快，大量农村青年人口进城务工,许多乡村文化逐渐走向衰落。首先表现在现代工业给传统手工艺带来的影响,很多乡村传统的手工艺生产效率低下,费时费力且质量不稳定,满足不了当下"标准化""大批量"的需要。且随着社会的进步,人们的生活水平和审美要求不断提高,乡村的生活用品实用性弱化,被机器生产代替,很多乡村传统手工艺没有与时俱进,缺乏创新,使乡村文化传承遭遇困境。

因此,乡村旅游的文创产品不仅仅是乡村旅游体验中一项重要的旅游商品。一个乡村文脉的丧失、地域性和归属感的消亡往往伴随着经济文化和人文景观的没落,而通过设计将产品赋予文化意义,具有意识形态和社会文化教育的性质,进而组成乡村自我传记。乡村旅游文创产品能够改善乡村传统手工艺的发展状况,以地域性特征为前提,提升产品设计价值,在其设计中通过对不同地域文化特征的强调,来突出不同地方的地域性、生产工艺性和历史性特征。从客观上来看,文创产品的生产与销售能够成为传播地域文化乃至民族文化的重要载体。

(二)满足现代人的高品质需求

美国社会学者卡茨的"使用与满足"理论,认为受众是具有特定需求的个人,使用媒介从而使那些需求得到满足。"乡愁"沉淀了个人在一个共同体中与他人共同生活而形成和积淀的情感和记忆。近年来,文化创意产品已成为主流的市场产品,但是许多标榜文化创意的商品缺乏文化创意,乡村文创产品设计的根本其实是对乡村文化资源和"特色"价值的把握。因此,这种产品是通过乡村文化资源的设计转化去表达地域文化内涵及历史传承性,增进游客对当地文化的认同、识别,而不仅仅是一个可购买使用的产品。所以消费者对文化创意产品的消费行为是一种文化或情境的情愫发酵,在文创产品的感知中得到归属感和独特性的满足,这对现代都市人有着无尽的吸引力,也意味着强大的购买力。

如今,越来越多的人的消费理念是追求健康食品,所以人们尤其关注乡村地区的特色食品的"绿色""有机""生态"等。为了适应市场发展趋向,除了农产品本身的品质要求高以外,对农产品的包装设计也提出了更高的要求。除了特色农产品品质的提高,清晰而独创的设计也能够满足人们的需求。

(三)促进乡村旅游的发展

从整个乡村发展历史来看,乡村文化资源所承载的历史文化内涵是极其深刻的。基于乡村文化资源的文创产品在一定程度上提升了乡村活力和促进了乡村经济的发展,为乡村地区带来了可观的经济收入,随之带动了旅游收入的增加。一些优秀的文化创意产品可以使人们通过独特的意象与对乡村的整体认知联系起来,在进行乡村形象提升以及保存记忆的基础上塑造乡村旅游品牌形象,宣传旅游资源,提高乡村美誉度。如近年来台北故宫火爆的几款文创产品,不仅起到了宣传博物馆品牌的左右,也吸引了海峡两岸的游客去参观,为台湾带来了可观的旅游收入。

四、乡村文创商品的设计

要积极地以地方文化为背景依托，以文创产品开发为载体，充分挖掘其乡村资源，加强文创产品的设计创新和特色农产品的包装设计，实现传统手工艺与现代科学技术手段的有机结合。基于乡村旅游的文化创意产品设计，首先就是要建立相关的乡村文化资源知识体系。从原始的乡村资源资料的收集获取，到文创产品设计知识体系的转化，需要经历两个阶段：第一，快速获取乡村旅游资源，构建乡村文化资源体系，对乡村文化进行深度挖掘；第二，提炼乡村文化，设计元素符号。

（一）乡村文化的深度挖掘

1. 构建乡村文化资源知识体系

文创产品设计实质上是改变传统和创造融合的一种跨文化的设计活动。对于民族之间的文化差异和冲突，我们需要有充分的认识，并在此基础上挖掘和弘扬。在快速而准确地获取地方文化知识时，最基本的方法是文献研究和田野考察。可以将乡村资源大致分为物质和非物质文化两大层面。从物质层面的自然景观、建筑遗址、地域性的手工艺品、饮食，到非物质层面的风俗习惯、礼仪制度、人物事件和民间传说等进行文献整理。另一方面结合文献整理结果，拟定田野考察的提纲，深入当地，了解乡村资源，并对其进行文字、影像等记录。此外，在乡村地区进行资源获取时，需要特别了解农事生产活动的季节，以保证田野考察的充分和获取乡村知识的有效性的最大化。

2. 乡村文化资源价值分析

在世界变得越来越一致时，地方的艺术、文化氛围、风土人情等本土资源作为最重要的差异所在，不仅为人所欣赏，也为人所消费。乡村地区的旅游资源是在特定的自然环境条件以及人文历史发展的影响下逐渐形成的，它是异常宝贵的财富。乡村的生产方式、生活方式、社会关系以及包括信仰、习俗在内的各个要素构成的乡村文化是文创产品内容和内涵的来源。我们需要去粗取精，对文化元素进行提取，才能有效地实现乡村旅游地区的文化创意产品的设计创新。我们将其分为两个层面来探讨乡村文化资源知识体系。

表 10-2 乡村文化资源价值分析

物质层面	乡村自然形态景观	地貌、地形、土壤、水域、植物、动物等
	乡村田园景观	特色农产品、梯田等
	乡村遗产与建筑形态	庙会、雕塑、塔、桥、隧道等

续表

非物质层面	民间文学	农谚、传说、山歌、神话
	民间语言	方言、女书、藏语、苗语
	表演艺术	花鼓戏、川剧、乐亭大鼓
	手工技艺	岳阳造纸、蜀绣、壮锦
	风俗礼仪与节庆娱乐	赛龙舟、三月三

（1）物质层面

乡村自然生态景观。这种景观反映了山、水、生物等风光的特征，是乡村旅游发展的基底和背景。它体现了传统农业社会的"天人合一""自然无为"的精神本质和古代人尊重自然、顺应自然的态度。这种对自然的追求和探索的态度，构建了人、自然和物的互动生态平衡关系。这种古代的生态科学观，也符合现代可持续发展的思想。

乡村田园景观。这是旅游发展的基础，也是乡村生活、农产品种植、生产、加工的真实写照。其中最重要的是农业文化景观，包括各地区孕育出的稻作文化、渔猎文化、游牧文化等，是人类最重要的生活内容，因此也产出了非常多的特色农作物和农副产品。依照地域优势生长的如椪柑、猕猴桃、秭归脐橙、竹子、水稻等特色物产，反映乡村地区饮食生活习惯的如秭归萝卜饺子、秭归毛尖、红枣粽子、米豆腐、农家腊肉等农副产品。

随着社会经济的发展，酒香不怕巷子深早已成为历史，再好的乡村地域的产品也必须进行形象塑造。对于设计师而言，要改善特色农产品的包装设计，让农产品变得更时尚、充满情感、有体验感，把农业生产、生活、生态的场景更加完美地呈现在消费者面前。

乡村遗产和建筑景观。乡村是有历史的，不同的地域也造就了不同文化特质的人为景观，代表了乡村的历史聚落文化的记忆，及居住地人们生活、休息、社会活动的场所，反映了人文活动，有一定的地方文化特色。如民间庙会、村寨聚落、茶马古道；相关文化遗址，如凤凰山古民居遗址、西安古城墙遗址等。自然之美主要体现在对木、石等自然材料本身所具备的特性、形态、质感和肌理的尊重。这种实用主义的朴素造物观念，在乡村用品上最大限度地保留了对自然质感的忠实。这些自然材料经过时间、气候的洗礼之后，形成的独特的自然之美，是传统造物的隐形气质。在文创产品设计中，将地域性遗产和建筑进行符号化转化，从而表达出它所蕴含的地域文化内涵。

（2）非物质层面

主要包括乡村人文民俗景观。在乡村地区人们日常生活中，这些景观满足了一些物质和精神等方面的需要。这种社会集体智慧在人们的行为方式、生活形态、思维模式的形成中扮演了重要角色，而且具有强烈的地域特征。比如壮族等的"舞春牛"、回族的开斋节、达斡尔族的求雨习俗等农事民俗。此外，还有乡村丰富多彩的风土人情和富有特色的生活方式，也是乡村旅游体验的重要内容，同时也是乡村旅游文创产品设计灵感的来源之一。

另一方面，这一类景观还包括传统的手工艺、编织、刺绣、各种工匠，还有歌颂农事体验的民间美术和民间文学等，对当地的社会发展和设计创新起到非常重要的作用。

随着科技的进步、人们生活水平和审美要求的不断提高，很多非物质文化已经与我们的现代生活方式逐渐脱节，且其发展具有一定的局限性。但是从设计的角度来说，传统的手工艺有丰富的表现形式和语言，它仍然有不可估量的设计价值元素值得我们挖掘和利用。对于乡村旅游文创产品设计而言，可以通过抽象变形对可视化的风土民俗符号进行设计构思，并为现代设计创新提供生命力。

综上，乡村地区作为中国历史发展的见证，是珍贵的、具有重要价值的文化资源。在现代设计中，无论是将当地的物质文化还是非物质文化元素提炼出来融入到文创产品中，乡村资源的独特性都保证了乡村旅游与文创产品的独特性，并且能够弥补当地经济与发展的不足，成为当地乡村旅游的代言。

（二）文化符号设计

乡村文创产品是地方民俗文化的重要载体之一，这些产品受益于地方传统文化的滋养，也担负着传播传统文化的重任。与普通产品不同的是乡村文创产品在反映地方特色、民俗风情的同时，还是游客美好行程的回忆。乡村文创产品要注重产品内涵，但是目前我国的旅游文创产品还处于起步和探索阶段，文创产品虽然多，但是大多都是随波逐流，很少有影响力显著的产品。因此，文创产品设计要注意以下几点：

首先，产品的本身要具有明显的地域文化特征，让消费者可以通过产品的形态以及符号化特征探索产品的寓意内涵，这是一种潜移默化的文化传播，让大众通过产品的形态设计感受到乡村的传统文化底蕴。纵然我国五千年的传统文化需要传承，但是随着时代的发展，人们的生活发生了翻天覆地的变化，这些传统的文化不能生搬硬套地贯穿在现代生活中。因此，在传承时需要找到与文创产品的切合点，根据当下的生活理念设计出符合人们喜好以及生活特点的产品。另外文创产品设计还要加入乡村地区的典型符号，典型的符号带给人们的是最直接的辨识度，这种设计手法是最直接也是最明确的文化植入方式。但是在使用这些符号时要注意设计的合理性，对不同的产品选取不同的符号元素，不能千篇一律地套用。

其次，在设计产品时，符号元素的使用要能表达设计师所需的文化内涵。这是产品与消费者思想的交流。例如设计师想要表达江南的婉约与柔情，那么在产品设计中就要尽量地使用柔和的表达手法，对产品曲线的设计可以选用水的形态，蜿蜒曲折。对于消费者来说，使用这样的文创产品是一种情感的体验，当人们离开悠然的江南乡村回归城市后，在喧闹的城市中也能感受心灵的平静，产生一种回归自然的感觉，即使只有瞬间的感受，也能让人心旷神怡。

最后，文创产品设计要注重产品的观赏性和实用性，只有当观赏性和实用性和谐统一，才能形成文创产品的价值。典型符号元素植入虽然直观，但并不是唯一的设计手段，设计者对每一件设计品都要把握其主题思想，明确目标，有了主题才能围绕中心展开设计。主题就是文创产品的灵魂，是内涵，是设计者想要传达给受众的精神和理念。在主题确立后，设计者就可以根据受众的喜好展开想象，设计出新颖的产品。在创意时，设计者要大胆想象，设计是没有极限的，每个人的观点和角度都不同，因此设计也是不一而足的。设计者在设计中还要不断地学习新生事物，跟上时代的变化，通过生活中的点滴观察，让思想插上翅膀，大胆创新，同时还要勇于把想象中的产品设计出来。

总之，乡村文化是乡村旅游文创产品设计的灵魂，认清地域文化的物质层面、非物质层面这两个不同层次结构，是设计者能够将乡村文化融入到文创产品设计中的首要条件。

📖【案例】

慢生活意象

"慢"相对于现代社会的"快"，现代人在不断加速的进程中感到了前所未有的紧迫和跳跃，从前小城镇、乡村里平静、淳朴的慢生活成为人们的怀旧对象。

意大利人卡尔洛·佩特里尼在1986年发起的抵制快餐食品、反对速食文化的"慢食运动"是现代崇尚"慢生活"的源头，促使人们反思速度给生活、心灵、传统和环境带来的损害。慢设计秉承"少即是多"的设计理念，以日本、北欧的设计为代表，运用有限的设计元素在留白中使人产生更多的想象，纯色加浅灰色调呈现清新、舒缓的视觉享受。包装上运用的图形符号并非简单的装饰，必须与产品有一致的关联性，并且应当发挥图形符号的指向作用，利用符号的象征来进行概念的植入，进一步丰富包装的内涵。这样的设计意图在"谭鱼头"火锅底料（图1）的包装设计中得到了较好的运用。川味系列的食品包装设计中惯用强烈的红色和辣椒图形刺激人们对"辣"的观感，"谭鱼头"火锅底料的包装设计另辟蹊径以手绘插图的形式展现旧时期撑船赶集和午后闲话的生活场景，弱对比的色调使人感受到成都"慢生活"悠然和闲适的老味道，引发触景生情的消费体验。

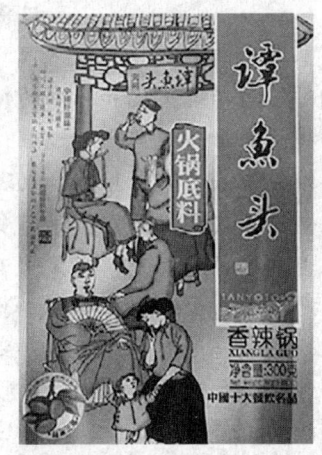

图1　谭鱼头

乡野趣味

野趣是未经人类活动干预、未遭科技加工改造过的山野自然的状态，体现了生命的活力和自由。"黄金周""小长假"等政策的推出，除了扩大内需、促进经济的发展，同时也弘扬了传统节俗和民族文化，从国家层面肯定了现代怀旧的缓解、释放生活压力的功能。短暂地离开没有"自我"的环境，对现代都市人来说不失为一种"野趣"，带来精神上的放松和慰藉，使人们更加热爱生活。引申到土特产包装设计中就是崇尚天然和绿色环保，追求自然的包装材质（如未漂白处理的纸张、竹子、玉米秸秆、蔗渣、棉秆、谷稻草、麦秆等来源丰富的可再生绿色包装材料）和视觉表达形式与内容的有机统一，表现出朴素活泼的自然亲和力，通过"刻意"的设计呈现"不经意"的自然趣味。台湾文创农产品"掌生谷粒"（图2）的包装用牛皮纸将外形制成米袋形状，封口处用鞣制而成的纸藤一圈一圈地绑紧连接，令人联想到过去寻常人家使用的竹编提篮。表面贴上白色棉纸，以毛笔书

图2　掌生谷粒

写产地、产品与生产者的故事,可"圈"可"点"是为佳作。包装以怀旧的形式和材质整体上传达出土地价值、农耕文化与现代精致生活之间的内在联系,不乏返璞归真的野趣。

追溯本真

本真有本源、真相之意,从人类学角度来看,本真也即本土的和民族的,与异域的相对。对传统文化和艺术的怀想往往能让人找到"回家"的感觉。艺术设计是一种意识形态视觉化的过程,传统文化、民间艺术形态和制作工艺与现代设计思维、手法、技术相结合表现出一定的乡土和民族情结。文化资源是地区的核心竞争力要素,探索将其与乡村产品相结合形成乡村文创产品。近些年的设计从美术史、设计史、民族手工艺、文学作品的描述中追溯"曾经的真实"作为创意的记忆点,通过移植、嫁接、转移等手法与当下的环保包装材料、制作工艺进行融合,边继承边改良,变熟悉为陌生,呈现出新的面貌。利用环保材料——竹纤维开模压制成"鱼"形作为"江南礼物"(图3)品牌的包装容器,既符合江南是"鱼米之乡"的地域属性,同时也传达了"年年有余"的吉祥寓意。以桃花坞年画色系彰显江南的文化属性。盒内可以自由组合江南乡村特产,如茶叶、糕点、茶食等,形态与功能的新组合,蕴含传统祈福文化的精神。用传统图形的"形"扬其"神",使传统图形焕发青春。用现代设计的工艺与手段,激活乡村沉睡的传统文化,引领乡村文创经济。

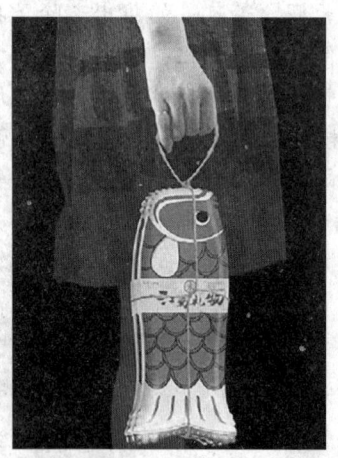 

图3 江南礼物

老树新枝

老字号有着深厚的文化底蕴和优良的美誉度,是我国传统商业和手工业中的极品,承载了几辈人的童年记忆并且是相应地域的文化象征。当复古成为一种风潮、怀旧成为一种消费时,"老字号"的回归就出现了两种情况。一种是"新瓶装老酒"——老字号再设计,如"双妹""谢馥春""内联升"等,正如吴冠中所言"笔墨当随时代",这些百年老字号在其传统设计的基础上加入时代元素进行再设计,激发了产品的活力,也能符合现代消费者的审美需求。"周村"烧饼(图4)是山东淄博周村有着1800多年历史的传统民间小吃,经过文创策划,开发了适应旅游市场的65克重小包装,单品价格便宜又便于携带,2016年度销售额达到6700万元。书法专用字体、烤制过程与清人排队购买的熙熙攘攘场景插图均用单色印制在牛皮纸上,旨在营造浓厚的传统意味。运用中英文相结合的版式设计,其目的不仅是制造"国际化"的视觉意象,也是"老树新枝"的创新设计思维。另一种是"老瓶装新酒"——老字号的模仿,在包装设计中运用某个历史时期具有集体性的视觉记忆符号,让消费者形成"老字号"新品的错觉。"摩登红人"牌(图4)系列护肤品的包装中用老上海电影女明星、月份牌女性人物为形象代言,以怀旧为诉求点,达到提升产品附加值、促进销售之目的。

图4　周村烧饼和"摩登红人"雪花膏

五、乡村文创产品的发展策略

(一)塑造品牌故事,用情感制造溢价

文化与民俗风情中包含的神话传说、农事歌谣、奇人逸事等都可以称为品牌故事。在进行故事创作的过程中,需要对故事进行挖掘梳理,并进行提炼和升华。故事可从两种角度进行选取,一方面是对现有的乡村文化故事进行选取利用,这种故事往往有鲜明的地域文化性,甚至是游客本已经熟知了解的,如五月五吃粽子纪念屈原、杨贵妃喜欢吃荔枝等历史题材的故事,蕴含这些故事

的农产品会具有高度的认可感。另一方面，可以在当下寻求新的故事，这种故事往往和游客的生活经历相关，例如由昔日"烟王"褚时健在云南省玉溪市新平县生产的"褚橙"成为社会热点，除了褚橙在甜度、水分、外观等产品品质方面优于其他地方外，更重要的是将褚时健跌宕起伏的人生经历作为产品背后的故事进行刻画，它的广告语都与"励志""真诚"等关键词相关。在电商平台上发现褚橙旗舰店的首页上也突出关于褚时健的相关经历，表达了"人生总有起落，精神可传承"的境界，让消费大众产生了深深的情感共鸣。当用户对褚老的励志故事产生了认同，接下来就是了解品质、信任品质、转化购买，使得玉溪县农民脱贫致富。

乡村文创产品的品牌发展理念应该与时俱进，赋予产品充分的情感价值，才能吸引乡村旅游者进行文化消费。拓展和延伸文化产品的纪念意义、审美价值、文化价值、社会价值，逐渐创造形成具有特色与代表性的乡村文化产品体系，成为与游客沟通的载体。

（二）多方面融合产品形式创新

法国作家福楼拜曾经说过：科学与艺术从山麓分手，又在山顶会合。我们可以这样理解，科学和艺术融合，就能够占据制高点。除了文化资源与创意设计、旅游等相关产业跨界融合外，乡村旅游文创产品还借助互联网和高新技术等方面进行融合。例如洛可可品音茶盘，一个以陶渊明无弦古琴造型的茶盘，不仅可以用来泡茶，而且轻轻触摸茶盘就可进行乐曲演奏。这种与品茶的人进行互动的文创产品，为文创与高科技的融合做了成功的典范。

在自主旅游的时代，游客更加注重差异化的体验和精神层面的满足，充满创新创意的沉浸式体验融合了艺术、科技、VR、智慧等丰富体验，符合游客标榜个性、自主、深度互动参与和体验式旅游的要求。艺旅融合的文创产品，有利于吸引众多游客前往，并形成场地记忆，给线下沉浸式娱乐带来乘数的发展空间。

（三）体验式营销

乡村旅游已经成为国内旅游的一种重要形式，而乡村旅游的本质就是体验和回归。有意识地以服务为主体，以商品为道具，令消费者融入情景中，才能强化产品的独特价值。一体化是体验式购物的特点，让游客观看制作生产的全过程，并参与体验制作，既能提高产品的信任度和美誉度，也能提高产品的销量。其中节庆是乡村风土人情最富有代表性的活动。通过节庆活动，开展参观体验、娱乐休闲、销售促销等一系列活动，对产品和品牌进行塑造、宣传和提升。例如台湾花莲县池上乡以出产优质稻米而闻名，每年举办秋收音乐节，深受欢迎，活动当天参加者体验戴上斗笠、卷起裤管、亲自收割、脱谷。坐在田埂上可以带走亲自收割的"池上好米",体会丰收的喜悦。接着你会从宫庙信仰、饮食文化到传统产业,深刻体验一把客家文化的灵魂,并进行传统手工艺品的深度体验活动。

品尝特色农产品在乡村旅游中是解读乡村的气质和情怀的一种方式,同时人们对食物的认识不单单要满足生理需求,还要成为一种过程和体验方式。对于设计师而言,利用服务设计的理念,将一切与乡村产品相关的事物、地理环境进行融合,考虑到特色农产品种植、采摘或者传统手工艺品制作到使用的每个环节的接触点。通过规划合理的体验路线,开展一系列的活动,将分散的自然和人文景观、特色体验联结起来,让游客参与其中,立体直观地了解产品,收获超越味觉或视觉的体验,更容易产生购买的冲动。

第十一章 住宿升级——精品民宿

一、农家乐旅游住宿升级的原因

进入新世纪，我国的旅游业也开始步入"新常态"。在"新常态"下，人们对于旅游的想法逐渐成熟，对于旅游的要求在不断提高，在旅游选择上日渐挑剔，旅游行业的市场竞争日益激烈。在住宿方面，随着乡村民宿、精品酒店的快速发展与崛起，住宿业的竞争也进入到了更加白热化的阶段，如何能更好地满足顾客的需要、吸引顾客的光顾成了农家乐经营与管理者需要共同面对的问题。目前，我国的农家乐同质化比较严重，对游客的吸引力越来越小。农家乐的住宿一般多是农民自家所盖的房屋，模仿酒店的模式进行经营。传统的农家乐住宿无论是房屋的建筑设计，还是内部的装饰装修上，很多还偏向于落后、单调、功能分区不够完善、不符合城市人民的生活习惯或需要，加上很多农家乐的经营与管理者通常文化水平不太高，缺乏专业的农家乐经营与管理知识，缺少农家乐经营与管理的战略意识与长远眼光，也使得农家乐的住宿对于现代城市游客的吸引力越来越低，很多人来农家乐往往只是简单观赏一下景色，品尝一下当地特色的农家菜之后就选择离开。随着农家乐游客停留时间的减少，农家乐的经济效益也在不断下降，这种情况非常不利于农家乐的长久发展。所以，对于农家乐的住宿来说升级转型势在必行。在当前全域旅游的背景下，将传统农家乐住宿升级改造成精品民宿既符合目前的旅游业发展趋势，也能使农家乐对于游客来农家乐进行住宿体验的吸引力大大加强。

二、民宿的概念及类别

关于民宿的概念及起源有着比较多的说法，有人认为民宿起源于日本，有人认为起源于法国，但对于民宿的内容进行深入探究会发现民宿这种非标准的住宿形式最早应该起源于英国的 B&B（Bread and Breakfast）。民宿是将自家空置的房屋作为家庭副业进行出租，借助于周围的自然景色和人文环境等资源吸引游客的住宿产品。美国用 Homestay 表示民宿。国外民宿行业因发展起步较早，已经非常成熟，并且有相关协会组织，民宿的标准及规章制度比较完善与健全；民宿在设计上追求个性化，比较善于利用主人个人喜好和环境资源营造特色建筑和景观；民宿经营体现人性化，被认为是更加有温度的住宿，但家庭化的服务仍是民宿经营的重点及特色。在我国，民宿最早起源于台湾省，是指利用自用住宅，结合周边环境、人文景观和农业生产活动，为游客提供的住宿场所。民宿最初是为了解决酒店业承载力的限制，满足游客的住宿需要而兴起的。改革开放后，我国民宿开始大规模发展，但主要集中在一些著名的旅游景点，如云南丽江、浙江杭州、福建厦门等地。民宿最开始只是以满足游客最基本的住宿需求为主，但随着游客需求的不断改变、旅游观念的日趋成熟及乡村旅游的不断发展，一些旅游景区出现了设计感强、体验感独特的精品民宿，其中以浙江莫干山地区的精品民宿最为典型。民宿根据其所处地域的不同，可以划分为乡村民宿与城镇民宿；根据其设计、服务、环境等多种因素综合判断又可以划分为精品民宿与一般民宿；根据民宿的经营内容与特点，可以划分为农园民宿、海滨民宿、温泉民宿、运动民宿、传统民宿、特色民宿六类。无论民宿的类型、规模、设计等因素如何不同，民宿的核心都是让游客通过住宿农民自家的房屋而更加深入地体验乡村的自然、文化及生活方式。

三、民宿的主要特点

虽然民宿的经营特色与种类有很大区别，但其都具有经营规模小以及特色鲜明的特点。现阶段民宿主要还是以家庭经营为主，其场所主要是家庭，这就使得民宿的场地及经营规模较小，但民宿小规模的经营一定程度上使其满足了游客个性化的需求，同时小型场地使得其服务范围较小，能为游客提供更加贴心及个性化的服务，使游客更能获得情感上的满足，满意度更高。同时与酒店相比，民宿的外部建筑以及内部装饰都由经营者决定，独一无二的装饰使得其别具吸引力，更能获得游客的青睐。

随着民宿行业的发展，民宿必须与其他形式的酒店行业区分开，才能发挥出民宿自身特色。酒店是专业经营，以提供服务性的消费体验为主，除了为游客提供不同标准的住宿服务之外，还有很多内部服务，如餐饮服务、娱乐服务、购物服务等。民宿在规模及客房数量上远远不及酒店，很多民宿的地理位置也不如酒店有优势。民宿的特点主要表现在建筑空间和室内设计等多个方面。民宿侧重于特色化和家庭化氛围的营造，游客能和民宿经营者直接交流，能够更真实、更深入地感受地域环境特色和文化特色。民宿在附属功能的设置和设计风格方面具有多样性，这种多样性就是吸引游客的关键。民宿与酒店之间的差异被看作是民宿的主要特征。

四、精品民宿的设计原则

精品民宿一般拥有较少的客房数，经营规模较小，在设计上主题突出，特色鲜明，能够更精准地吸引特定的群体，在运营上体现了品牌化的特点。精品民宿的设计很大程度上决定了其对于游客的吸引力，所以在精品民宿的设计上，应该注意遵循以下几个原则：

（一）突出主题特色，避免同质化

传统的农家乐往往同质化严重，农家乐的客房一般模仿酒店建设及经营与管理，缺少自己的特色，很多时候让游客觉得千篇一律。而且农家乐的经营与管理者往往缺乏专业的农家乐经营与管理知识，在其住宿的运营管理上还存在着较大的问题，对游客的吸引力逐渐下降。精品民宿应该在主题的设计上突出特色，符合其定位的目标客户的需求与特点。精品民宿需要将当地乡村的自然环境与民宿的空间环境紧密联系起来，继承和创新当地的乡土文化、地域文化。深入挖掘乡土特性，将当地的乡村文化、地域文化与民宿设计融合在一起，通过特色的主题让民宿充满吸引力，让主题与住宿环境形成一个互相依存、完美互补的精神拓展空间。

坐落于峨眉山麓，紧挨着报国寺的欢喜无厌·拈花溪隐藏在深山之中，周边环境将度假和禅修合而为一，是目前整个峨眉山麓度假区内唯一的精品民宿，也是目前国内唯一以中华花艺为主题的民宿，花事元素贯穿整个作品之中，整个民宿呈现以"拈花微笑"为主题的花艺创作。"欢喜无厌"，来自法华经，初衷是希望人们始终记得自己的初心。"欢喜无厌"的愿景，是以生活方式空间为道场，让内心有灵魂的人，在出世与入世、自由与责任、生活与梦想之间获得平衡和安稳。其禅修的主题特色吸引了不少游客前来体验。

位于杭州西湖区灵隐支路白乐桥260号，只有5间房的蜜桃小院创立的初衷，是给游客以家的感觉。其设计充满灵性，追求品质。其空间利用合理，着重强调采光和自然景致的引入，室内色彩运用不复杂，整体营造出一种朴素的质感，显得素净而淡雅。民宿房间，分别以天、光、云、木、山为名，体现了品牌对于美好生活的追求。一楼独房"木"，占尽紧邻庭院的优势，窗边恰好种了一棵无花果树，到了夏季，长势尤其繁盛。而平分二楼的四间房"天、光、云、山"则共享了蓝天白云、微风和煦、远山如黛、近景如画。与这5间看得见风景的房间互相搭配的，是自然清雅的庭院和自己栽种的食材。院子里都是主人种下的植物，各种多肉植物构成了这个朴素空间中最美的点缀。屋内基础设施方面，每间房的硬件配置均品质上乘，为住客营造即使身处异乡，也有在家的温馨氛围。九华山云栖山房位于安徽省青阳县朱备镇，小镇是一个禅修小镇，风景秀美，一派自然休闲的田园山水景象，这里有九子泉声、将军湖、莲峰云海、青通河等景点。其民宿设计对当地的一系列自然资源进行了充分的利用，使其设计风格独具特色。民宿的窗外庭院内采用仿日式禅境景观，同时采用绿色的窗帘，房间里也摆放着清新的绿植，给人一种原生态的禅修度假体验，同时也彰显了禅修小镇的田园特色。其民宿设计与自然环境有机结合起来，给游客提供了良好的居住体验，使游客能够对安徽省青阳县禅修小镇有更多的认识和了解。

（二）功能空间多样化

精品民宿不应只是提供住宿、餐饮的场所，而应该从房屋的空间布局上入手，根据游客的需要建立各种功能区域，让民宿成为游客交流交际、娱乐休闲、了解当地风土人情、参与农事活动及休闲活动和品尝当地特色美食的场所。

位于成都市锦江区三圣乡的三姑民宿，地处荷塘月色景区，正对青山书院。因创办者三姑来自广州，所以民宿里的菜品是广东疍家菜，以清淡为主，绒蟹会鸡和吊烧是其中的特色美食。此外，由于主人三姑偏爱手作茶具，所以民宿里摆满了诸如茶具、篮子这样的手工作品。除了提供美味的家乡菜和精致的装饰品外，三姑民宿还在保证基本住宿设施的基础上，更注重住客之间、住客与三姑民宿之间的交流与互动。三姑在民宿内建立了一个手作民艺展销平台，住客在这里学习制作的陶制品、书法品可以寄放在三姑民宿进行展销。展销平台使得住客与三姑民宿之间的联系更加紧密，也在一定程度上塑造了三姑民宿的社交氛围，使住客之间的交流更加密切，也使得三姑民宿不仅仅是一个旅游度假的好去处，还是一个可以广交有共同兴趣爱好朋友的好平台。

位于密云区冯家峪镇西白莲峪的鹿鸣山居所处的环境优美、景色秀丽。这里距北京市区120多千米，植被覆盖率高达82.34%以上，是全区植被覆盖率最高的地区。鹿鸣山居依山而建，空气清新，可以让人在一呼一吸之间抛开一切疲累，得到彻底的放松休闲，是体验田园生活的好去处。有诗云：呦呦鹿鸣，食野之苹，这也是鹿鸣山居命名的灵感和寓意所在。鹿鸣山居将自身定位为中西混搭的园林风格休闲养生山庄。山庄拥有不同的客房类型，可满足客人放松休闲、亲子度假、家庭出游等不同的需求。山庄在设计上将功能空间划分得丰富多样，如拥有自己的篮球场、羽毛球场、乒乓球场等完善的运动设施。此外，山庄还拥有近5000亩的山地，用于向客人提供户外拓展、登山、露营等户外项目。鹿鸣山居还推出了很多国际化的接待项目。这里的美式建筑风格吸引了很多国际友人来此休闲度假，其中"欧美风情节日"活动被很多外国朋友评价为"有着家的感觉"。鹿鸣山居为客人提供时令蔬菜、自养禽类等健康食品，对餐饮原材料进货渠道也进行严格控制，保证菜品的质量。鹿鸣山居还与国医堂进行密切的合作，养生部会定期邀请国医堂的中医养生专家开办养生保健讲座，并为客人提供心理及养生方面的专业咨询服务。

（三）设计模式多元化

精品民宿不同于一般的连锁酒店，其最大的优势在于自身的独特性和艺术性，所以精品民宿不能像连锁酒店那样快速规模化和复制化。精品民宿只有通过深入地挖掘地方特色，了解自己的定位，明确自身的设计品位，才能够打造出受游客喜爱的精品民宿。民宿可以划分为众多类型，精品民宿的经营者需要知道自身优势、特色及定位，以便更好地进行设计。

过云山居位于被誉为"江南最后的桃花源"的丽水市松阳，海拔约650米，位于明清古村落西坑村最靠近山崖的绝佳位置。民宿三面山景，视野一览无余。过云山居的正对面便是过山谷，一年中有超过150天呈现壮观云海，且云海气势如虹，因此堪称江南最后的仙隐桃花源。过云山居不靠设计作为卖点，过云山居的设计都源自客人的喜好，从实用的角度出发。过云山居一共600多平方米，但仅有8间客房，就为了保证这8间客房每间都能够看到最美丽的山海云景。另外，用足够多的地方设计公共区域，让每个来到这里的客人都能够在这里得到最大的放松和休闲空间。

位于浙江省湖州市德清县莫干山的裸心谷是裸心首个，也是中国第一家获得绿色建筑国际奖项LEED最高荣誉铂金认证的高级度假精品民宿。裸心谷民宿以远离城市喧嚣，回归自然生态环境，寻求内心深处的平静为核心设计思想，注重建筑本身与周围环境的融合，塑造出一种能够让人无拘无束接近自然的环境。同时设计本着以人为本的原则，做到了结合客户对时尚元素的追求及对现代功能的需要，打造出既满足对乡村生活的向往又实现当代人度假梦想的休闲居所。裸心谷的客房拥有不同种类，包括宽敞豪华的树顶别墅、温馨的夯土小屋。整个民宿拥有一座优美的马厩，能让人们尽情享受与马匹在一起的欢乐时光。民宿还有树顶别墅露台、理疗浴缸、无边泳池、三家风格迥异的餐厅、放松身心的裸叶水疗等。这里能让人们远离尘世喧嚣，体验不着痕迹的奢华。

（四）表现形式本土化

精品民宿不能一味地追求"新、奇、特"，设计与当地自然景观、人文景观格格不入的民宿。精品民宿的设计与建造应该因地制宜，在民宿设计中更多地采用当地的原材料，让民宿与乡村的整体环境相协调，使游客能够感受到浓郁的地域特色。一幢民宿最吸引人的地方应该是能激发游客对当地生活及文化的好奇，民宿如果能够不断地吸引回头客，那么就是让游客对当地文化生活方式产生了认可。民宿是一个地区文化展示的窗口，是最适合表现当地地域特色及人文风情的地方，能够让游客体验与自己所在地文化不同的新奇感。由此可见，民宿的设计规划必须充分挖掘和突出当地文化元素。

指南村位于浙江临安太湖源头的南苕溪之滨，这是个海拔近600米的世外桃源般的千年小村。在这个千年小村里，游客可以欣赏美丽的红叶、体验特色民宿及当地乡村风情、深造禅修国学、观赏七彩梯田。"遇见指南"民宿就位于指南村这个绝美的村落中的最高处的观景平台之下，可以俯瞰连绵的群山和层层叠叠的梯田。民宿坐拥无限好风光。在这里，能够让人寻得最本真的自我，追求内心的宁静与祥和。为了让更多的人能有慢生活的体验，民宿的主人打造了遇见指南——一山禅居。民宿所在的房子曾经是一栋几乎被遗忘的老房子，近百年来，任风吹雨打、世事变迁，始终独守着指南山的千年古树，遗世而独立。一山禅居低调而奢华，这里的静谧氛围能让身处其间的住客，体验到彻底放空与净化心灵的极致感受。民宿在设计上融合了中式的"静养身心"的禅文化和欧式现代极简的生活理念。民宿的房屋都尽量保留着原貌：黄泥土的土墙异常结实，是传统泥与稻草的混合，并间杂些糯米增加黏性；木立柱上乌黑铮亮的包浆正是历经漫长岁月而留下的痕迹，彰显着苏杭水乡乡野民俗文化中粗犷野趣的一面；家具则是采用纯手工打造，选择的木材都是百年以上老房屋拆下来的旧木料，将人文情怀与自然景观完美地结合到一起，以景醉人，以禅养心。青山依依，白云飘飘，晨雾蒙蒙，一晨一暮，冷暖渐变，触手可及。山在窗外，抬眼可见，亦真亦幻，可近可远，唯住在其中，方能体会。民宿外观上保留了乡野的风格，内部的装饰却以舒适宜人为准则。在保留了老式格局的基础上，尽可能满足现代都市人对居住舒适度的需求。客人既能感受到乡村生活的舒适，又能享受到从大都市到原汁原味的乡村风情，在此渐进反差的过程中，民宿主人用匠人的心去打造现代人的心灵家园。庭院里山核桃树下面有一张原木的大桌子，三五个好友可以喝茶、烧烤、用餐、聚会……听着竹林里的蝉鸣鸟叫，别有一番情趣。一层的房间划分成了中餐区、西餐区和一个更为私密的会客室。大厅里装有两个大壁炉，很好地解决了江南冬天阴冷的问题，围着壁炉，听着木柴在炉膛里烧得噼噼啪啪作响，看着外面纷飞的飘雪，将会成为冬日里许多人羡慕的生活。二层的7间客房都是不同的装修风格，在设计上做到了每个房间都是观景房，部分还安装了玻璃天幕，成为了星空房。晚上可以躺在床上，仰望星空。

（五）设计痕迹消隐化

精品民宿在设计上既要考虑对传统建筑的保护和传承，又要考虑后续发展。民宿本身要做到与周边环境的协调，要尽量保持其原汁原味，不在设计中过分添加人工元素，尽量做到让游客来到民宿能够充分地体验当地的自然环境和风俗习惯。民宿规划设计从来不可能与当地环境脱离，应该将尊重地域自然生态作为一个基本的出发点。在民宿的规划设计中，一方面是力图对当地生活环境的最小破坏；另一方面是营造人与自然、与天然材料的和谐。无论是建筑、设施还是业态，都应该以环境保护、可持续发展为出发点，尽量就地取材、低碳节能、崇尚自然，共同营造和谐的氛围。

安徽黄山黟县碧山村有一个很有特色的民宿——猪栏酒吧乡村客栈。该客栈由养猪的老宅子和老榨油厂改造而成，客栈强调"修旧如旧"，老宅子、老物件，体现自然生态和环境保护。走进老榨油厂，可以看到老木榨就横在房中，既突出展现了整座建筑的本来用途，又将空间合理分配；小石磨被改成茶几，搓衣板被当成茶杯托，老式的瓷缸、水壶、收音机、打字机、台灯散落于各个角落，就连插着干芦苇的花瓶也是以前最普通的腌菜坛……客栈90%的空间都是给客人用来阅读、品茶、休闲的，包括书吧、餐厅、酒吧、茶室、展厅、禅室等。客栈外边就是农田，小溪从旁边流过，景色优美，环境惬意。天气好的时候，游客可以骑着客栈里的自行车，畅行其中，投入自然的怀抱，享受乡村休闲慢生活。

位于杭州千岛湖青田雪坑自然村里的美客爱途，是一个有12间客房的精品民宿。民宿坐落在群山环绕之中，有三条小溪在村中交汇。在这里可以静坐、品茗、读经典，或是听着如梵音般的流水声放空心灵，抑或是发发呆，去追寻心中渐渐逝去的乡愁。民宿主人给这里起名叫"美客爱途"，是希望每一个来度假的人，都能爱上这个美丽的客居之地，爱上每一段旅途中的故事。美客爱途的建筑物是村民下山移民后腾空的民房，是20世纪80年代初建筑，用材本土，实用简约，具有鲜明的时代特色。民宿建设用的老料大部分都是自家老房子拆下来的，还有部分是周边农村购买的。其中乐山门口的四根大方柱是从安徽淘过来的，因为老方柱量少，房主前前后后找了半个多月才找齐。在民宿中，一草一木、一花一树都给人以宁静悠闲、古朴美丽之感。

青溪山居位于千岛湖青溪村永坪4号，是村子里唯一的山居海景民宿。村子三面环山，面朝千岛湖，远观碧波荡漾，近赏湖水清澈。这里也是千岛湖有名的水蜜桃之乡，整个村子有着三千亩水蜜桃，春季可以看到漫山遍野的桃花，夏季可以看到美味的水蜜桃果实挂满枝头。山中另有杨梅、李子、枇杷等水果，还有各类蔬菜，在这里一年四季都能吃到健康蔬果。青溪山居由老房子改造而成，最大程度上保留了当地的传统民居文化。民宿完好保留了原貌，建筑材料也是纯天然，采用了石头、木头、竹子等，材料源于自然，亦归于自然。

五、升级精品民宿需要注意的问题

2018年是我国民宿蓬勃发展的一年，有众多民宿如雨后春笋般出现，很多人将 2018 年视为我国民宿发展的元年。随着市场竞争的加剧以及大众旅游消费的升级，农家乐住宿升级成精品民宿应该注意以下几个问题：

（一）注重生态环境的保护，与当地生态环境协调发展

随着近几年我国生态环境的问题日益凸显，人们对于生态环境的保护意识越来越高，需求也越来越强烈。在传统农家乐住宿转型升级成为精品民宿的过程中，需要注意生态环境的保护，杀鸡取卵式的开发方式不可取，一定要在充分考虑当地的生态环境保护的前提下进行。在进行建筑设计及装饰装修时，应该注意与当地的生态环境与人文环境相协调。精品民宿往往用其具有特色的建筑设计及装饰装修及更加充满当地人文特点、更能展示当地乡村风貌的历史文化而吸引游客。所以在精品民宿的开发设计过程中，应该维护生态环境的完整性，不破坏当地的生态环境，以取得与当地自然环境的最协调、最和谐。

（二）突出地域性及当地乡村特点

农家乐的顾客来到农家乐就是为了体验原汁原味的乡土特色，当农家乐的住宿升级为精品民宿时，也需要注意保持其地域性及乡土性。无论住宿变得多么精致奢华，如果失去了地域特色及乡土特色，那么就失去了其对游客的核心吸引力。失去了地域特色及乡土特色的民宿就如同失去了灵魂的人，少了活力与生机，也少了核心的竞争力。民宿想要获得更好的发展，需要将自己的地域及乡土特色展现出来，显现出其跟传统酒店的区别，这样才能具备竞争力。

（三）增加体验性，提升吸引力

我国的农家乐在经营的过程中存在的一个重要问题就是同质化严重，缺少特色及创新性，经营与管理上过于粗糙，久而久之使得游客对农家乐的兴趣降低，住宿的意愿急剧下降。目前对于我国的很多农家乐而言，如何吸引游客停留更长的时间成了巨大的困难与挑战。精品民宿相对于传统农家乐而言，住宿设计更加精致，具有鲜明的特色，服务上也更加专业化，很多精品民宿已经采取酒店管家式的服务模式，让游客从预订到最后离开都得到全方位、具体细致的服务。如何让精品民宿的游客增加其停留的时间及频率是精品民宿同样需要考虑的问题。精品民宿在经营的过程中，需要避免游客停留一晚就不会再来的情况。精品民宿作为传统农家乐的升级模式，应该更加注重融入当地特色农事活动、当地传统乡村文化，开发更多的特色活动以增加游客的体验性，让游客能够产生意犹未尽之感，以更多地在民宿停留。

六、精品民宿运营与管理中需要注意的问题

精品民宿的精品不只体现在设计及装饰装修上，更多的是体现在服务及运营上。如果精品民宿只有令人惊艳的设计、精致的装饰，没有最能体现民宿特

色的服务，那么其也无法做到长久地吸引顾客前来。精品民宿在运营与管理中应该做到以下几点：

（一）细心周到，贴心服务

如果没有好的服务，再优秀的设计、再美丽的景色也会让民宿成为冷冰冰的房子，不能够吸引游客前来。民宿更多的是有温度的服务，是能让游客感受到当地风土人情、文化历史的特点。日本的民宿行业世界知名。日本民宿业的制胜法宝就是其细心、周到、贴心的服务。日本民宿经营者整体素质较高，秉持宾至如归和宾客至上的服务理念，用心真诚地对待每位客人。从客人预约时亲切热情的邮件往来，到图文并茂、详尽细致的交通及旅游信息的介绍，温馨的中英文物品使用说明，贴心的各种生活提醒，甚至是根据游客口味做的日式小点心或家常料理等，他们能在我们想不到的一切细节之处为各国游客提供舒心的服务。正是这种不放过任何细节、一丝不苟、用心对待每一个客人、把客人当作家人的服务精神与态度使得日本的民宿广受游客喜爱。我国的农家乐在升级成精品民宿时，也需要向日本人学习，将优秀的服务呈现给每一个客人，让民宿因服务而更加美丽。

（二）提升安全性，保障游客安全

近些年来，民宿的发展乱象丛生，许多民宿不符合国家的要求，缺乏相关手续。在经营上，因为缺少安全意识，所以安全隐患众多，严重威胁了游客的生命及财产安全。安全问题无小事，无论是民宿的整体消防安全，还是民宿的运营安全、食品卫生安全等，都跟游客的生命及财产安全和民宿的声誉联系密切。一个民宿想要长久地发展，获得好的经济效益，把控好安全必不可少。在装修设计上要做到用料安全，遵守国家有关消防安全的各种法律法规；在运营上时刻要将安全放在首位，牢记安全第一的理念，防患于未然；在食品安全上要做到严格管控，不给游客吃任何可能损害其身体健康的食材，不制售不符合食品卫生标准的产品给游客，让他们能开开心心地来体验，平平安安地返回家中。

（三）突出特色，增强吸引力

虽然关于民宿的起源有着不同的说法，民宿的种类根据其自身特点也可以划分成多种类型，但无论什么样的民宿，其核心吸引力是其设计、文化、管理等方面融合在一起形成的独特的主题性，让游客在能够感受到其自身的特色的同时还能够体验到当地的风土人情。民宿根据自身的资源优势、特点、目标定位等形成的特色内容具有独一无二性，传统酒店很难替代。为了保持住自身的优势，在旅游业激烈的竞争环境之下脱颖而出，有更好的发展势头，精品民宿一定要在设计及运营中找准定位，明确自身的特色，通过特色吸引游客。

（四）针对目标顾客，采用多种营销手段

根据《2016年中国民宿市场报告》数据显示，民宿的消费者中25岁以下客户占28%，25~34岁的客户占35%。民宿的主力消费人群为25~35岁的青壮年，他们对于传统营销手段的接受度较差，更喜欢新兴的营销手段。他们具备一定的消费能力，多数受到过较好的教育，比较注重住宿的品质。精品民宿是小众的住宿产品，面向的不是大众人群，所以在营销上要找准目标客户，做到有针对性地营销。我国民宿业目前还是主要采用传统的营销方式，然而在面对以80后、90后为主的消费群体时，应当与时俱进，积极转变营销思路：建立并维护好自己的网站，利用时下主流媒介微博、微信公众号、短视频等，为自己运营推广，积极吸引主力消费群体的目光，让民宿能够吸引更多游客前来，创造更大的经济效益。

（五）重视沟通交流，注重文化氛围营造

游客选择来到乡村进行旅游，除了想要休闲放松，远离日常熟悉的生活环境，回归淳朴自然的乡村生活，感受乡村的生活日常，还希望能够与民宿的主人或经营者有更多的接触与交流，体味更多的人文情怀。精品民宿的特色性很多时候也体现在"人"上，即经营者为游客所营造的体验氛围、经营者与游客的沟通交流。语言拥有神奇的力量，良好的沟通能够使得人与人之间的距离感迅速减少，使服务达到事半功倍的效果。精品民宿想要得到好的发展，拥有良好的口碑，对于文化氛围的营造必不可少。民宿经营与管理者应该在民宿建筑设计上符合当地的地理资源特点，与自然景观相协调；在内部装饰装修上做到匠心独具，体现特色性的同时还不能缺少乡村特色、少了乡村历史的体现及人文味道；在活动设计上，应该尽力打造丰富多彩，既能体现当地乡村特色，又能增强民宿体验性与文化性，游客可参与性高的活动，让游客来到乡村旅游的初衷得到满足。

七、我国精品民宿业提升的方法

我国民宿业虽然在最近几年蓬勃发展，但是其存在的问题也不少。为了民宿业更好地、可持续地、健康地发展，还需要提升以下几个问题：

（一）加强培训，提升行业整体素质

我国的民宿经营者很多服务意识还比较薄弱，所以各级民宿主管部门和行业协会及各类组织应承担起培训和指导职责，组织民宿培训班，加强理论和实践学习，邀请国内外民宿专家面对面指导；加强民宿业之间的交流学习并定期组织民宿从业人员外出体验知名民宿，向优秀的同行学习；制定优惠政策吸引受过高等教育的年轻人投入到民宿创业中，为民宿业注入新鲜血液，提升民宿

经营与管理的综合实力。通过提升民宿业的服务水平，来提高游客的入住体验，强化提升民宿业的软性服务，让每一个来到民宿的游客都能感受到热情周到的服务，高水平、有自身特色的民宿运营与管理。

（二）学习法律法规，提升安全性

安全是关系到每个人切身利益的大事，不可忽视。目前我国的民宿行业在发展上还存在诸多问题，很多民宿的经营者缺少法律意识，经营行为不够规范，食品安全问题重视程度不够，食品卫生意识还有欠缺，客房的清洁卫生还存在一定问题。目前，我国还没有一部关于民宿的法律，为了民宿行业更加有秩序地发展，需要抓紧制定全国性的法律政策来规范民宿行业。我国应该先从国家层面制定全国性的法规，各省市再依据各地实情制定地方性政策，将民宿业纳入到法律监管范围内。细分民宿类型、等级，量身打造不同准入标准，严把入门关。例如，居民住宅一旦发展为民宿，其装饰材料、消防设备、食品安全以及卫生状况等要受到监督与管理；对民宿经营的许可以及备案等做到百分之百监管的程度，杜绝在未办理营业执照的情况下便私自进行营业；规范民宿预订平台，杜绝出现挂羊头卖狗肉的现象；我国目前还急需厘清公安、消防、工商、食品卫生等各部门职责，明确监管主体，建立长效协调机制；建立违法惩罚机制，对于不符合国家法律法规的经营行为加大惩处力度，让民宿更加安全可靠，让游客能放心前来。

（三）规范经营行为，保障市场有序运行

精品民宿一般具有规模不大、特色鲜明、主题突出的特点。在市场经营的行为上，经营者要做到规范经营，在旺季经营时，不哄抬价格，在淡季也不胡乱定价，扰乱市场秩序。政府也应当做好监管职能，保障市场的有序运行。想要获得长久的发展，顾客的口碑与信赖是关键，想要获得好的口碑，获得消费者的喜爱，诚信经营、顾客至上的理念必不可少。只有用心对待每一个顾客，将顾客当作自己的亲人，用心经营，将精力花费在如何让顾客获得更满意、更开心、更愉快的住宿体验上，才能够赢得顾客的尊重与喜爱，才能在市场竞争中立于不败之地。

第十二章 模式重塑——田园综合体

产业聚集是在产业发展的过程中,处在一个特定领域内的相关企业或机构,由于相互之间的共性和互补性等特征而紧密联系在一起,形成一组在地理上集中的相互联系、相互支撑的产业群的现象。经济学家阿尔佛雷德·马歇尔在《经济学原理》中首次研究了这一现象并提出产业聚集理论。他指出,产业聚集能够促进专业化服务的发展,产生溢出效应,并在聚集空间保证劳动力供应充足。这种产业聚集不仅具有地理特征,同时也体现了一种产业内在相关企业聚集的结构特征。在特定聚集空间内,通过产业内各要素的有机结合,市场组织、政府机构和众多企业相互依存、相互作用,以产业关系为纽带按照一定的逻辑关系和时空关系,连接成具有价值增值功能的链式生产(服务)形式,即为产业链。旅游综合体的发展应紧密围绕旅游为核心主题,促进大旅游相关企业的聚集,形成旅游产业链,最终在综合体内构成产业链条的聚集。

一、田园综合体的概念及特征

早在2012年年底的时候,我国就有8.5万个村开展了休闲农业与乡村旅游活动,休闲农业与乡村旅游经营主体达到170万家,其中农家乐150万家,从业人员2800万,占全国农村劳动力的6.9%;年接待游客8亿人次,实现营业收入超过2400亿元。随着居民生活水平的不断提高,我国乡村旅游人数迅速增长,农家乐数量不断扩张才能满足游客需求。截止到2017年,我国共有农家乐220万家,比2016年高出20万家,同比增长10%。

在现阶段经济新常态下,在消费升级的背景下,对于人民日益增长的物质文化需求和区域经济发展诉求,单纯农家乐的发展模式,已无法适应新形势下的产业升级、统筹开发等要求。为适应形势的变化和市场需求,农家乐作为城市居民到农村体验农事、体验乡村生活的重要依托,其发展模式和理念急需升级。

2012年田园东方在无锡阳山落地了第一个田园综合体项目——无锡田园东方。2017年中央一号文件首次提出田园综合体的概念,这一模式的实践创新和政策层面的提出,为农家乐及乡村旅游的升级开创了更大的空间。

（一）田园综合体的概念

田园综合体以农民合作社为主要载体，让农民充分参与和受益，集循环农业、创意农业、农事体验于一体。

这一概念和模式在2017年中央一号文件中首次提出。原文如下："支持有条件的乡村建设以农民合作社为主要载体，让农民充分参与和受益，集循环农业、创意农业、农事体验于一体的田园综合体，通过农业综合开发、农村综合改革转移支付等渠道开展试点示范。"

田园综合体作为一种休闲农业、乡村旅游的创新业态，是城乡一体化发展、农业综合开发、农村综合改革的一种新模式和新路径。田园综合体的探索发展激发了农家乐的升级以及农业综合开发的新动能，促使乡村旅游从一家一户到整体氛围提升。

从业态上来看，田园综合体是"农业＋休闲旅游＋新农村"的多种业态综合发展模式，是以现代农业为基础，以休闲旅游为驱动，以原住民、新住民和游客等几类人群为主形成的新型社区群落。

从功能上来看，田园综合体所具备的功能区域，包括农业产业区、生活居住区、文化景观区、休闲聚集区、综合服务区，各功能区域职责明确，功能区域之间融合互动，形成紧密相连、相互配合的有机综合体。

从发展的目标来看，田园综合体是乡村旅游升级的一个重要方向，是依托乡村的生态环境、产业基础、景观资源等，主要面向城市居民市场，促进乡村建设的发展模式。

（二）田园综合体的发展历程

在建设美丽中国的背景下，国家通过各种会议、政策鼓励农村向新产业、新业态、新模式发展，促进农业转型。具体情况如表12-1所示。

表12-1　田园综合体国家相关政策

阶段	时间	重要事件
探索阶段	1988年	国务院设立国家土地开发建设基金（后改为国家农业综合开发资金），统筹实施农业综合开发
	2012年	田园东方第一个田园综合体项目——无锡田园东方
	2016年	中央农办领导考察指导田园东方项目时，对该模式给予高度认可
推广阶段	2017年2月	"田园综合体"作为乡村新型产业发展的亮点措施被写进中央一号文件 支持有条件的乡村建设以农民合作社为主要载体、让农民充分参与和受益、集循环农业、创意农业、农事体验于一体的田园综合体，通过农业综合开发、农村综合改革转移支付等渠道开展试点示范

续表

阶段	时间	重要事件
推广阶段	2017年5月	财政部下发《关于开展田园综合体建设试点工作的通知》 2017年，财政部确定河北、山西、内蒙古、江苏、浙江、福建、江西、山东、河南、湖南、广东、广西、海南、重庆、四川、云南、陕西、甘肃 18 个省市区开展田园综合体建设试点
	2017年6月	财政部下发《关于做好 2017 年田园综合体试点工作的意见》 财政部农业司、国务院农村综合改革办公室牵头负责在内蒙古、江苏、浙江、江西、河南、湖南、广东、甘肃 8 个省市区开展试点工作 国农办下发《关于开展田园综合体建设试点工作的补充通知》 国家农业综合开发办公室牵头负责在河北、山西、福建、山东、广西、海南、重庆、四川、云南、陕西 10 个省市区开展试点工作，每个试点省市区安排试点项目 1 个

（三）田园综合体的特征

1. 功能复合化

从定义上可以看出，田园综合体是集循环农业、创意农业、农事体验于一体的综合园区，这种田园产业融合性决定了园区的功能复合化。田园综合体是将农业从第一产业向第二、第三产业延伸，构建"农业+"休闲度假、康养、文化体验等产业融合升级模式，实现从原来的单一产品向综合的休闲度假旅游产品开发升级，发挥产业价值的乘数效应。也是在农村一定的地域空间内，将农业生产、居民生活、游客休闲度假、生态涵养、文化传承等功能进行整合，并使各功能之间建立起一种相互依存、互补的关系，从而形成一个产品多样化、功能复合化的综合体。

2. 空间共享化

田园综合体作为原住民、新移民、游客的共同活动空间，在充分考虑原住民的收入持续增收的同时，还要保证外来客群源源不断地输入，因此，既要有相对完善的内外部交通条件，又要有充裕的开发空间和有吸引力的田园景观和文化等。田园综合体的运营模式、物质循环、产品关联度、品牌形象都需要统筹考虑，形成原住民、新移民和游客共享的空间。

3. 主体多元化

开发主体多元化。田园综合体的出发点是倡导一种政府、企业和农民等多方共建的"开发"方式，促进农村产业加速变革、推进农民收入稳步增长，重塑中国乡村的美丽田园、美丽小镇。

受益主体多元化。一方面是开发者受益，强调跟原住民的合作，坚持农民合作社的主体地位，农民合作社利用其与农民天然的利益联结机制，使农民参与田园综合体的建设过程，享受现代农业产业效益、资产收益的增长等。农民不仅充分参与田园综合体的建设过程，还能享受田园综合体带来的经济利益，及通过田园综合体的开发营造的良好的生活环境。另外一方面是原住民、新住民和游客受益，秉持开放、共建思维，着力解决本地居民生活和游客旅游需求。在乡村振兴战略背景下，国内休闲农业与乡村旅游热情旺盛，而田园综合体作为休闲农业与乡村旅游升级的高端发展模式，未来会进一步拓展，继续释放价值。

原住民：田园综合体为本地原住民提供了更为丰富的就业机会，不仅提高了原住民的经济收入，还为返乡青年在家乡就业提供了良好的职业发展方向。此外，不断改善的乡村环境和休闲活动，让原住民享受到更好的精神及物质生活。

新住民：田园综合体让向往田园生活的"田园梦想家"有机会生活在田园，让乡村成为"可以回得去的家乡"，让新住民给乡村带来不一样的思想和生活方式，让原住民和新住民在彼此互动中成为受益者。

游客：田园综合体为都市游客提供与传统农家乐不一样的田园休闲旅游产品，为儿童、亲子家庭、情侣、商旅客群打造丰富而高品质的田园休闲体验。

（四）田园综合体的意义

对农业农村生产生活方式的全方位变革，是引领未来农业农村发展演变的重大政策创新。

1. 生产

田园综合体是推进农业供给侧结构性改革的突破口，是转化"三农"发展动能的核心和关键，是资源整合、三产融合和聚集项目的平台，在这一平台上可以充分整合土地、资金、科技、人才等分散资源，可以促进第一、第二、第三产业深度融合，打造集循环农业、创意农业、农事体验于一体的产业空间，以空间创新带动产业优化、链条延伸，实现现有产业和发展载体的升级换代，充分释放生产力和生产关系的创新活力。

2017年中央一号文件专门强调提出，要完善新增建设用地的保障机制，将年度新增建设用地计划指标确定一定比例，用于支持农村新产业、新业态的发展；允许通过村庄整治、宅基地整理等节约的建设用地，通过入股、联营等方式，重点支持乡村休闲旅游和农村三产融合的发展。

2. 生活

一方面，城市化和工业化加速了农村的空心化、老龄化，乡村社会功能退化，同时农村的公共服务设施不到位，生活环境品质不高；另一方面，大城市居民生活面临压力大、环境污染、老龄化等问题，再加上城乡居民生活水平的提高，有一定的经济基础，城市居民对回归自然、回归乡村、回归生活的需求则与日俱增。田园综合体的开发就是利用多方资源，共同完善农村的基础设施，促进产业融合发展，培育和开发体验乡村生活、乡村生态、乡村文化的旅游业态，建设美丽的新农村，实现农民脱贫，带动地方经济发展，最终来满足农民的生活环境需要，满足游客的旅游需要，满足城乡居民的美好生活需要。

另外，田园综合体经营体系以农业为基础，辐射带动相关产业，它不仅可以从农业本身，如科技农业、循环农业、生态农业等方面进行深入挖掘，探索农民增收的渠道，还可以从辐射产业方面，探索旅游价值、文化价值、商业价值等多维度，价值的提升将会给农民带来收益，增加农民收入，使农村和农民能够独立地发挥"造血"的功能。在田园综合体的推动下，部分农民增收渠道得到拓宽，为农民的生活品质提升奠定物质基础。

3. 生态

农村是"青山绿水"的保护区和涵养地。农业除承载着农民增收、农村繁荣的职能外，还承担着生态保护的作用。不仅要使农村成为"金山银山"的基础和源泉，更要成为"绿水青山"的保护区和栖居地。要使农村不仅享受城市文明的发展成果，更要保持农业文明的田园风光和独有魅力。

因此，总的来说中央提出建设田园综合体，不仅仅是在生产、生活和生态等领域单一的、局部的试点探索，而是对农业农村生产生活方式的全局性变革，是引领未来农业农村发展演变的重大政策创新。

二、田园综合体的建设

（一）田园综合体的建设理念

1. 以旅游为先导

乡村旅游已成为我国旅游市场中的重要组成部分，乡村有自然环境、田园景观、农村牧渔业生产、民俗文化、农耕文化、乡村生活、古镇村落等丰富的资源条件，这些乡村资源有着很大的旅游市场开发潜力，需要科学的规划开发，为城市人提供观光、休闲、度假、体验、娱乐、健身等旅游活动。在田园综合体的建设过程中应以旅游为先导，发展旅游相关业态，放大乡村资源价值。

2. 以产业为核心

构建现代农业产业体系是发展田园综合体的核心。一个完善的田园综合体应是一个包含了农、林、牧、渔、加工、制造、餐饮、酒店、仓储、保鲜、金融、工商、旅游及房地产等行业的三产融合体和城乡复合体。通过构建产业体系实现农村经济可持续发展，使农民能够在本地就业并获得更多的收入。

3. 以文化为灵魂

以文化为魂，塑造特色。乡村是中华文明的重要承载地，乡村生产、乡村生活积淀下来的农耕文明和乡村文化是田园综合体发展的灵魂依托。在打造田园综合体的过程中应充分发掘当地的风土民情、乡规民约、饮食文化、民俗演艺等内涵，结合市场需求，开发参与性强、体验深的文化旅游产品，让人们可以体验农耕活动和乡村生活的苦乐与礼仪，缺乏文化内涵的综合体是不可持续的。

4. 以体验为价值

田园综合体是生产、生活、生态及生命的综合体。在经济高度发达的后现代，人们对"从哪里来"的哲学命题已经无从体悟，田园综合体通过把农业和乡村作为绿色发展的代表，让人们从中感知生命的过程，感受生命的意义，并从中感悟生命的价值，分享生命的喜悦。

5. 以乡村振兴为目标

在工业化和城市化的初始阶段，农业和乡村与国家和社会的落后往往紧密联系在一起，城市化和工业化的过程就是乡村年轻人大量流出的过程和老龄化的过程、放弃耕作的过程和农业衰退的过程，以及乡村社会功能退化的过程。田园综合体是乡与城的结合、农与工的结合、传统与现代的结合、生产与生活的结合，以乡村复兴和再造为目标，通过吸引各种资源与凝聚人心，给那些日渐萧条的乡村注入新的活力，重新激活价值、信仰、灵感和认同的归属。

开展田园综合体建设要坚持以农为本，以保护耕地为前提，提升农业综合生产能力。要保持农村田园风光，保护好青山绿水，实现生态可持续。要确保农民参与和受益，带动农民持续稳定增收，让农民充分分享发展成果，更有获得感。让人们从中感到农业是充满希望的现代产业，农民是令人羡慕的体面职业，农村是宜居宜业的美好家园。

（二）田园综合体经营机制

田园综合体是一个以农民参与和受益为核心的平台，其建设主张企业参与、城市元素与乡村结合、多方共建的"开发"方式。在这个过程中，以农民合作社为主要载体，以企业和地方合作的方式，在乡村进行大范围整体与综合的规划、开发、运营。构建企业、合作社和农民利益联结机制，带动农民持续稳定增收，让农民充分分享田园综合体发展成果。

在这个运营机制中，需要妥善处理好政府、企业和农民三者之间的关系，确定合理的建设运营管理模式，形成健康发展的合力。其中政府应重点负责政策引导和规划引领，营造有利于田园综合体发展的外部环境，比如盘活土地资源，提高土地利用实施体系质量，完善配套设施体系，支持帮扶集体经济组织，为企业提供优惠政策，支持龙头企业，引导科创文创企业入驻；企业、村集体组织、农民合作组织及其他市场主体要充分发挥在产业发展和实体运营中的作用，完成生产、研发、销售、培训等活动，获得产业收益；农民通过合作化、组织化等方式，实现在田园综合体发展中的收益分配、就近就业。

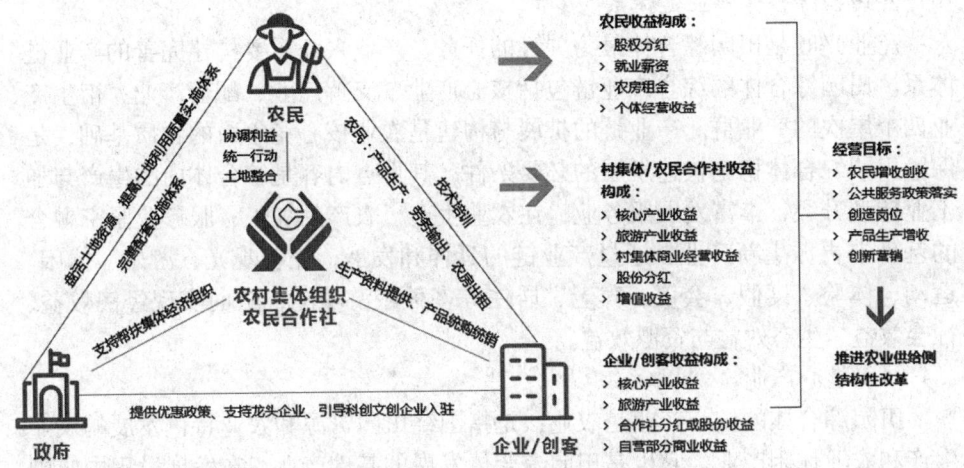

图 12-1　田园综合体经营机制

（三）田园综合体产业体系构建

1. 现代农业产业体系

田园综合体是一个以农业生产为基础，多种资源综合利用的平台，企业承接农业，以农业产业园区发展的方法提升农业产业，尤其是现代农业，形成当地社会的基础性产业。通过生产型农业、创意农业、农事体验（休闲农业）构建现代农业产业体系。

（1）循环农业

在农作系统中推进各农业资源往复多层与高效流动的活动，以此实现节能减排与增效的目的，促进现代农业和农村的可持续发展。支持发展循环农业、生态生产园、环保科技产业。

（2）创意农业

创意农业是指有效地将科技和人文要素融入农业生产，进一步拓展农业功能、整合资源，把传统农业发展为融生产、生活、生态为一体的现代农业。支持发展创意农业产品、景观观光园区、CAS 社区支持农业。

（3）休闲农业

农事体验实际上指的是休闲农业，利用农业

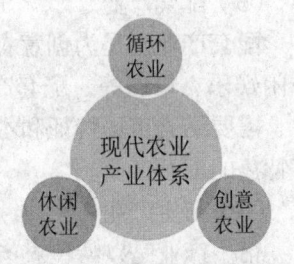

图 12-2　田园综合体产业体系

景观资源和农业生产条件,发展观光、休闲、度假等农业生产经营形态。支持发展农业观光体验、康养度假旅游、自然教育基地等业态。

2. 田园综合体产业链体系

产业兴旺是田园综合体最为关键的任务,产业兴旺需要构建完善的产业链体系。田园综合体的综合产业链包括核心产业、支持产业、配套产业、衍生产业四个层次的产业群。产业链的扩展与构建是农业核心竞争力的物质基础,是保障田园综合体稳定快速发展的必要条件。其重点内容是综合体内的生产与加工业转型升级,丰富发展服务业,在农业生产、农产品加工、服务业紧密融合的基础上再派生新产业,通过产业链的延伸和发展,完善观光、游乐、休闲、运动、体验、度假、会议、养老、居住等多种旅游功能,全面实现经济效益、社会效益、生态效益与资源效益。

(1) 核心产业

田园综合体的核心产业是农业,是指围绕田园资源和农业特色发展的农业生产和农业休闲产业。它也是田园综合体发展的基础产业,在发展过程中应围绕着核心产业,优化田园景观资源,深度挖掘农业生态价值,统筹农业景观功能和体验功能,凸显宜居宜业新特色;应结合本地基础调整种植结构形成特色农业,依托农村合作社,统筹规划设计核心产业发展;应完善农业生产基础设施,发展特色农业,充分利用现代农业生态环保新技术,促进农业资源的节约化、农业生产残余废弃物的减量化和资源化再利用,实施农业节水工程,加强农业环境综合整治,发展循环农业,促进农业可持续发展。

(2) 支持产业

支持产业是指直接支持休闲农产品的研发、加工、推介和促销的企业群及金融、媒体等企业。将农产品与文化、休闲度假、艺术创意相结合,以提升现代农业的价值与产值,创造出优质农产品,拓展农村消费市场和旅游市场。用文化内涵来提升产业价值,既延伸了产业链条,又形成了自己的独特魅力,使整个乡村真正地"活"起来。

(3) 配套产业

配套产业则是为创意农业提供良好的环境和氛围的企业群,如餐饮、酒吧、休闲娱乐、培训等,配套产业能够更好地满足游客、本地居民的生活需求。因此,需要结合市场特征和本地居民的需求,注重地域传统和特色,开发有市场、有特色的配套产业。

(4) 衍生产业

衍生产业是以特色农产品和文化创意成果为要素投入的其他企业群。

产业链体系构建最终的目的是带活经济,用产业的思维实现大发展。通过产业的发展为本地农民提供就业机会，实现在地化就业，享受现代农业产业效益、资产效益的增长，也能吸引游客旅居和休闲，甚至能吸引更多的人才，满足人们对休闲和社区生活的需求。留住人才是综合体成功的根本，实现以产业聚人气、以人气活产业、以产业促发展的良性循环。

（四）田园综合体的盈利模式

盈利模式是田园综合体投资主体关注的焦点，田园综合体能否获得良好的经营效益，必须建立适合自身的盈利模式。田园综合体可以从以下几个角度建立盈利模式：

第一，创意休闲农业盈利模式，将创意休闲农业引入项目开发建设，不断完善和提高基础设施和服务水平，满足游客休闲度假需求。

第二，品牌增长盈利模式，利用区域资源优势和具有特色创意的休闲农业，打造自身品牌价值，延伸品牌产业链，实现品牌附加值增值盈利。

第三，共享客源盈利模式，充分利用区域内相邻休闲旅游资源，进行连锁经营，彼此共享客源，共享收益。

三、无锡阳山田园东方——"田园综合体"概念的提出者

（一）项目概况

田园东方是田园东方投资集团有限公司旗下项目品牌，源于2011年，于2012年开始田园综合体模式理论构建和项目实践，2016年起重组公司业务和组织架构，专注田园综合体开发和运营。田园东方是以新田园主义理论为指导，以田园综合体为商业模式，以文旅产业为主要业务，开展田园文旅小镇、特色田园乡村、旅游度假项目的研发、规划、投资、开发、运营的企业。

无锡阳山田园东方项目位于"中国水蜜桃之乡"无锡市惠山区阳山镇核心区域。无锡市阳山镇拥有桃园、古刹、大小阳山、地质公园等生态自然景观，交通便捷且拥有丰富的农业资源和田园风光。

（二）项目发展

田园东方以一种企业与地方合作的方式，在乡村地区进行大范围、整体、综合的规划、开发、运营。在规划上从阳山镇全镇发展、全域规划着手，从生产、生活、生态的有机融合出发，以"新田园主义"为指导，以田园综合体为商业模式，涵盖现代农业、休闲旅游、田园社区。为了将江南农村田园风光进行原汁原味的呈现，项目选址于曾经的拾房村旧址，并按照修旧如旧的方式，选取十座老房子修缮和保护，还保留了村庄内的古井、池塘、原生树木，最大限度地保持了村庄的自然形态。在原有村落格局得到较好保留的基础上，设计又赋予了这片场地新的生命活力。项目将被打造成一个以生态高效农业、农林

乐园、园艺中心为主体，体现花园式农场运营理念的农林、旅游、度假、文化、居住综合性园区。无锡阳山田园东方作为国内首个田园综合体项目，具体建设发展历程如下：

2012.12.30 无锡阳山田园东方项目签约；

2013.09.01 无锡田园东方项目正式开工建设；

2014.03.28 无锡田园东方示范区正式开园；

2014.03.28 绿乐园开园；

2014.12.27 拾房书院开业，田野乐园开园；

2015.01.01 田园大讲堂落成；

2015.06.14 农业产业园新田园社区初步形成；

2017.01.20 田园东方蜜桃度假村开业。

经过4年多的落地探索、实践，无锡阳山田园东方已规划建设完成3000亩以水蜜桃产业为主的现代农业产业园和新田园社区，并在示范区建成花间堂稼圃集酒店&田园东方蜜桃度假村、田园大讲堂、田园生活馆、拾房书院、拾房手作、拾房咖啡、拾房市集、华德福学校、田野乐园、番薯藤TINA厨房&面包坊等业态相融一体的蜜桃主题乡村旅游度假区。

（三）产业模式：农业+文旅+社区

田园东方的业态模型可以简单概括为现代农业、休闲旅游、田园社区的集合。通过公司化、规范化、科技化运作，发展现代农业产业园，发展现代农业，打造文旅产业，开展田园社区建设，形成现代农业、田园社区、休闲旅游三大板块。现代农业板块的设立旨在对接技术和市场，打造农业生产与休闲结合的现代农业园区，推动形成农业产业链；田园社区板块围绕"原住民、新住民、游客"三方营造田园生活新方式；休闲旅游板块打造可持续的生态旅游度假目的地。

1. 三大产业板块

现代农业板块，包括四园（有机农场示范园、果品设施栽培示范园、蔬菜水产种养示范园、水蜜桃生产示范园）、四区（农业休闲观光示范区、苗木育苗区、产品加工物流园区、现代农业展示区）和一中心（园区综合服务中心），即"四园+四区+一中心"的格局。

田园社区板块，以"新田园主义空间"理论为指导，将土地、农耕、有机、生态、健康、阳光、收获与都市人的生活体验交融在一起，打造现代都市人的桃花源，为原住民、新住民和游客打造了一个良好的环境。

休闲旅游板块，以"创新发展"为思路，引入了拾房清境文化市集、华德福教育基地等顶级合作资源，开发休闲旅游产品，供人们进行田园游乐和休闲度假。其中，拾房清境文化市集是田园东方携手清境集团共同缔造的一座田园创意文化园，着手重新梳理阳山的自然生态和拾房村的历史记忆，还原一个重温乡野、回归童年的田园人居，由自然体验区、生活体验区和文化展示区三个部分组成，包含拾房书院、井咖啡、绿乐园、面包坊、主题民宿、主题餐厅等，其中绿乐园是一个亲子活动基地，包括白鹭牧场、蚂蚁餐厅、蚂蚁农场、蚂蚁王国、蚂蚁广场，以及窑烤烧区和DIY教室等。

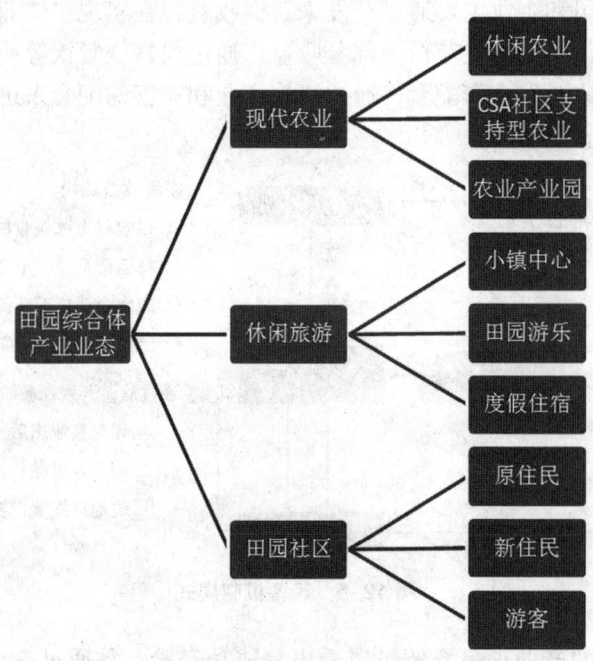

图12-3 田园东方产业业态图

2. 三大产业之间的关系

通过种植果园、养殖水产的方式，为游客和当地居民提供田园观光、休闲资源，并提供农产品加工所需要的原材料。通过发展加工业一方面可以提升农产品附加值，另一方面游客可以体验农产品制作的过程，丰富游客的体验活动。通过发展旅游业、房地产业等来提高农业的综

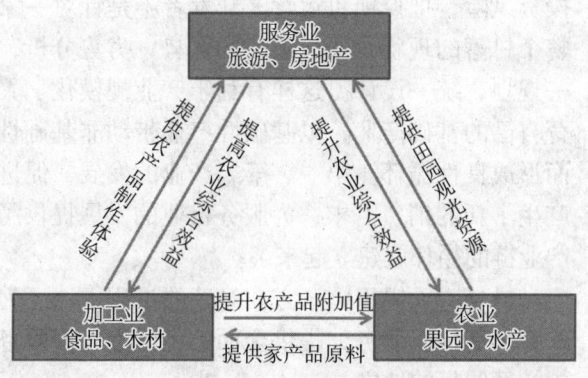

图12-4 农业、加工业和服务业三产之间的关系

合效益，三产融合放大产业价值。

（四）经营机制：政府+企业+村集体+农民

农民主要通过三种方式获得收入，一是以农村土地入股村集体公司和乡村运营平台定期分红；二是成为企业员工，通过参与劳动获取劳动报酬；三是可以获取土地及地上附着物的一次性补偿。

村集体公司和企业主要通过开发来获得收益，在实现整体业态和项目打造完成后，采用门票的方式获得一部分收益；通过民宿、餐饮等业态实现业态收益；通过在周边开发地产配套，通过文旅产业和完善的配套来迅速地实现地块升值而获得相应的收益。

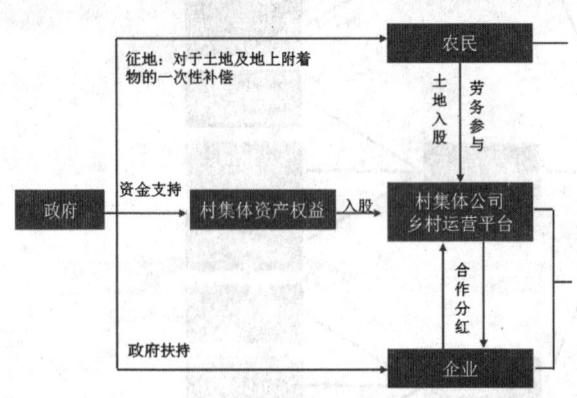

图 12-5　经营机制模式

通过以上的产业项目介绍可以看出其成功经验，是通过三个板块的打造，构建了第一、第二、第三产业的产业链，形成了产业循环。田园综合体经济技术原理，就是以企业为主、政府搭桥、农民参与、多方共建的开发方式，抵御投资风险、把控项目运营。开发者不是针对一家一户进行业态打造，而是结合整个村落的现状，通过项目的优势、劣势分析，在充分对比的基础上，进行统一规划、统一设计。这样有利于产业规模化、聚集化发展，形成乘数效应，培育自己的基础产业，以基础性产业带动非基础性产业（第三产业）的发展，从而形成良性循环。第一、第二产业的发展，促进了周边人口前来就业定居，又产生了新的消费需求，为服务行业的发展提供了市场，整个第一、第二、第三产业链的循环就建立起来了。

另外，无锡田园东方在经营的过程中，还为游客提供特色专业的旅游服务和会员制体验服务，提供全面的生活和度假服务，成为长三角最具特色的休闲旅游度假目的地之一。

（五）田园东方存在的问题

客流量有明显的淡旺季，产品特色不够鲜明，周边基础设施还需进一步完善。由于受到旅游客群 5+2 的生活模式以及农业产品季节性的影响，现阶段阳山镇田园综合体项目有明显的淡旺季，桃花季的客流量大，大约占全年的游客量的 50%，这对阳山镇的接纳游客的能力提出了很大的挑战，配套的基础设施例如停车场、周边住宿等还需要进一步地完善。这类问题在田园综合体建设运营过程中普遍存在。

游客来源单一，项目知名度有待提高。根据调研我们发现无锡田园东方的 80% 的游客来自无锡本地，周边城市游客比重较小。而且该项目在无锡本地知名度较高，周边地区还需进一步宣传推广，同时运用互联网等宣传方式扩大在年轻人群中的知名度。

建设用地供需存在问题，用地使用和管理有待进一步完善。田园综合体建设指标紧缺，但存量建设用地空间有待利用，因为农村宅基地整理空间较大。调研发现，农户"一户多建"、超面积建房等现象仍存在，建设用地潜力空间较大以及为了防止外来资本变相侵占农村土地等一系列问题，还需要给出进一步的政策引导。

参考文献

[1] 张文莲,杨志武,黄本海,陈来兴.农家乐经营实务[M].武汉:武汉大学出版社,2014.

[2] 农业部农民科技教育培训中心,中央农业广播电视学校.农家乐经营管理[M].北京:中国农业大学出版社,2008.

[3] 陈娆,等.新编农家乐经营手册[M].北京:金盾出版社,2014.

[4] 林兆辉,张舜尧,荔晴.农家乐经营之道[M].北京:中国农业科学技术出版社,2014.

[5] 李屹兰,李静轩.农家乐经营与管理[M].北京:中国农业科学技术出版社,2010.

[6] 中国旅游协会旅游城市分会.现代农家乐实务手册[M].北京:中国旅游出版社,2011.

[7] 人力资源和社会保障部教材办公室.农家乐经营与服务[M].北京:中国人事出版社,2017.

[8] 李光鑫.莱芜市雪野湖农家乐旅游发展研究[D].甘肃农业大学,2018.

[9] 卢超.湖州市农家乐旅游发展现状与对策研究[D].浙江农林大学,2015.

[10] 李晓楠.郑州市郊农家乐发展现状与对策研究[D].新乡:河南师范大学,2016.

[11] 周琼.台湾民宿发展态势及其借鉴[J].台湾农业探索,2014(01):13-18.

[12] 吴丽霞.河南乡村旅游和谐发展研究[M].北京:知识产权出版社,2012.

[13] 薛春霞.成都乡村生态旅游[M].郑州:郑州大学出版社,2015.

[14] 赵雅萍.湖州市民宿空间集聚及发展研究[D].上海:上海师范大学,2018.

[15] 卢超.湖州市农家乐旅游发展现状与对策研究[D].杭州:浙江农林大学,2015.

[16] 张海洲，虞虎，徐雨晨，等.台湾地区民宿研究特点分析：兼论中国大陆民宿研究框架[J].旅游学刊，2019，34（1）：95-111.

[17] 安徽大学农村改革与经济社会发展协同创新中心课题组.乡村旅游：中国农民的第三次创业[M].北京：中国发展出版社，2016.

[18] 王宁.国外乡村旅游发展模式的比较研究[J].世界农业，2015（8）：167-171.

[19] 弓婷."农家乐"旅游发展模式及路径初探[J].农村经济与科技，2017（04）：91-92.

[20] 王霞.美日欧乡村"农家乐"旅游发展的经验[J].世界农业，2013（3）：107-109.

[21] 罗艳玲.澳大利亚农牧生态旅游资源评价及启示[J].世界农业，2016（3）：152-155.

[22] 周波.澳大利亚农业生态旅游发展及对我国的启示[J].天津农业科学，2014，20（6）.

[23] 何婉.法美两国乡村旅游的发展及对我国的启示[J].中共杭州市委党校学报，2006，1（2）：84-87.

[24] 陈雪钧.国外乡村旅游创新发展的成功经验与借鉴[J].重庆交通大学学报：社会科学版，2012，12（5）：56-59.

[25] 黄艳华，张兵，李佳.北美乡村旅游发展特点及对我国的启示[J].旅游研究，2006，17（2）：53-56.

[26] 杨冉冉.刍议国外乡村旅游的发展模式及对我国的启示[J].商业经济研究，2017（14）：180-181.

[27] 徐克帅，朱海森.日本绿色旅游发展及其对我国乡村旅游的启示[J].世界地理研究，2008，17（2）：102-109.

[28] 雷鸣，叶全良.发展我国乡村大旅游：日本温泉旅游的启示[J].经济管理，2008（17）：10-13.

[29] 祝捷，黄佩佩，蔡雪雄.法国、日本农村产业融合发展的启示与借鉴[J].亚太经济，2017（05）：111-115.

[30] 方忠权，郭艺贤.法国的乡村旅游及其启示[J].广州大学学报：社会科学版，2008，7（3）：32-36.

[31] 刘洁.法国乡村旅游发展经验的启示[J].现代企业文化：上旬，2017（Z1）：136-137.

[32] 娄在凤.法国乡村休闲旅游发展的背景、特征及经验[J].世界农业，2015（5）：147-150.

[33] 莫莉秋. 国外乡村旅游发展的典型模式 [J]. 人民论坛, 2017 (31): 204-205.

[34] 王瑞花, 张兵, 尹弘. 国外乡村旅游开发模式初探 [J]. 云南地理环境研究, 2005, 17 (2): 73-76.

[35] 石金莲, 崔越, 黄先开. 美国乡村旅游发展经验对北京的启示 [J]. 中国农业大学学报, 2015 (5).

[36] 凌丽君. 美国乡村旅游发展研究 [J]. 世界农业, 2015 (10): 60-63.

[37] 盛丹萍. 浅析日本乡村旅游发展成功经验及其借鉴 [J]. 农业经济, 2017 (8).

[38] 曾琳. 日本"农家乐"旅游的发展路径及其启示研究 [J]. 现代商业, 2015 (33): 32-33.

[39] 焦雷, 李晓东. 日本"农家乐"旅游对中国农业旅游发展的启示 [J]. 世界农业, 2016 (8): 219-223.

[40] 周金子. 日本观光农业旅游经济的特点与启示 [J]. 旅游纵览: 下半月, 2014 (3).

[41] 王永强, 冯军. 日本、韩国及中国台湾地区促进乡村旅游发展的经验与启示 [J]. 现代经济信息, 2009 (20): 59-60.

[42] 雷鸣, 潘勇辉. 日本乡村旅游的运行机制及其启示 [J]. 农业经济问题, 2008 (12): 88-90.

[43] 杨宏. 新型城镇化背景下中国农业旅游发展路径探讨: 基于日本农家乐旅游的分析 [J]. 世界农业, 2016 (12).

[44] 王月. 各国乡村旅游政策演进规律的研究 [J]. 现代经济信息, 2017 (23): 315.

[45] 肖泽南. 《农家乐 (民宿) 建筑防火导则 (试行)》编制及相关内容解析 [J]. 消防技术与产品信息, 2018, 31 (06): 55-59.

[46] 温州市场监督管理局. 2017年度餐饮行业投诉情况分析报告 [EB/OL]. [2018-05-10]. http://wzmsa.wenzhou.gov.cn/art/2018/5/10/art_1482768_18085342.html.

[47] 鹿焕焕. 谈酒店处理投诉的要点与技巧 [J]. 旅游纵览: 下半月, 2018 (06): 73.

[48] 温燕. 旅游景区服务与管理 [M]. 武汉: 华中科技大学出版社, 2017.

[49] 周雅琦. 北京民俗文化在文创产品设计中的应用研究 [D]. 北京: 北京理工大学, 2015.

[50] 陈令军. 构建基于文化的农产品品牌研究 [M]. 北京: 经济科学出版社,

2010.
[51] 张迪.乡村旅游的文创产品设计研究：以湖北秭归县茅坪乡为例[D]. 重庆大学，2018.
[52] 王勐，王孜予.江南地区乡村旅游纪念文创产品的设计策略[J].艺术科技，2017，30（9）：243，245.
[53] 莫军华，刘蓓蓓.基于怀旧表征的乡村文创产品包装设计[J].包装工程，2018，39（12）：42-45.
[54] 张骏.田园游憩：乡村旅游开发与经营管理[M].北京：高等教育出版社，2019.
[55] 佚名.2016—2017年中国客栈民宿行业发展研究[EB/OL].[2017-05-06]. http://www.199it.com/archives/609530.html.
[56] 库姗姗.乡村旅游民宿现状及发展建议[J].农村经济与科技，2018（1）：98-99.
[57] 范丽娟.日本乡村民宿旅游特色经营对中国民宿发展的启示[J].河南机电高等专科学校学报，2016（6）.
[58] 杜真敏.乡村旅游民宿的发展困境与对策研究[J].旅游纵览：下半月，2017（6）：165.
[59] 樊欣，王衍用.国外乡村旅舍开发与经营研究综述[J].旅游科学，2006（3）：47-52.
[60] 徐强.乡村旅游转型升级下民宿发展思路及对策[J].理论研究，2018（8）.
[61] 郭绯绯.精品民宿设计与发展趋势研究[J].乡村科技，2018，182（14）：121-122.
[62] 张雪丽，胡敏.乡村旅游转型升级背景下的民宿产业定位、现状及其发展途径分析：以杭州市民宿业为例[J].价值工程，2016，35（23）.
[63] 郭宏翔.特色小镇建设背景下的民宿设计研究：以安徽省青阳县禅修小镇为例[J].河南建材，2019（2）.
[64] 杨柯俭，徐向安，王磊.日本民宿发展研究及对我国的启示[J].中国商论，2019（4）.
[65] 程佳佳，等.浅析民宿的核心竞争力[J].商业故事，2016（22）.
[66] 杨静.特色民宿在旅游业中的核心竞争力与发展[J].度假旅游，2018（11）.
[67] 梅海燕，俞慧玲，蓝月相.农家乐民宿产业发展的困境与出路：以云和县农家乐民宿产业发展研究为样本[J].经济研究导刊，2018，362（12）：51-54.

［68］侯玉霞，李欣，吴忠军.我国民宿研究进展［J］.广西经济管理干部学院学报，2017（4）：60-66.

［69］绿维文旅.田园综合体［EB/OL］.2019.http：//www.lwcj.com/topic/tyzht/?bd_vid=9165254632154360409.

［70］奇创.田园综合体［EB/OL］.2019.http：//www.kchance.com/LandingPage/Countrysidecomplex.

［71］田园东方.田园综合体理论［EB/OL］.http：//www.tydfjt.com/thoughts/theory.

［72］刘璇，徐亚茹，卢鑫杰，等.无锡阳山镇田园综合体建设项目的调查分析［J］.现代商贸工业，2019，40（16）：186-187.

［73］孙松松.供给侧改革背景下的河南田园综合体建设研究［J］.安徽农学通报，2019，25（1）：7-9，77.

［74］张帅，褚建坤，李潘坡.田园综合体商业模式创新探讨［J］.合作经济与科技，2019（07）：50-51.

附录　相关法律法规

01 《中华人民共和国旅游法》(2018年修正)

（2013年4月25日第十二届全国人民代表大会常务委员会第二次会议通过　根据2016年11月7日第十二届全国人民代表大会常务委员会第二十四次会议《关于修改〈中华人民共和国对外贸易法〉等十二部法律的决定》第一次修正　根据2018年10月26日第十三届全国人民代表大会常务委员会第六次会议《关于修改〈中华人民共和国野生动物保护法〉等十五部法律的决定》第二次修正）

第一章　总则

第一条　为保障旅游者和旅游经营者的合法权益，规范旅游市场秩序，保护和合理利用旅游资源，促进旅游业持续健康发展，制定本法。

第二条　在中华人民共和国境内的和在中华人民共和国境内组织到境外的游览、度假、休闲等形式的旅游活动以及为旅游活动提供相关服务的经营活动，适用本法。

第三条　国家发展旅游事业，完善旅游公共服务，依法保护旅游者在旅游活动中的权利。

第四条　旅游业发展应当遵循社会效益、经济效益和生态效益相统一的原则。国家鼓励各类市场主体在有效保护旅游资源的前提下，依法合理利用旅游资源。利用公共资源建设的游览场所应当体现公益性质。

第五条　国家倡导健康、文明、环保的旅游方式，支持和鼓励各类社会机构开展旅游公益宣传，对促进旅游业发展做出突出贡献的单位和个人给予奖励。

第六条　国家建立健全旅游服务标准和市场规则，禁止行业垄断和地区垄断。旅游经营者应当诚信经营，公平竞争，承担社会责任，为旅游者提供安全、健康、卫生、方便的旅游服务。

第七条 国务院建立健全旅游综合协调机制,对旅游业发展进行综合协调。

县级以上地方人民政府应当加强对旅游工作的组织和领导,明确相关部门或者机构,对本行政区域的旅游业发展和监督管理进行统筹协调。

第八条 依法成立的旅游行业组织,实行自律管理。

第二章 旅游者

第九条 旅游者有权自主选择旅游产品和服务,有权拒绝旅游经营者的强制交易行为。

旅游者有权知悉其购买的旅游产品和服务的真实情况。

旅游者有权要求旅游经营者按照约定提供产品和服务。

第十条 旅游者的人格尊严、民族风俗习惯和宗教信仰应当得到尊重。

第十一条 残疾人、老年人、未成年人等旅游者在旅游活动中依照法律、法规和有关规定享受便利和优惠。

第十二条 旅游者在人身、财产安全遇有危险时,有请求救助和保护的权利。

旅游者人身、财产受到侵害的,有依法获得赔偿的权利。

第十三条 旅游者在旅游活动中应当遵守社会公共秩序和社会公德,尊重当地的风俗习惯、文化传统和宗教信仰,爱护旅游资源,保护生态环境,遵守旅游文明行为规范。

第十四条 旅游者在旅游活动中或者在解决纠纷时,不得损害当地居民的合法权益,不得干扰他人的旅游活动,不得损害旅游经营者和旅游从业人员的合法权益。

第十五条 旅游者购买、接受旅游服务时,应当向旅游经营者如实告知与旅游活动相关的个人健康信息,遵守旅游活动中的安全警示规定。

旅游者对国家应对重大突发事件暂时限制旅游活动的措施以及有关部门、机构或者旅游经营者采取的安全防范和应急处置措施,应当予以配合。

旅游者违反安全警示规定,或者对国家应对重大突发事件暂时限制旅游活动的措施、安全防范和应急处置措施不予配合的,依法承担相应责任。

第十六条 出境旅游者不得在境外非法滞留,随团出境的旅游者不得擅自分团、脱团。

入境旅游者不得在境内非法滞留,随团入境的旅游者不得擅自分团、脱团。

第三章 旅游规划和促进

第十七条 国务院和县级以上地方人民政府应当将旅游业发展纳入国民经

济和社会发展规划。

国务院和省、自治区、直辖市人民政府以及旅游资源丰富的设区的市和县级人民政府，应当按照国民经济和社会发展规划的要求，组织编制旅游发展规划。对跨行政区域且适宜进行整体利用的旅游资源进行利用时，应当由上级人民政府组织编制或者由相关地方人民政府协商编制统一的旅游发展规划。

第十八条　旅游发展规划应当包括旅游业发展的总体要求和发展目标，旅游资源保护和利用的要求和措施，以及旅游产品开发、旅游服务质量提升、旅游文化建设、旅游形象推广、旅游基础设施和公共服务设施建设的要求和促进措施等内容。

根据旅游发展规划，县级以上地方人民政府可以编制重点旅游资源开发利用的专项规划，对特定区域内的旅游项目、设施和服务功能配套提出专门要求。

第十九条　旅游发展规划应当与土地利用总体规划、城乡规划、环境保护规划以及其他自然资源和文物等人文资源的保护和利用规划相衔接。

第二十条　各级人民政府编制土地利用总体规划、城乡规划，应当充分考虑相关旅游项目、设施的空间布局和建设用地要求。规划和建设交通、通信、供水、供电、环保等基础设施和公共服务设施，应当兼顾旅游业发展的需要。

第二十一条　对自然资源和文物等人文资源进行旅游利用，必须严格遵守有关法律、法规的规定，符合资源、生态保护和文物安全的要求，尊重和维护当地传统文化和习俗，维护资源的区域整体性、文化代表性和地域特殊性，并考虑军事设施保护的需要。有关主管部门应当加强对资源保护和旅游利用状况的监督检查。

第二十二条　各级人民政府应当组织对本级政府编制的旅游发展规划的执行情况进行评估，并向社会公布。

第二十三条　国务院和县级以上地方人民政府应当制定并组织实施有利于旅游业持续健康发展的产业政策，推进旅游休闲体系建设，采取措施推动区域旅游合作，鼓励跨区域旅游线路和产品开发，促进旅游与工业、农业、商业、文化、卫生、体育、科教等领域的融合，扶持少数民族地区、革命老区、边远地区和贫困地区旅游业发展。

第二十四条　国务院和县级以上地方人民政府应当根据实际情况安排资金，加强旅游基础设施建设、旅游公共服务和旅游形象推广。

第二十五条　国家制定并实施旅游形象推广战略。国务院旅游主管部门统筹组织国家旅游形象的境外推广工作，建立旅游形象推广机构和网络，开展旅游国际合作与交流。

县级以上地方人民政府统筹组织本地的旅游形象推广工作。

第二十六条 国务院旅游主管部门和县级以上地方人民政府应当根据需要建立旅游公共信息和咨询平台,无偿向旅游者提供旅游景区、线路、交通、气象、住宿、安全、医疗急救等必要信息和咨询服务。设区的市和县级人民政府有关部门应当根据需要在交通枢纽、商业中心和旅游者集中场所设置旅游咨询中心,在景区和通往主要景区的道路设置旅游指示标识。

旅游资源丰富的设区的市和县级人民政府可以根据本地的实际情况,建立旅游客运专线或者游客中转站,为旅游者在城市及周边旅游提供服务。

第二十七条 国家鼓励和支持发展旅游职业教育和培训,提高旅游从业人员素质。

第四章 旅游经营

第二十八条 设立旅行社,招徕、组织、接待旅游者,为其提供旅游服务,应当具备下列条件,取得旅游主管部门的许可,依法办理工商登记:

(一)有固定的经营场所;
(二)有必要的营业设施;
(三)有符合规定的注册资本;
(四)有必要的经营管理人员和导游;
(五)法律、行政法规规定的其他条件。

第二十九条 旅行社可以经营下列业务:

(一)境内旅游;
(二)出境旅游;
(三)边境旅游;
(四)入境旅游;
(五)其他旅游业务。

旅行社经营前款第二项和第三项业务,应当取得相应的业务经营许可,具体条件由国务院规定。

第三十条 旅行社不得出租、出借旅行社业务经营许可证,或者以其他形式非法转让旅行社业务经营许可。

第三十一条 旅行社应当按照规定交纳旅游服务质量保证金,用于旅游者权益损害赔偿和垫付旅游者人身安全遇有危险时紧急救助的费用。

第三十二条 旅行社为招徕、组织旅游者发布信息,必须真实、准确,不得进行虚假宣传,误导旅游者。

第三十三条 旅行社及其从业人员组织、接待旅游者,不得安排参观或者参与违反我国法律、法规和社会公德的项目或者活动。

第三十四条　旅行社组织旅游活动应当向合格的供应商订购产品和服务。

第三十五条　旅行社不得以不合理的低价组织旅游活动，诱骗旅游者，并通过安排购物或者另行付费旅游项目获取回扣等不正当利益。

旅行社组织、接待旅游者，不得指定具体购物场所，不得安排另行付费旅游项目。但是，经双方协商一致或者旅游者要求，且不影响其他旅游者行程安排的除外。

发生违反前两款规定情形的，旅游者有权在旅游行程结束后三十日内，要求旅行社为其办理退货并先行垫付退货货款，或者退还另行付费旅游项目的费用。

第三十六条　旅行社组织团队出境旅游或者组织、接待团队入境旅游，应当按照规定安排领队或者导游全程陪同。

第三十七条　参加导游资格考试成绩合格，与旅行社订立劳动合同或者在相关旅游行业组织注册的人员，可以申请取得导游证。

第三十八条　旅行社应当与其聘用的导游依法订立劳动合同，支付劳动报酬，缴纳社会保险费用。

旅行社临时聘用导游为旅游者提供服务的，应当全额向导游支付本法第六十条第三款规定的导游服务费用。

旅行社安排导游为团队旅游提供服务的，不得要求导游垫付或者向导游收取任何费用。

第三十九条　从事领队业务，应当取得导游证，具有相应的学历、语言能力和旅游从业经历，并与委派其从事领队业务的取得出境旅游业务经营许可的旅行社订立劳动合同。

第四十条　导游和领队为旅游者提供服务必须接受旅行社委派，不得私自承揽导游和领队业务。

第四十一条　导游和领队从事业务活动，应当佩戴导游证，遵守职业道德，尊重旅游者的风俗习惯和宗教信仰，应当向旅游者告知和解释旅游文明行为规范，引导旅游者健康、文明旅游，劝阻旅游者违反社会公德的行为。

导游和领队应当严格执行旅游行程安排，不得擅自变更旅游行程或者中止服务活动，不得向旅游者索取小费，不得诱导、欺骗、强迫或者变相强迫旅游者购物或者参加另行付费旅游项目。

第四十二条　景区开放应当具备下列条件，并听取旅游主管部门的意见：

（一）有必要的旅游配套服务和辅助设施；

（二）有必要的安全设施及制度，经过安全风险评估，满足安全条件；

（三）有必要的环境保护设施和生态保护措施；

（四）法律、行政法规规定的其他条件。

第四十三条 利用公共资源建设的景区的门票以及景区内的游览场所、交通工具等另行收费项目，实行政府定价或者政府指导价，严格控制价格上涨。拟收费或者提高价格的，应当举行听证会，征求旅游者、经营者和有关方面的意见，论证其必要性、可行性。

利用公共资源建设的景区，不得通过增加另行收费项目等方式变相涨价；另行收费项目已收回投资成本的，应当相应降低价格或者取消收费。

公益性的城市公园、博物馆、纪念馆等，除重点文物保护单位和珍贵文物收藏单位外，应当逐步免费开放。

第四十四条 景区应当在醒目位置公示门票价格、另行收费项目的价格及团体收费价格。景区提高门票价格应当提前六个月公布。

将不同景区的门票或者同一景区内不同游览场所的门票合并出售的，合并后的价格不得高于各单项门票的价格之和，且旅游者有权选择购买其中的单项票。

景区内的核心游览项目因故暂停向旅游者开放或者停止提供服务的，应当公示并相应减少收费。

第四十五条 景区接待旅游者不得超过景区主管部门核定的最大承载量。景区应当公布景区主管部门核定的最大承载量，制定和实施旅游者流量控制方案，并可以采取门票预约等方式，对景区接待旅游者的数量进行控制。

旅游者数量可能达到最大承载量时，景区应当提前公告并同时向当地人民政府报告，景区和当地人民政府应当及时采取疏导、分流等措施。

第四十六条 城镇和乡村居民利用自有住宅或者其他条件依法从事旅游经营，其管理办法由省、自治区、直辖市制定。

第四十七条 经营高空、高速、水上、潜水、探险等高风险旅游项目，应当按照国家有关规定取得经营许可。

第四十八条 通过网络经营旅行社业务的，应当依法取得旅行社业务经营许可，并在其网站主页的显著位置标明其业务经营许可证信息。

发布旅游经营信息的网站，应当保证其信息真实、准确。

第四十九条 为旅游者提供交通、住宿、餐饮、娱乐等服务的经营者，应当符合法律、法规规定的要求，按照合同约定履行义务。

第五十条 旅游经营者应当保证其提供的商品和服务符合保障人身、财产安全的要求。

旅游经营者取得相关质量标准等级的，其设施和服务不得低于相应标准；未取得质量标准等级的，不得使用相关质量等级的称谓和标识。

第五十一条 旅游经营者销售、购买商品或者服务，不得给予或者收受贿赂。

第五十二条 旅游经营者对其在经营活动中知悉的旅游者个人信息，应当予以保密。

第五十三条 从事道路旅游客运的经营者应当遵守道路客运安全管理的各项制度，并在车辆显著位置明示道路旅游客运专用标识，在车厢内显著位置公示经营者和驾驶人信息、道路运输管理机构监督电话等事项。

第五十四条 景区、住宿经营者将其部分经营项目或者场地交由他人从事住宿、餐饮、购物、游览、娱乐、旅游交通等经营的，应当对实际经营者的经营行为给旅游者造成的损害承担连带责任。

第五十五条 旅游经营者组织、接待出入境旅游，发现旅游者从事违法活动或者有违反本法第十六条规定情形的，应当及时向公安机关、旅游主管部门或者我国驻外机构报告。

第五十六条 国家根据旅游活动的风险程度，对旅行社、住宿、旅游交通以及本法第四十七条规定的高风险旅游项目等经营者实施责任保险制度。

第五章 旅游服务合同

第五十七条 旅行社组织和安排旅游活动，应当与旅游者订立合同。

第五十八条 包价旅游合同应当采用书面形式，包括下列内容：

（一）旅行社、旅游者的基本信息；

（二）旅游行程安排；

（三）旅游团成团的最低人数；

（四）交通、住宿、餐饮等旅游服务安排和标准；

（五）游览、娱乐等项目的具体内容和时间；

（六）自由活动时间安排；

（七）旅游费用及其交纳的期限和方式；

（八）违约责任和解决纠纷的方式；

（九）法律、法规规定和双方约定的其他事项。

订立包价旅游合同时，旅行社应当向旅游者详细说明前款第二项至第八项所载内容。

第五十九条 旅行社应当在旅游行程开始前向旅游者提供旅游行程单。旅游行程单是包价旅游合同的组成部分。

第六十条 旅行社委托其他旅行社代理销售包价旅游产品并与旅游者订立包价旅游合同的，应当在包价旅游合同中载明委托社和代理社的基本信息。

旅行社依照本法规定将包价旅游合同中的接待业务委托给地接社履行的，应当在包价旅游合同中载明地接社的基本信息。

安排导游为旅游者提供服务的，应当在包价旅游合同中载明导游服务费用。

第六十一条 旅行社应当提示参加团队旅游的旅游者按照规定投保人身意外伤害保险。

第六十二条 订立包价旅游合同时，旅行社应当向旅游者告知下列事项：

（一）旅游者不适合参加旅游活动的情形；

（二）旅游活动中的安全注意事项；

（三）旅行社依法可以减免责任的信息；

（四）旅游者应当注意的旅游目的地相关法律、法规和风俗习惯、宗教禁忌，依照中国法律不宜参加的活动等；

（五）法律、法规规定的其他应当告知的事项。

在包价旅游合同履行中，遇有前款规定事项的，旅行社也应当告知旅游者。

第六十三条 旅行社招徕旅游者组团旅游，因未达到约定人数不能出团的，组团社可以解除合同。但是，境内旅游应当至少提前七日通知旅游者，出境旅游应当至少提前三十日通知旅游者。

因未达到约定人数不能出团的，组团社经征得旅游者书面同意，可以委托其他旅行社履行合同。组团社对旅游者承担责任，受委托的旅行社对组团社承担责任。旅游者不同意的，可以解除合同。

因未达到约定的成团人数解除合同的，组团社应当向旅游者退还已收取的全部费用。

第六十四条 旅游行程开始前，旅游者可以将包价旅游合同中自身的权利义务转让给第三人，旅行社没有正当理由的不得拒绝，因此增加的费用由旅游者和第三人承担。

第六十五条 旅游行程结束前，旅游者解除合同的，组团社应当在扣除必要的费用后，将余款退还旅游者。

第六十六条 旅游者有下列情形之一的，旅行社可以解除合同：

（一）患有传染病等疾病，可能危害其他旅游者健康和安全的；

（二）携带危害公共安全的物品且不同意交有关部门处理的；

（三）从事违法或者违反社会公德的活动的；

（四）从事严重影响其他旅游者权益的活动，且不听劝阻、不能制止的；

（五）法律规定的其他情形。

因前款规定情形解除合同的，组团社应当在扣除必要的费用后，将余款退还旅游者；给旅行社造成损失的，旅游者应当依法承担赔偿责任。

第六十七条 因不可抗力或者旅行社、履行辅助人已尽合理注意义务仍不能避免的事件，影响旅游行程的，按照下列情形处理：

（一）合同不能继续履行的，旅行社和旅游者均可以解除合同。合同不能完全履行的，旅行社经向旅游者作出说明，可以在合理范围内变更合同；旅游者不同意变更的，可以解除合同。

（二）合同解除的，组团社应当在扣除已向地接社或者履行辅助人支付且不可退还的费用后，将余款退还旅游者；合同变更的，因此增加的费用由旅游者承担，减少的费用退还旅游者。

（三）危及旅游者人身、财产安全的，旅行社应当采取相应的安全措施，因此支出的费用，由旅行社与旅游者分担。

（四）造成旅游者滞留的，旅行社应当采取相应的安置措施，因此增加的食宿费用，由旅游者承担；增加的返程费用，由旅行社与旅游者分担。

第六十八条 旅游行程中解除合同的，旅行社应当协助旅游者返回出发地或者旅游者指定的合理地点。由于旅行社或者履行辅助人的原因导致合同解除的，返程费用由旅行社承担。

第六十九条 旅行社应当按照包价旅游合同的约定履行义务，不得擅自变更旅游行程安排。

经旅游者同意，旅行社将包价旅游合同中的接待业务委托给其他具有相应资质的地接社履行的，应当与地接社订立书面委托合同，约定双方的权利和义务，向地接社提供与旅游者订立的包价旅游合同的副本，并向地接社支付不低于接待和服务成本的费用。地接社应当按照包价旅游合同和委托合同提供服务。

第七十条 旅行社不履行包价旅游合同义务或者履行合同义务不符合约定的，应当依法承担继续履行、采取补救措施或者赔偿损失等违约责任；造成旅游者人身损害、财产损失的，应当依法承担赔偿责任。旅行社具备履行条件，经旅游者要求仍拒绝履行合同，造成旅游者人身损害、滞留等严重后果的，旅游者还可以要求旅行社支付旅游费用一倍以上三倍以下的赔偿金。

由于旅游者自身原因导致包价旅游合同不能履行或者不能按照约定履行，或者造成旅游者人身损害、财产损失的，旅行社不承担责任。

在旅游者自行安排活动期间，旅行社未尽到安全提示、救助义务的，应当对旅游者的人身损害、财产损失承担相应责任。

第七十一条 由于地接社、履行辅助人的原因导致违约的，由组团社承担责任；组团社承担责任后可以向地接社、履行辅助人追偿。

由于地接社、履行辅助人的原因造成旅游者人身损害、财产损失的，旅游者可以要求地接社、履行辅助人承担赔偿责任，也可以要求组团社承担赔偿责任；组团社承担责任后可以向地接社、履行辅助人追偿。但是，由于公共交通经营者的原因造成旅游者人身损害、财产损失的，由公共交通经营者依法承担赔偿责任，旅行社应当协助旅游者向公共交通经营者索赔。

第七十二条 旅游者在旅游活动中或者在解决纠纷时，损害旅行社、履行辅助人、旅游从业人员或者其他旅游者的合法权益的，依法承担赔偿责任。

第七十三条 旅行社根据旅游者的具体要求安排旅游行程，与旅游者订立包价旅游合同的，旅游者请求变更旅游行程安排，因此增加的费用由旅游者承担，减少的费用退还旅游者。

第七十四条 旅行社接受旅游者的委托，为其代订交通、住宿、餐饮、游览、娱乐等旅游服务，收取代办费用的，应当亲自处理委托事务。因旅行社的过错给旅游者造成损失的，旅行社应当承担赔偿责任。

旅行社接受旅游者的委托，为其提供旅游行程设计、旅游信息咨询等服务的，应当保证设计合理、可行，信息及时、准确。

第七十五条 住宿经营者应当按照旅游服务合同的约定为团队旅游者提供住宿服务。住宿经营者未能按照旅游服务合同提供服务的，应当为旅游者提供不低于原定标准的住宿服务，因此增加的费用由住宿经营者承担；但由于不可抗力、政府因公共利益需要采取措施造成不能提供服务的，住宿经营者应当协助安排旅游者住宿。

第六章 旅游安全

第七十六条 县级以上人民政府统一负责旅游安全工作。县级以上人民政府有关部门依照法律、法规履行旅游安全监管职责。

第七十七条 国家建立旅游目的地安全风险提示制度。旅游目的地安全风险提示的级别划分和实施程序，由国务院旅游主管部门会同有关部门制定。

县级以上人民政府及其有关部门应当将旅游安全作为突发事件监测和评估的重要内容。

第七十八条 县级以上人民政府应当依法将旅游应急管理纳入政府应急管理体系，制定应急预案，建立旅游突发事件应对机制。

突发事件发生后，当地人民政府及其有关部门和机构应当采取措施开展救援，并协助旅游者返回出发地或者旅游者指定的合理地点。

第七十九条 旅游经营者应当严格执行安全生产管理和消防安全管理的法律、法规和国家标准、行业标准，具备相应的安全生产条件，制定旅游者安全保护制度和应急预案。

旅游经营者应当对直接为旅游者提供服务的从业人员开展经常性应急救助

技能培训，对提供的产品和服务进行安全检验、监测和评估，采取必要措施防止危害发生。

旅游经营者组织、接待老年人、未成年人、残疾人等旅游者，应当采取相应的安全保障措施。

第八十条　旅游经营者应当就旅游活动中的下列事项，以明示的方式事先向旅游者作出说明或者警示：

（一）正确使用相关设施、设备的方法；

（二）必要的安全防范和应急措施；

（三）未向旅游者开放的经营、服务场所和设施、设备；

（四）不适宜参加相关活动的群体；

（五）可能危及旅游者人身、财产安全的其他情形。

第八十一条　突发事件或者旅游安全事故发生后，旅游经营者应当立即采取必要的救助和处置措施，依法履行报告义务，并对旅游者作出妥善安排。

第八十二条　旅游者在人身、财产安全遇有危险时，有权请求旅游经营者、当地政府和相关机构进行及时救助。

中国出境旅游者在境外陷于困境时，有权请求我国驻当地机构在其职责范围内给予协助和保护。

旅游者接受相关组织或者机构的救助后，应当支付应由个人承担的费用。

第七章　旅游监督管理

第八十三条　县级以上人民政府旅游主管部门和有关部门依照本法和有关法律、法规的规定，在各自职责范围内对旅游市场实施监督管理。

县级以上人民政府应当组织旅游主管部门、有关主管部门和市场监督管理、交通等执法部门对相关旅游经营行为实施监督检查。

第八十四条　旅游主管部门履行监督管理职责，不得违反法律、行政法规的规定向监督管理对象收取费用。

旅游主管部门及其工作人员不得参与任何形式的旅游经营活动。

第八十五条　县级以上人民政府旅游主管部门有权对下列事项实施监督检查：

（一）经营旅行社业务以及从事导游、领队服务是否取得经营、执业许可；

（二）旅行社的经营行为；

（三）导游和领队等旅游从业人员的服务行为；

（四）法律、法规规定的其他事项。

旅游主管部门依照前款规定实施监督检查，可以对涉嫌违法的合同、票据、账簿以及其他资料进行查阅、复制。

第八十六条　旅游主管部门和有关部门依法实施监督检查，其监督检查人员不得少于二人，并应当出示合法证件。监督检查人员少于二人或者未出示合法证件的，被检查单位和个人有权拒绝。

监督检查人员对在监督检查中知悉的被检查单位的商业秘密和个人信息应当依法保密。

第八十七条　对依法实施的监督检查，有关单位和个人应当配合，如实说明情况并提供文件、资料，不得拒绝、阻碍和隐瞒。

第八十八条　县级以上人民政府旅游主管部门和有关部门，在履行监督检查职责中或者在处理举报、投诉时，发现违反本法规定行为的，应当依法及时作出处理；对不属于本部门职责范围的事项，应当及时书面通知并移交有关部门查处。

第八十九条　县级以上地方人民政府建立旅游违法行为查处信息的共享机制，对需要跨部门、跨地区联合查处的违法行为，应当进行督办。

旅游主管部门和有关部门应当按照各自职责，及时向社会公布监督检查的情况。

第九十条　依法成立的旅游行业组织依照法律、行政法规和章程的规定，制定行业经营规范和服务标准，对其会员的经营行为和服务质量进行自律管理，组织开展职业道德教育和业务培训，提高从业人员素质。

第八章　旅游纠纷处理

第九十一条　县级以上人民政府应当指定或者设立统一的旅游投诉受理机构。受理机构接到投诉，应当及时进行处理或者移交有关部门处理，并告知投诉者。

第九十二条　旅游者与旅游经营者发生纠纷，可以通过下列途径解决：

（一）双方协商；

（二）向消费者协会、旅游投诉受理机构或者有关调解组织申请调解；

（三）根据与旅游经营者达成的仲裁协议提请仲裁机构仲裁；

（四）向人民法院提起诉讼。

第九十三条　消费者协会、旅游投诉受理机构和有关调解组织在双方自愿的基础上，依法对旅游者与旅游经营者之间的纠纷进行调解。

第九十四条　旅游者与旅游经营者发生纠纷，旅游者一方人数众多并有共同请求的，可以推选代表人参加协商、调解、仲裁、诉讼活动。

第九章 法律责任

第九十五条 违反本法规定，未经许可经营旅行社业务的，由旅游主管部门或者市场监督管理部门责令改正，没收违法所得，并处一万元以上十万元以下罚款；违法所得十万元以上的，并处违法所得一倍以上五倍以下罚款；对有关责任人员，处二千元以上二万元以下罚款。

旅行社违反本法规定，未经许可经营本法第二十九条第一款第二项、第三项业务，或者出租、出借旅行社业务经营许可证，或者以其他方式非法转让旅行社业务经营许可的，除依照前款规定处罚外，并责令停业整顿；情节严重的，吊销旅行社业务经营许可证；对直接负责的主管人员，处二千元以上二万元以下罚款。

第九十六条 旅行社违反本法规定，有下列行为之一的，由旅游主管部门责令改正，没收违法所得，并处五千元以上五万元以下罚款；情节严重的，责令停业整顿或者吊销旅行社业务经营许可证；对直接负责的主管人员和其他直接责任人员，处二千元以上二万元以下罚款：

（一）未按照规定为出境或者入境团队旅游安排领队或者导游全程陪同的；

（二）安排未取得导游证的人员提供导游服务或者安排不具备领队条件的人员提供领队服务的；

（三）未向临时聘用的导游支付导游服务费用的；

（四）要求导游垫付或者向导游收取费用的。

第九十七条 旅行社违反本法规定，有下列行为之一的，由旅游主管部门或者有关部门责令改正，没收违法所得，并处五千元以上五万元以下罚款；违法所得五万元以上的，并处违法所得一倍以上五倍以下罚款；情节严重的，责令停业整顿或者吊销旅行社业务经营许可证；对直接负责的主管人员和其他直接责任人员，处二千元以上二万元以下罚款：

（一）进行虚假宣传，误导旅游者的；

（二）向不合格的供应商订购产品和服务的；

（三）未按照规定投保旅行社责任保险的。

第九十八条 旅行社违反本法第三十五条规定的，由旅游主管部门责令改正，没收违法所得，责令停业整顿，并处三万元以上三十万元以下罚款；违法所得三十万元以上的，并处违法所得一倍以上五倍以下罚款；情节严重的，吊销旅行社业务经营许可证；对直接负责的主管人员和其他直接责任人员，没收违法所得，处二千元以上二万元以下罚款，并暂扣或者吊销导游证。

第九十九条 旅行社未履行本法第五十五条规定的报告义务的，由旅游主管部门处五千元以上五万元以下罚款；情节严重的，责令停业整顿或者吊销旅行社业务经营许可证；对直接负责的主管人员和其他直接责任人员，处二千元以上二万元以下罚款，并暂扣或者吊销导游证。

第一百条 旅行社违反本法规定，有下列行为之一的，由旅游主管部门责令改正，处三万元以上三十万元以下罚款，并责令停业整顿；造成旅游者滞留等严重后果的，吊销旅行社业务经营许可证；对直接负责的主管人员和其他直接责任人员，处二千元以上二万元以下罚款，并暂扣或者吊销导游证：

（一）在旅游行程中擅自变更旅游行程安排，严重损害旅游者权益的；

（二）拒绝履行合同的；

（三）未征得旅游者书面同意，委托其他旅行社履行包价旅游合同的。

第一百零一条 旅行社违反本法规定，安排旅游者参观或者参与违反我国法律、法规和社会公德的项目或者活动的，由旅游主管部门责令改正，没收违法所得，责令停业整顿，并处二万元以上二十万元以下罚款；情节严重的，吊销旅行社业务经营许可证；对直接负责的主管人员和其他直接责任人员，处二千元以上二万元以下罚款，并暂扣或者吊销导游证。

第一百零二条 违反本法规定，未取得导游证或者不具备领队条件而从事导游、领队活动的，由旅游主管部门责令改正，没收违法所得，并处一千元以上一万元以下罚款，予以公告。

导游、领队违反本法规定，私自承揽业务的，由旅游主管部门责令改正，没收违法所得，处一千元以上一万元以下罚款，并暂扣或者吊销导游证。

导游、领队违反本法规定，向旅游者索取小费的，由旅游主管部门责令退还，处一千元以上一万元以下罚款；情节严重的，并暂扣或者吊销导游证。

第一百零三条 违反本法规定被吊销导游证的导游、领队和受到吊销旅行社业务经营许可证处罚的旅行社的有关管理人员，自处罚之日起未逾三年的，不得重新申请导游证或者从事旅行社业务。

第一百零四条 旅游经营者违反本法规定，给予或者收受贿赂的，由市场监督管理部门依照有关法律、法规的规定处罚；情节严重的，并由旅游主管部门吊销旅行社业务经营许可证。

第一百零五条 景区不符合本法规定的开放条件而接待旅游者的，由景区主管部门责令停业整顿直至符合开放条件，并处二万元以上二十万元以下罚款。

景区在旅游者数量可能达到最大承载量时，未依照本法规定公告或者未向当地人民政府报告，未及时采取疏导、分流等措施，或者超过最大承载量接待旅游者的，由景区主管部门责令改正，情节严重的，责令停业整顿一个月至六个月。

第一百零六条　景区违反本法规定,擅自提高门票或者另行收费项目的价格,或者有其他价格违法行为的,由有关主管部门依照有关法律、法规的规定处罚。

第一百零七条　旅游经营者违反有关安全生产管理和消防安全管理的法律、法规或者国家标准、行业标准的,由有关主管部门依照有关法律、法规的规定处罚。

第一百零八条　对违反本法规定的旅游经营者及其从业人员,旅游主管部门和有关部门应当记入信用档案,向社会公布。

第一百零九条　旅游主管部门和有关部门的工作人员在履行监督管理职责中,滥用职权、玩忽职守、徇私舞弊,尚不构成犯罪的,依法给予处分。

第一百一十条　违反本法规定,构成犯罪的,依法追究刑事责任。

第十章　附　则

第一百一十一条　本法下列用语的含义:

(一)旅游经营者,是指旅行社、景区以及为旅游者提供交通、住宿、餐饮、购物、娱乐等服务的经营者。

(二)景区,是指为旅游者提供游览服务、有明确的管理界限的场所或者区域。

(三)包价旅游合同,是指旅行社预先安排行程,提供或者通过履行辅助人提供交通、住宿、餐饮、游览、导游或者领队等两项以上旅游服务,旅游者以总价支付旅游费用的合同。

(四)组团社,是指与旅游者订立包价旅游合同的旅行社。

(五)地接社,是指接受组团社委托,在目的地接待旅游者的旅行社。

(六)履行辅助人,是指与旅行社存在合同关系,协助其履行包价旅游合同义务,实际提供相关服务的法人或者自然人。

第一百一十二条　本法自2013年10月1日起施行。

02 《食品经营许可管理办法》(2017年修正)

（2015年8月31日国家食品药品监督管理总局令第17号公布 根据2017年11月7日国家食品药品监督管理总局局务会议《关于修改部分规章的决定》修正）

第一章 总则

第一条 为规范食品经营许可活动，加强食品经营监督管理，保障食品安全，根据《中华人民共和国食品安全法》《中华人民共和国行政许可法》等法律法规，制定本办法。

第二条 在中华人民共和国境内，从事食品销售和餐饮服务活动，应当依法取得食品经营许可。

食品经营许可的申请、受理、审查、决定及其监督检查，适用本办法。

第三条 食品经营许可应当遵循依法、公开、公平、公正、便民、高效的原则。

第四条 食品经营许可实行一地一证原则，即食品经营者在一个经营场所从事食品经营活动，应当取得一个食品经营许可证。

第五条 食品药品监督管理部门按照食品经营主体业态和经营项目的风险程度对食品经营实施分类许可。

第六条 国家食品药品监督管理总局负责监督指导全国食品经营许可管理工作。

县级以上地方食品药品监督管理部门负责本行政区域内的食品经营许可管理工作。

省、自治区、直辖市食品药品监督管理部门可以根据食品类别和食品安全风险状况，确定市、县级食品药品监督管理部门的食品经营许可管理权限。

第七条 国家食品药品监督管理总局负责制定食品经营许可审查通则。

县级以上地方食品药品监督管理部门实施食品经营许可审查，应当遵守食品经营许可审查通则。

第八条 县级以上食品药品监督管理部门应当加快信息化建设，在行政机关的网站上公布经营许可事项，方便申请人采取数据电文等方式提出经营许申请,提高办事效率。

第二章 申请与受理

第九条 申请食品经营许可,应当先行取得营业执照等合法主体资格。

企业法人、合伙企业、个人独资企业、个体工商户等,以营业执照载明的主体作为申请人。

机关、事业单位、社会团体、民办非企业单位、企业等申办单位食堂,以机关或者事业单位法人登记证、社会团体登记证或者营业执照等载明的主体作为申请人。

第十条 申请食品经营许可,应当按照食品经营主体业态和经营项目分类提出。

食品经营主体业态分为食品销售经营者、餐饮服务经营者、单位食堂。食品经营者申请通过网络经营、建立中央厨房或者从事集体用餐配送的,应当在主体业态后以括号标注。

食品经营项目分为预包装食品销售(含冷藏冷冻食品、不含冷藏冷冻食品)、散装食品销售(含冷藏冷冻食品、不含冷藏冷冻食品)、特殊食品销售(保健食品、特殊医学用途配方食品、婴幼儿配方乳粉、其他婴幼儿配方食品)、其他类食品销售;热食类食品制售、冷食类食品制售、生食类食品制售、糕点类食品制售、自制饮品制售、其他类食品制售等。

列入其他类食品销售和其他类食品制售的具体品种应当报国家食品药品监督管理总局批准后执行,并明确标注。具有热、冷、生、固态、液态等多种情形,难以明确归类的食品,可以按照食品安全风险等级最高的情形进行归类。

国家食品药品监督管理总局可以根据监督管理工作需要对食品经营项目类别进行调整。

第十一条 申请食品经营许可,应当符合下列条件:

(一)具有与经营的食品品种、数量相适应的食品原料处理和食品加工、销售、贮存等场所,保持该场所环境整洁,并与有毒、有害场所以及其他污染源保持规定的距离;

(二)具有与经营的食品品种、数量相适应的经营设备或者设施,有相应的消毒、更衣、盥洗、采光、照明、通风、防腐、防尘、防蝇、防鼠、防虫、洗涤以及处理废水、存放垃圾和废弃物的设备或者设施;

(三)有专职或者兼职的食品安全管理人员和保证食品安全的规章制度;

(四)具有合理的设备布局和工艺流程,防止待加工食品与直接入口食品、原料与成品交叉污染,避免食品接触有毒物、不洁物;

（五）法律、法规规定的其他条件。

第十二条　申请食品经营许可，应当向申请人所在地县级以上地方食品药品监督管理部门提交下列材料：

（一）食品经营许可申请书；

（二）营业执照或者其他主体资格证明文件复印件；

（三）与食品经营相适应的主要设备设施布局、操作流程等文件；

（四）食品安全自查、从业人员健康管理、进货查验记录、食品安全事故处置等保证食品安全的规章制度。

利用自动售货设备从事食品销售的，申请人还应当提交自动售货设备的产品合格证明、具体放置地点，经营者名称、住所、联系方式、食品经营许可证的公示方法等材料。

申请人委托他人办理食品经营许可申请的，代理人应当提交授权委托书以及代理人的身份证明文件。

第十三条　申请人应当如实向食品药品监督管理部门提交有关材料和反映真实情况，对申请材料的真实性负责，并在申请书等材料上签名或者盖章。

第十四条　县级以上地方食品药品监督管理部门对申请人提出的食品经营许可申请，应当根据下列情况分别作出处理：

（一）申请事项依法不需要取得食品经营许可的，应当即时告知申请人不受理。

（二）申请事项依法不属于食品药品监督管理部门职权范围的，应当即时作出不予受理的决定，并告知申请人向有关行政机关申请。

（三）申请材料存在可以当场更正的错误的，应当允许申请人当场更正，由申请人在更正处签名或者盖章，注明更正日期。

（四）申请材料不齐全或者不符合法定形式的，应当当场或者在5个工作日内一次告知申请人需要补正的全部内容。当场告知的，应当将申请材料退回申请人；在5个工作日内告知的，应当收取申请材料并出具收到申请材料的凭据。逾期不告知的，自收到申请材料之日起即为受理。

（五）申请材料齐全、符合法定形式，或者申请人按照要求提交全部补正材料的，应当受理食品经营许可申请。

第十五条　县级以上地方食品药品监督管理部门对申请人提出的申请决定予以受理的，应当出具受理通知书；决定不予受理的，应当出具不予受理通知书，说明不予受理的理由，并告知申请人依法享有申请行政复议或者提起行政诉讼的权利。

第三章 审查与决定

第十六条 县级以上地方食品药品监督管理部门应当对申请人提交的许可申请材料进行审查。需要对申请材料的实质内容进行核实的，应当进行现场核查。仅申请预包装食品销售（不含冷藏冷冻食品）的，以及食品经营许可变更不改变设施和布局的，可以不进行现场核查。

现场核查应当由符合要求的核查人员进行。核查人员不得少于2人。核查人员应当出示有效证件，填写食品经营许可现场核查表，制作现场核查记录，经申请人核对无误后，由核查人员和申请人在核查表和记录上签名或者盖章。申请人拒绝签名或者盖章的，核查人员应当注明情况。

食品药品监督管理部门可以委托下级食品药品监督管理部门，对受理的食品经营许可申请进行现场核查。

核查人员应当自接受现场核查任务之日起10个工作日内，完成对经营场所的现场核查。

第十七条 除可以当场作出行政许可决定的外，县级以上地方食品药品监督管理部门应当自受理申请之日起20个工作日内作出是否准予行政许可的决定。因特殊原因需要延长期限的，经本行政机关负责人批准，可以延长10个工作日，并应当将延长期限的理由告知申请人。

第十八条 县级以上地方食品药品监督管理部门应当根据申请材料审查和现场核查等情况，对符合条件的，作出准予经营许可的决定，并自作出决定之日起10个工作日内向申请人颁发食品经营许可证；对不符合条件的，应当及时作出不予许可的书面决定并说明理由，同时告知申请人依法享有申请行政复议或者提起行政诉讼的权利。

第十九条 食品经营许可证发证日期为许可决定作出的日期，有效期为5年。

第二十条 县级以上地方食品药品监督管理部门认为食品经营许可申请涉及公共利益的重大事项，需要听证的，应当向社会公告并举行听证。

第二十一条 食品经营许可直接涉及申请人与他人之间重大利益关系的，县级以上地方食品药品监督管理部门在作出行政许可决定前，应当告知申请人、利害关系人享有要求听证的权利。

申请人、利害关系人在被告知听证权利之日起5个工作日内提出听证申请的，食品药品监督管理部门应当在20个工作日内组织听证。听证期限不计算在行政许可审查期限之内。

第四章　许可证管理

第二十二条　食品经营许可证分为正本、副本。正本、副本具有同等法律效力。

国家食品药品监督管理总局负责制定食品经营许可证正本、副本式样。省、自治区、直辖市食品药品监督管理部门负责本行政区域食品经营许可证的印制、发放等管理工作。

第二十三条　食品经营许可证应当载明：经营者名称、社会信用代码（个体经营者为身份证号码）、法定代表人（负责人）、住所、经营场所、主体业态、经营项目、许可证编号、有效期、日常监督管理机构、日常监督管理人员、投诉举报电话、发证机关、签发人、发证日期和二维码。

在经营场所外设置仓库（包括自有和租赁）的，还应当在副本中载明仓库具体地址。

第二十四条　食品经营许可证编号由JY（"经营"的汉语拼音字母缩写）和14位阿拉伯数字组成。数字从左至右依次为：1位主体业态代码、2位省（自治区、直辖市）代码、2位市（地）代码、2位县（区）代码、6位顺序码、1位校验码。

第二十五条　日常监督管理人员为负责对食品经营活动进行日常监督管理的工作人员。日常监督管理人员发生变化的，可以通过签章的方式在许可证上变更。

第二十六条　食品经营者应当妥善保管食品经营许可证，不得伪造、涂改、倒卖、出租、出借、转让。

食品经营者应当在经营场所的显著位置悬挂或者摆放食品经营许可证正本。

第五章　变更、延续、补办与注销

第二十七条　食品经营许可证载明的许可事项发生变化的，食品经营者应当在变化后10个工作日内向原发证的食品药品监督管理部门申请变更经营许可。

经营场所发生变化的，应当重新申请食品经营许可。外设仓库地址发生变化的，食品经营者应当在变化后10个工作日内向原发证的食品药品监督管理部门报告。

第二十八条　申请变更食品经营许可的，应当提交下列申请材料：

（一）食品经营许可变更申请书；

（二）食品经营许可证正本、副本；

（三）与变更食品经营许可事项有关的其他材料。

第二十九条　食品经营者需要延续依法取得的食品经营许可的有效期的，应当在该食品经营许可有效期届满 30 个工作日前，向原发证的食品药品监督管理部门提出申请。

第三十条　食品经营者申请延续食品经营许可，应当提交下列材料：

（一）食品经营许可延续申请书；

（二）食品经营许可证正本、副本；

（三）与延续食品经营许可事项有关的其他材料。

第三十一条　县级以上地方食品药品监督管理部门应当根据被许可人的延续申请，在该食品经营许可有效期届满前作出是否准予延续的决定。

第三十二条　县级以上地方食品药品监督管理部门应当对变更或者延续食品经营许可的申请材料进行审查。

申请人声明经营条件未发生变化的，县级以上地方食品药品监督管理部门可以不再进行现场核查。

申请人的经营条件发生变化，可能影响食品安全的，食品药品监督管理部门应当就变化情况进行现场核查。

第三十三条　原发证的食品药品监督管理部门决定准予变更的，应当向申请人颁发新的食品经营许可证。食品经营许可证编号不变，发证日期为食品药品监督管理部门作出变更许可决定的日期，有效期与原证书一致。

第三十四条　原发证的食品药品监督管理部门决定准予延续的，应当向申请人颁发新的食品经营许可证，许可证编号不变，有效期自食品药品监督管理部门作出延续许可决定之日起计算。

不符合许可条件的，原发证的食品药品监督管理部门应当作出不予延续食品经营许可的书面决定，并说明理由。

第三十五条　食品经营许可证遗失、损坏的，应当向原发证的食品药品监督管理部门申请补办，并提交下列材料：

（一）食品经营许可证补办申请书；

（二）食品经营许可证遗失的，申请人应当提交在县级以上地方食品药品监督管理部门网站或者其他县级以上主要媒体上刊登遗失公告的材料；食品经营许可证损坏的，应当提交损坏的食品经营许可证原件。

材料符合要求的，县级以上地方食品药品监督管理部门应当在受理后 20 个工作日内予以补发。

因遗失、损坏补发的食品经营许可证，许可证编号不变，发证日期和有效期与原证书保持一致。

第三十六条 食品经营者终止食品经营，食品经营许可被撤回、撤销或者食品经营许可证被吊销的，应当在30个工作日内向原发证的食品药品监督管理部门申请办理注销手续。

食品经营者申请注销食品经营许可的，应当向原发证的食品药品监督管理部门提交下列材料：

（一）食品经营许可注销申请书；

（二）食品经营许可证正本、副本；

（三）与注销食品经营许可有关的其他材料。

第三十七条 有下列情形之一，食品经营者未按规定申请办理注销手续的，原发证的食品药品监督管理部门应当依法办理食品经营许可注销手续：

（一）食品经营许可有效期届满未申请延续的；

（二）食品经营者主体资格依法终止的；

（三）食品经营许可依法被撤回、撤销或者食品经营许可证依法被吊销的；

（四）因不可抗力导致食品经营许可事项无法实施的；

（五）法律法规规定的应当注销食品经营许可的其他情形。

食品经营许可被注销的，许可证编号不得再次使用。

第三十八条 食品经营许可证变更、延续、补办与注销的有关程序参照本办法第二章和第三章的有关规定执行。

第六章 监督检查

第三十九条 县级以上地方食品药品监督管理部门应当依据法律法规规定的职责，对食品经营者的许可事项进行监督检查。

第四十条 县级以上地方食品药品监督管理部门应当建立食品许可管理信息平台，便于公民、法人和其他社会组织查询。

县级以上地方食品药品监督管理部门应当将食品经营许可颁发、许可事项检查、日常监督检查、许可违法行为查处等情况记入食品经营者食品安全信用档案，并依法向社会公布；对有不良信用记录的食品经营者应当增加监督检查频次。

第四十一条 县级以上地方食品药品监督管理部门日常监督管理人员负责所管辖食品经营者许可事项的监督检查，必要时，应当依法对相关食品仓储、物流企业进行检查。

日常监督管理人员应当按照规定的频次对所管辖的食品经营者实施全覆盖检查。

第四十二条 县级以上地方食品药品监督管理部门及其工作人员履行食品

经营许可管理职责，应当自觉接受食品经营者和社会监督。

接到有关工作人员在食品经营许可管理过程中存在违法行为的举报，食品药品监督管理部门应当及时进行调查核实。情况属实的，应当立即纠正。

第四十三条 县级以上地方食品药品监督管理部门应当建立食品经营许可档案管理制度，将办理食品经营许可的有关材料、发证情况及时归档。

第四十四条 国家食品药品监督管理总局可以定期或者不定期组织对全国食品经营许可工作进行监督检查；省、自治区、直辖市食品药品监督管理部门可以定期或者不定期组织对本行政区域内的食品经营许可工作进行监督检查。

第七章 法律责任

第四十五条 未取得食品经营许可从事食品经营活动的，由县级以上地方食品药品监督管理部门依照《中华人民共和国食品安全法》第一百二十二条的规定给予处罚。

第四十六条 许可申请人隐瞒真实情况或者提供虚假材料申请食品经营许可的，由县级以上地方食品药品监督管理部门给予警告。申请人在 1 年内不得再次申请食品经营许可。

第四十七条 被许可人以欺骗、贿赂等不正当手段取得食品经营许可的，由原发证的食品药品监督管理部门撤销许可，并处 1 万元以上 3 万元以下罚款。被许可人在 3 年内不得再次申请食品经营许可。

第四十八条 违反本办法第二十六条第一款规定，食品经营者伪造、涂改、倒卖、出租、出借、转让食品经营许可证的，由县级以上地方食品药品监督管理部门责令改正，给予警告，并处 1 万元以下罚款；情节严重的，处 1 万元以上 3 万元以下罚款。

违反本办法第二十六条第二款规定，食品经营者未按规定在经营场所的显著位置悬挂或者摆放食品经营许可证的，由县级以上地方食品药品监督管理部门责令改正；拒不改正的，给予警告。

第四十九条 违反本办法第二十七条第一款规定，食品经营许可证载明的许可事项发生变化，食品经营者未按规定申请变更经营许可的，由原发证的食品药品监督管理部门责令改正，给予警告；拒不改正的，处 2000 元以上 1 万元以下罚款。

违反本办法第二十七条第二款规定或者第三十六条第一款规定，食品经营者外设仓库地址发生变化，未按规定报告的，或者食品经营者终止食品经营，食品经营许可被撤回、撤销或者食品经营许可证被吊销，未按规定申请办理注销手续的，由原发证的食品药品监督管理部门责令改正；拒不改正的，给予警告,并处 2000 元以下罚款。

第五十条 被吊销经营许可证的食品经营者及其法定代表人、直接负责的主管人员和其他直接责任人员自处罚决定作出之日起 5 年内不得申请食品生产经营许可,或者从事食品生产经营管理工作、担任食品生产经营企业食品安全管理人员。

第五十一条 食品药品监督管理部门对不符合条件的申请人准予许可,或者超越法定职权准予许可的,依照《中华人民共和国食品安全法》第一百四十四条的规定给予处分。

第八章 附则

第五十二条 本办法下列用语的含义:

(一)单位食堂,指设于机关、事业单位、社会团体、民办非企业单位、企业等,供应内部职工、学生等集中就餐的餐饮服务提供者;

(二)预包装食品,指预先定量包装或者制作在包装材料和容器中的食品,包括预先定量包装以及预先定量制作在包装材料和容器中并且在一定量限范围内具有统一的质量或体积标识的食品;

(三)散装食品,指无预先定量包装,需称重销售的食品,包括无包装和带非定量包装的食品;

(四)热食类食品,指食品原料经粗加工、切配并经过蒸、煮、烹、煎、炒、烤、炸等烹饪工艺制作,在一定热度状态下食用的即食食品,含火锅和烧烤等烹饪方式加工而成的食品等;

(五)冷食类食品,指一般无须再加热,在常温或者低温状态下即可食用的食品,含熟食卤味、生食瓜果蔬菜、腌菜等;

(六)生食类食品,一般特指生食水产品;

(七)糕点类食品,指以粮、糖、油、蛋、奶等为主要原料经焙烤等工艺现场加工而成的食品,含裱花蛋糕等;

(八)自制饮品,指经营者现场制作的各种饮料,含冰激凌等;

(九)中央厨房,指由餐饮单位建立的,具有独立场所及设施设备,集中完成食品成品或者半成品加工制作并配送的食品经营者;

(十)集体用餐配送单位,指根据服务对象订购要求,集中加工、分送食品但不提供就餐场所的食品经营者;

(十一)其他类食品,指区域性销售食品、民族特色食品、地方特色食品等。

本办法所称的特殊医学用途配方食品,是指国家食品药品监督管理总局按照分类管理原则确定的可以在商场、超市等食品销售场所销售的特殊医学用途配方食品。

第五十三条 对食品摊贩等的监督管理，按照省、自治区、直辖市制定的具体管理办法执行。

第五十四条 食品经营者在本办法施行前已经取得的许可证在有效期内继续有效。

第五十五条 各省、自治区、直辖市食品药品监督管理部门可以根据本行政区域实际情况，制定有关食品经营许可管理的具体实施办法。

第五十六条 食品药品监督管理部门制作的食品经营许可电子证书与印制的食品经营许可证书具有同等法律效力。

第五十七条 本办法自2015年10月1日起施行。

03 《餐饮企业经营规范》(SB/T 10426-2007)

1 范围

本标准规定了餐饮企业经营应具备的基本要求、经营场地、设备设施、规章制度、卫生安全和后续处理方面的要求。

本标准适用于各种经济类型的餐饮企业，包括饭庄、酒家、酒楼、餐馆、餐厅（含饭店、宾馆、酒店对外经营的餐厅）、小吃店、快餐店、饮品店，以及集体用餐配送企业。

2 规范性引用文件

下列文件中的条款通过本标准的引用而成为本标准的条款。凡是注日期的引用文件，其随后所有的修改单（不包括勘误的内容）或修订版均不适用于本标准，然而，鼓励根据本标准达成协议的各方研究是否可使用这些文件的最新版本。凡是不注日期的引用文件，其最新版本适用于本标准。

JGJ 64—89《饮食建筑设计规范》

GB 2760《食品添加剂使用卫生标准》

GB 5749《生活饮用水卫生标准》

GB 8978《污水综合排放标准》

GB 10001《公共信息标志用图形符号》

GB 14881《食品企业通用卫生规范》

GB 14930.1《食品工具、设备用洗涤剂卫生标准》

GB 14930.2《食品工具、设备用洗涤消毒剂卫生标准》

GB 14934《食（饮）具消毒卫生标准》

GB 16153《饭馆（餐厅）卫生标准》

GB 18483《饮食业油烟排放标准（试行）》

《餐饮业和集体用餐配送单位卫生规范》（中华人民共和国卫生部，2005年10月1日实施）

3 要求

3.1 基本要求

3.1.1 餐饮企业应按照相关行政法规要求办理营业证照，持证合法经营。

3.1.2 严格遵守国家有关的食品、卫生、防疫、环保、节约、消防、安全、规划等有关法律法规的要求。

3.1.3 保证各种设施设备符合国家有关规定，采购并使用节能、节约型设施设备和用品，降低能源与物品消耗。

3.1.4 应采购并使用有合格凭证的原材料，确保各种原料、辅料、调料的质量符合国家标准的有关规定和要求。

3.1.5 有健全的生产经营组织结构和规章制度。

3.1.6 符合所在区域餐饮业网点规划的设置要求。

3.1.7 企业应对员工进行岗前培训和在岗培训，达到相应的岗位技术素质要求，信守职业道德。

3.1.8 企业负责人应具有餐饮业职业经理人资格。

3.2 经营场地

3.2.1 场地建筑符合JGJ 64—89《饮食建筑设计规范》的规定。

3.2.2 房屋结构坚固安全、布局合理，通风良好、光线充足、温度适宜。

3.2.3 总面积在30平方米以上，厨房面积应达到营业面积的三分之一，采用中央厨房和集中配送经营的企业厨房与营业面积要适宜；小于30平方米的小吃店、快餐店、饮品店等应实行连锁经营，采取统一配送；开设8000平方米以上的餐饮企业，应征求当地行业组织的意见。

3.2.4 有与经营规模、接待能力相适应的加工、就餐、库房等场地。

3.2.5 店堂内外干净明亮，门面装饰美观大方。

3.2.6 应在店堂醒目位置公示和悬挂"营业执照"、"卫生许可证"、"食品卫生监督量化分级管理标牌"等证件。

3.2.7 就餐场所设有醒目、规范的公共标识，公共标识符合GB 10001《公共信息标志用图形符号》的规定，清真餐馆应悬挂规定的清真标志。

3.2.8 油烟排放口位置应距离居民住宅、医院或者学校10米以上，油烟排放符合GB 18483《饮食业油烟排放标准（试行）》的规定。

3.2.9 上下水设施齐备，污水排放符合GB 8978《污水综合排放标准》的规定。

3.3 设备设施

3.3.1 加工食品的工具、用具、灶具等设备设施齐全。

3.3.2 有专用的洗刷、消毒设备,洗刷消毒用的洗涤剂、消毒剂要符合GB 14930.1《食品工具、设备用洗涤剂卫生标准》和GB 14930.2《食品工具、设备用洗涤消毒剂卫生标准》的规定。

3.3.3 冷冻、冷藏、冷菜加工设施齐备。

3.3.4 有供客人就餐的设施,与餐厅规模相配套。

3.3.5 经营面积100平方米以上的就餐场所应备有洗手间,并添置洗涤用品。

3.3.6 有防蝇、防鼠、防虫、防潮以及处理垃圾的设施和措施,垃圾桶要设盖。

3.3.7 有符合环保要求的排污、消音、除尘设备。

3.3.8 消防设施设备齐全。

3.4 规章制度

3.4.1 有完善规范的经营管理制度。

3.4.2 遵守国家规定的财务管理制度和会计准则,依法纳税。

3.4.3 有完善的岗位责任制和服务操作规范。

3.4.4 应向购买其食品或者接受其服务的消费者出具合法凭证。

3.4.5 有食品制作加工成本记录。

3.4.6 减少提供一次性筷子。

3.4.7 须明示营业时间、供应品种、服务项目的收费标准及其他特殊规定,销售的食品应当明码标价,并严格按照标价执行,提供的服务内容和费用应当符合与消费者的约定。

3.4.8 上岗人员应穿工作服,着装整洁并佩戴服务标志。

3.4.9 文明经营、热情服务,不得强行拉客,不得侵害消费者的人格尊严和危害消费者的人身、财产安全。

3.4.10 在经营过程中不得擅自改变登记注册的主要登记事项,不得转让、出借、出卖、出租、涂改营业执照。

3.5 卫生安全

3.5.1 卫生标准符合GB 16153《饭馆(餐厅)卫生标准》、卫生部《餐饮业和集体用餐配送单位卫生规范》的规定。

3.5.2 有健全的卫生管理制度,加工经营场所面积在1500平方米以上的餐饮企业及集体用餐配送企业应设专职食品卫生管理员,其他企业及单位的食品卫生管理员可以兼职,但不能由生产加工环节的工作人员兼任。

3.5.3 与食品接触的工作人员必须持有健康合格证,冷菜制作人员须戴口罩、手套上岗,销售直接入口食品时必须使用售货工具。

3.5.4　要保持店内的餐桌、餐椅、墙面、地面等环境设施的消毒清洁，保持室内空气流通，防止污染。

3.5.5　洗碗间、冷菜间、烹调制作间应保持清洁卫生，厨房用具应及时清洗、消毒，严格做到生熟分开。

3.5.6　贮存、运输和装卸食品的容器、包装、工具必须安全无害，保持清洁，防止食品污染。

3.5.7　为就餐者提供符合卫生要求的餐具，提倡实行分餐制。

3.5.8　用水必须符合 GB 5749《生活饮用水卫生标准》的规定。

3.5.9　餐饮企业制作、销售食品时，不得有下列行为：

a）使用变质的、被污染的，或者可能对人体健康有害的原料制作食品；

b）使用非食品原料，或者加入非食品用化学物质制作食品；

c）在食品中加入药物，但按照传统既是食品又是药品的药物作为原料、调料或者营养强化剂的除外；

d）使用国家或者地方重点保护野生动物及其产品制作食品；

e）其他法律法规禁止的行为。

3.5.10　食品添加剂的品种和使用量符合 GB 2760《食品添加剂使用卫生标准》的规定。

3.5.11　餐饮企业不得出售下列食品：

a）有毒、有害的食品；

b）掺杂、使假、以假充真、以次充好的食品；

c）应当检验、检疫而未检验、检疫的食品或者检验、检疫不合格的食品；

d）过期、失效、变质的食品；

e）不符合强制性国家标准或行业标准的食品；

f）其他法律法规禁止出售的食品。

3.5.12　使用转基因原料及其制品制作的食品，须明示。

3.6　后续处理

3.6.1　对餐具、饮具、食品容器等进行消毒应符合 GB 14934《食（饮）具消毒卫生标准》的规定，确保清洁卫生。

3.6.2　严格控制餐厨垃圾的流向，做好分类处理和回收利用工作。

04 《住宿业卫生规范》

第一章 总则

第一条 依据

为加强住宿场所卫生管理，规范经营行为，防止传染病传播与流行，保障人体健康，依据《中华人民共和国传染病防治法》、《公共场所卫生管理条例》、《突发公共卫生事件应急条例》、《艾滋病防治条例》、《化妆品卫生监督条例》等法律、法规，制定本规范。

第二条 适用范围

本规范适用于中华人民共和国境内一切从事经营服务的住宿场所。

第三条 用语含义

（一）住宿场所，是指向消费者提供住宿及相关综合性服务的场所，如宾馆、饭店、旅馆、旅店、招待所、度假村等。

（二）集中空调通风系统，是指为使房间或封闭空间空气温度、湿度、洁净度和气流速度等参数达到设定要求而对空气进行集中处理、输送、分配的所有设备、管道及附件、仪器仪表的总和。

（三）储藏间，是指用于存放客用棉织品、一次性用品等物品的房间。

（四）工作车，是指用于转送及暂存客用棉织品、一次性用品及清洁工具等物品的车辆。

（五）公共用品用具，是指供给顾客使用的各种用品、用具、设备和设施总称，包括床上用品、盥洗物品、饮具、清洁工具、拖鞋等。

（六）健康危害事故，是指住宿场所内发生的因空气质量、水质不符合卫生标准、用品用具或设施受到污染导致的群体性健康损害事故。

第二章 场所卫生要求

第四条 选址、设计及竣工验收

（一）住宿场所建设宜选择在环境安静，具备给排水条件和电力供应，且不受粉尘、有害气体、放射性物质和其他扩散性污染源影响的区域，并应同时符合规划、环保和消防的有关要求。

（二）新建、改建、扩建住宿场所在可行性论证阶段或设计阶段和竣工验收前应当委托具有资质的卫生技术服务机构进行卫生学评价。

第五条 场所设置与布局

（一）住宿场所主楼与辅助建筑物应有一定间距，烟尘应高空排放，场所25米范围内不得有有毒有害气体排放或噪声等污染源。

（二）住宿场所应当设置与接待能力相适应的消毒间、储藏间，并设有员工工作间、更衣和清洁间等专间。客房不带卫生间的场所，应设置公共卫生间、公共浴室、公用盥洗室等。

（三）住宿场所的吸烟区（室）不得位于行人必经的通道上，室内空气应当符合国家卫生标准和卫生要求。

（四）住宿场所的公共卫生间应当远离食品加工间。

（五）住宿场所内应放置安全套或者设置安全套发售设施，应当提供性病、艾滋病等疾病防治宣传资料。

第六条 客房

（一）客房净高不低于2.4米，内部结构合理，日照、采光、通风、隔声良好。

（二）客房内部装饰材料应符合国家有关标准，不得对人体有潜在危害。

（三）客房床位占室内面积每床不低于4平方米。

（四）含有卫生间的住宿客房应设有浴盆或淋浴、抽水马桶、洗脸盆及排风装置；无卫生间的客房，每个床位应配备有明显标记的脸盆和脚盆。

（五）客房内环境应干净、整洁，摆放的物品无灰尘，无污渍；客房空调过滤网清洁、无积尘。

第七条 清洗消毒专间

（一）住宿场所宜设立一定数量的独立清洗消毒间，清洗消毒间面积应能满足饮具、用具等清洗消毒保洁的需要。

（二）清洗消毒间地面与墙面应使用防水、防霉、可洗刷的材料，墙裙高度不得低于1.5米，地面坡度不小于2%，并设有机械通风装置。

（三）饮具宜用热力法消毒。采用化学法消毒饮具的住宿场所，消毒间内至少应设有3个饮具专用清洗消毒池，并有相应的消毒剂配比容器。应配备已消毒饮具（茶杯、口杯、酒杯等）专用存放保洁设施，其结构应密闭并易于清洁。

（四）配有拖鞋、脸盆、脚盆的住宿场所，消毒间内应有拖鞋、脸盆、脚盆专用清洗消毒池及已消毒用具（拖鞋、脸盆、脚盆等）存放专区。

（五）各类水池应使用不锈钢或陶瓷等防渗水、不易积垢、易于清洗的材料制成，并设置标识明示用途。

第八条　储藏间

住宿场所宜设立一定数量储藏间。储藏间内应设置数量足够的物品存放柜或货架，并应有良好的通风设施及防鼠、防潮、防虫、防蟑螂等预防控制病媒生物设施。

第九条　工作车

（一）住宿场所宜配备工作车，其数量应能满足工作需要。

（二）工作车应有足够空间分别存放客用棉织品、一次性用品及清洁工具并有明显的标识。

（三）工作车所带垃圾袋应与洁净棉织品、一次性用品及洁净工具分开，清洁浴盆、脸盆、抽水马桶的工具应分开存放，标志明显。

第十条　公共浴室

公共浴室应分设男、女区域，按照设计接待人数，盥洗室每8~15人设1只淋浴喷头，淋浴室每10~25人设1只喷头。

第十一条　公共卫生间

（一）公共卫生间应男、女分设，便池应采用水冲式，地面、墙壁、便池等应采用易冲洗、防渗水材料制成。卫生间地面应略低于客房，地面坡度不小于2%，并设置防臭型地漏。卫生间排污管道应与经营场所排水管道分设，设有有效的防臭水封。

（二）公共卫生间应设有独立的机械排风装置，有适当照明，与外界相通的门窗安装严密，纱门及纱窗易于清洁，外门能自动关闭。卫生间内应设置洗手设施，位置宜在出入口附近。

（三）男卫生间应按每15~35人设大小便器各1个，女卫生间应按每10~25人设便器1个。便池宜为蹲式，配置坐式便器宜提供一次性卫生座垫。

第十二条　洗衣房

（一）住宿场所宜设专用洗衣房或采用社会化洗涤服务。洗衣房应分设工作人员出入口、待洗棉织品入口及洁净棉织品出口，并避开主要客流通道。

（二）洗衣房应依次分设棉织品分拣区、清洗干燥区、整烫折叠区、存放区、发放区。棉织品分拣、清洗、干燥、修补、熨平、分类、暂存、发放等工序应做到洁污分开，防止交叉污染。

（三）公共用品如需外洗的，应选择清洗消毒条件合格的承洗单位，做好物品送洗与接收记录，并索要承洗单位物品清洗消毒记录。

第十三条　给排水设施

住宿场所应有完善的给排水设施，供水水质符合《生活饮用水卫生标准》要求。如场所内供水管网与市政供水管网直接相通，场所内供水管网压力应小于市政供水管网压力，并有防止供水向市政供水管网倒流的设施。排水设施应当有防止废水逆流、病媒生物侵入和臭味产生的装置。

第十四条 通风设施

（一）客房、卫生间、公共用房（接待室、餐厅、门厅等）及辅助用房（厨房、洗衣房、储藏间等）应设机械通风或排风装置。机械通风或排风装置的设计和安装应能防止异味交叉传导。

（二）住宿场所的集中空调通风系统应符合《公共场所集中空调通风系统卫生管理办法》的要求。

（三）住宿场所的机械通风装置（非集中空调通风系统），其进风口、排气口应安装易清洗、耐腐蚀并可防止病媒生物侵入的防护网罩。

第十五条 采光照明

（一）住宿场所室内应尽量利用自然采光。自然采光的客房，其采光窗口面积与地面面积之比不小于1∶8。

（二）客房台面照度不低于100勒克斯。

（三）不宜将暗室作为客房。

第十六条 预防控制病媒生物设施

（一）住宿场所应设置防鼠、防蚊、防蝇、防蟑螂及防潮、防尘等设施。

（二）与外界直接相通并可开启的门窗应安装易于拆卸、清洗的防蝇门帘、纱网或设置空气风帘机。

（三）排水沟出口和排气口应设有网眼孔径小于6毫米的隔栅或网罩，防止鼠类进入。

（四）机械通风装置的送风口和回风口应当设置防鼠装置。

第十七条 废弃物存放设施

（一）住宿场所室内应设有废弃物收集容器，有条件的场所宜设置废弃物分类收集容器。

（二）废弃物收集容器应使用坚固、防水防火材料制成，内壁光滑易于清洗。废弃物收集容器应密闭加盖，防止不良气味溢散及病媒生物侵入。

（三）住宿场所宜在室外适当地点设置废弃物临时集中存放设施，其结构应密闭，防止病媒生物进入、滋生及废弃物污染环境。

第三章 卫生操作要求

第十八条 操作规程

（一）住宿场所经营者应制定公共用品用具采购、储藏、清洗消毒、设备设施维护等操作规程。操作规程应具体规定工作程序。

（二）经营者应当认真组织从业人员学习卫生操作规程，从业人员应当熟悉本岗位卫生操作规程并严格按规程操作。

第十九条 公共用品用具采购

（一）采购的物品应符合国家有关卫生标准和规定要求。采购物品应做好记录，便于溯源。

（二）采购的一次性卫生用品、消毒品、化妆品等物品中文标识应规范，并附有必要的证明文件。

（三）采购的物品入库前应进行验收，出入库时应登记。

第二十条 公共用品用具储藏

（一）公共用品用具储藏间应保持通风和清洁，无鼠害、苍蝇、蟑螂等病媒生物及霉斑，不得存放有毒有害物品及私人物品。

（二）不同物品应分类、分架存放，物品距墙壁、地面均应在10厘米以上。棉织品宜存放于储藏柜中。

（三）物品的储藏应遵循先进先出原则，并定期检查，及时清理过期物品。

（四）有毒有害物品应有专间或专柜存放，上锁、专人管理，并有物品使用登记。

第二十一条 公共用品用具清洗消毒

（一）清洗消毒间应有明显标志，环境整洁，通风换气良好，无积水积物，无杂物存放。

（二）供顾客使用的公共用品用具应严格做到一客一换一消毒。禁止重复使用一次性用品用具。

（三）清洗消毒应按规程操作，做到先清洗后消毒，使用的消毒剂应在有效期内，消毒设备（消毒柜）应运转正常。

（四）清洗饮具、盆桶、拖鞋的设施应分开，清洁工具应专用，防止交叉传染。

（五）清洗消毒后的各类用品用具应达到有关卫生标准的规定并保洁存放。清洗消毒后的茶具应当表面光洁，无油渍、无水渍、无异味，符合《食（饮）具消毒卫生标准》规定。

（六）洁净物品保洁柜应定期清洗消毒，不得存放杂物。

各类公共用品用具更换、清洗、消毒、保洁工作可参考《推荐的住宿场所用品用具清洗消毒方法》（见附录）。

第二十二条 客房服务

（一）客房应做到通风换气，保证室内空气质量符合卫生标准。

（二）床上用品应做到一客一换，长住客一周至少更换一次。

（三）清洁客房、卫生间的工具应分开，面盆、浴缸、坐便器、地面、台面等清洁用抹布或清洗刷应分设。

（四）卫生间内面盆、浴缸、坐便器应每客一消毒，长住客人每日一消毒。

（五）补充杯具、食具应注意手部卫生，防止污染。

第二十三条 公共卫生间清洁

清洁坐便器（便池）的清洁工具应专用。每日应对卫生间进行一次消毒。

第二十四条 棉织品清洗消毒

（一）棉织品清洗消毒前后应分设存放容器。

（二）客用棉织品、客人送洗衣物、清洁用抹布应分类清洗。

（三）清洗程序应设有高温或化学消毒过程。

（四）棉织品经烘干后应在洁净处整烫折叠，使用专用运输工具及时运送至储藏间保存。

第二十五条 通风

（一）机械通风装置应运转正常，过滤网应定期清洗、消毒。

（二）集中空调通风系统应按照《公共场所集中空调通风系统卫生管理办法》要求进行清洗消毒。

（三）集中空调机房应整齐、清洁，无易燃易爆物品及杂物堆放。风机过滤网应清洁无积尘。

第四章 卫生管理

第二十六条 卫生管理组织

（一）住宿场所的法定代表人或负责人是其经营场所卫生安全的第一责任人，对其经营场所卫生安全负全面责任，应接受卫生行政部门组织的卫生知识培训。

（二）住宿场所应设置卫生管理部门或配备专（兼）职卫生管理员，负责其经营场所卫生管理具体工作。

（三）专（兼）职卫生管理员应有从事住宿场所卫生管理工作经验，经过公共卫生管理培训并考核合格。

第二十七条 卫生管理工作职责

住宿场所卫生管理部门的成员或卫生管理员承担本场所卫生管理职能，主要职责包括：

（一）制订从业人员卫生培训教育计划和考核办法，组织从业人员参加卫生法律、法规、规范、标准和卫生知识、岗位操作规程等的培训学习和考核。

（二）组织从业人员进行健康检查，负责提出将患有有碍公众健康的疾病的从业人员调离直接为顾客服务岗位的意见。

（三）制定卫生管理制度、卫生责任制度和卫生操作规程，并对执行情况进行督促检查。对检查中发现的不符合卫生要求的行为及时制止并提出处理意见。

（四）督促本场所经营者、从业人员严格执行《公共场所卫生管理条例》，按时办理有关卫生证件、证明，依法从事经营活动。

（五）配合卫生执法人员对本场所进行卫生监督检查，并如实提供有关情况。负责建立本场所卫生管理档案。

（六）参与保证卫生安全的其他管理工作。

第二十八条　卫生管理制度

住宿场所应建立健全卫生管理制度，并对制度落实情况进行经常性检查。主要制度有：

（一）证照管理制度。

（二）从业人员健康检查、卫生知识培训考核及个人卫生制度。

（三）公共用品用具购买、验收、储存及清洗消毒保洁制度。

（四）场所自身检查与检测制度。

（五）洗衣房卫生管理制度。

（六）集中空调通风系统卫生管理制度。

（七）健康危害事故与传染病报告制度。

（八）预防控制传染病传播应急预案与健康危害事故应急预案。

（九）卫生档案管理制度。

（十）设施设备维护保养制度。

第二十九条　证照管理

住宿场所、从业人员及健康相关产品应证照齐全。卫生许可证悬挂在场所醒目处，营业执照、从业人员健康合格证明及卫生知识培训合格证明有效，健康相关产品卫生许可批件或备案文件复印件真实完备。

第三十条　档案管理

住宿场所应建立卫生管理档案，档案应当包括以下方面：

（一）证照：卫生许可证、营业执照、从业人员健康合格证明和卫生知识培训合格证明、健康相关产品卫生许可批件或备案文件（复印件）等。

（二）卫生管理制度。

（三）卫生管理组织机构或卫生管理人员与从业人员岗位职责。

（四）发生传染病传播或健康危害事故后的处理情况。

（五）卫生操作规程。

（六）公共用品用具采购、验收、出入库、储存记录。

（七）公共用品用具清洗、消毒、检测记录。
（八）设备设施维护与卫生检查记录。
（九）空气质量、集中空调通风系统检测记录。
（十）投诉与投诉处理记录。
（十一）有关记录：包括场所自身检查与检测记录，培训考核记录，从业人员因患有有碍公众健康疾病调离直接为顾客服务岗位记录，集中空调通风系统清洗消毒记录等。
（十二）有关证明：包括预防性建筑设计审核文件，集中空调通风系统竣工图纸，消毒设施设置情况等。
各项档案中应有相关人员的工作记录并签名，档案应有专人管理，各类档案记录应进行分类并有目录。有关记录至少应保存三年。

第三十一条　传染病和健康危害事故报告
（一）住宿场所应建立传染病和健康危害事故报告制度，场所负责人和卫生管理员为责任报告人。
（二）当发生死亡或同时发生3名以上（含3名）受害病人时，责任报告人要在发生事故24小时内电话报告当地卫生行政部门。
（三）传染病和健康危害事故报告范围：
1. 室内空气不符合卫生标准所致的虚脱休克；
2. 饮用水遭受污染所致的介水传染性疾病流行；
3. 公共用品用具和卫生设施等遭受污染所致的传染性疾病、皮肤病；
4. 意外事故导致的一氧化碳、氨气、氯气、消毒剂、杀虫剂等中毒。
（四）发生传染病或健康危害事故时，场所经营者应立即停止相应经营活动，协助医务人员救治事故受害者，采取预防控制措施，防止事故的继发。
（五）任何单位和个人不得隐瞒、缓报、谎报传染病健康危害事故。

第三十二条　环境卫生管理
（一）室外公共区域应保持干净整洁。
（二）室内公共区域地面、墙面、门窗、桌椅、地毯、台面、镜面等应保持清洁、无异味。
（三）废弃物应每天清除一次，废弃物收集容器应及时清洗，必要时进行消毒。
（四）洗衣房的洁净区与污染区应分开，室内物品摆放整齐，设施设备日常保养及运行状态良好。
（五）定期进行病媒生物防治，蟑螂密度、鼠密度应符合卫生要求。
（六）委托具有相应资质的卫生技术服务机构对室内空气、用品用具等定期进行检测。

第三十三条 食品经营项目

住宿场所设有食品经营项目的，应符合《中华人民共和国食品卫生法》的有关要求。

第五章 人员卫生要求

第三十四条 健康管理

（一）住宿场所从业人员上岗前应当取得"健康合格证明"。直接为顾客服务的从业人员应每年进行健康检查，取得"健康合格证明"后方可继续从事直接为顾客服务的工作。"健康合格证明"不得涂改、伪造、转让、倒卖。

（二）从业人员患有有碍公众健康疾病，治愈之前不得从事直接为顾客服务的工作。可疑传染病患者须立即停止工作并及时进行健康检查，明确诊断。

第三十五条 卫生知识培训

（一）从业人员应当完成规定学时的卫生知识培训，掌握有关卫生法律法规、基本卫生知识和卫生操作技能等。

（二）从业人员卫生知识培训每两年进行一次。

（三）从业人员取得卫生知识培训合格证明后方可上岗。

第三十六条 个人卫生

（一）从业人员应保持良好的个人卫生，进行卫生操作时应穿戴清洁的工作服，不得留长指甲、涂指甲油及佩戴饰物。

（二）从业人员应有两套以上工作服。工作服应定期清洗，保持清洁。

附录

推荐的住宿场所用品用具清洗消毒方法

一、清洗方法及步骤

（一）去除公共用品用具表面的残渣、污垢。

（二）用含洗涤剂溶液洗净公共用品用具表面。

（三）用清水冲去残留的洗涤剂。

二、消毒方法

（一）物理消毒。包括蒸汽、煮沸、红外线等热力消毒方法。

1. 煮沸、蒸汽消毒：100℃作用20~30分钟以上。可用于饮具、盆、毛巾、床上用棉织品的消毒。

2. 红外线消毒：125℃作用15分钟以上。可用于饮具、盆的消毒。

（二）化学消毒。用含氯、溴或过氧乙酸的消毒药物消毒。

1. 用含有效溴或有效氯含量为 250 毫克/升的消毒溶液浸泡 30 分钟，可用于盆、饮具的消毒或用于物品表面喷洒、涂擦消毒。

2. 在 0.2%~0.5% 过氧乙酸溶液中，或有效溴或有效氯含量为 1000 毫克/升的消毒液中，浸泡 30 分钟，可用于拖鞋消毒。

化学消毒后的公共用品用具应用净水冲去表面的消毒剂。

三、保洁方法

（一）消毒后的公共用品用具要自然滤干或烘干，不应使用毛巾擦干，以避免受到再次污染。

（二）消毒后的饮具应及时放入餐具保洁柜内。

四、化学消毒注意事项

（一）使用的消毒剂应在保质期限内，并按规定的温度等条件贮存。

（二）严格按规定浓度进行配制，固体消毒剂应充分溶解。

（三）配好的消毒液定时更换，一般每 4 小时更换一次。

（四）使用时定时测量消毒液浓度，浓度低于要求立即更换。

（五）保证消毒时间，一般公共用品用具消毒应作用 15 分钟以上。

（六）应使消毒物品完全浸没于消毒液中。

（七）用品用具消毒前应洗净，避免油垢影响消毒效果。

（八）消毒后以洁净水将消毒液冲洗干净。

05 《农家乐（民宿）建筑防火导则（试行）》

发文单位：住房和城乡建设部　公安部　国家旅游局
文　　号：建村〔2017〕50号
发布日期：2017-2-27

第一章　总则

第一条　为预防农家乐（民宿）建筑火灾，规范防火改造措施，加强消防安全管理水平，降低火灾风险，保护人身和财产安全，促进乡村旅游发展，制定本农家乐（民宿）建筑防火导则。

第二条　本导则中农家乐（民宿）是指位于镇（不包括城关镇）、乡、村庄的，利用村民自建住宅进行改造的，为消费者提供住宿、餐饮、休闲娱乐、小型零售等服务的场所。

第三条　本导则适用于经营用客房数量不超过14个标准间（或单间）、最高4层且建筑面积不超过800m² 的农家乐（民宿）。

超过上述规模或新建的农家乐（民宿），应符合《农村防火规范》GB50039、《旅馆建筑设计规范》JGJ 62、《建筑设计防火规范》GB 50016要求。

本导则不适用于土楼、地坑院、窑洞、毡房、蒙古包等传统建筑。

已经投入使用的农家乐（民宿）的消防安全技术措施不符合本导则要求的，应按本导则要求进行改造，完善消防安全技术措施。

第四条　防火改造措施应当遵循因地制宜、安全适用的原则。

第五条　本导则适用范围内的农家乐（民宿）不纳入建设工程消防监督管理和公众聚集场所开业前消防安全检查范围。

第六条　文物建筑改造为农家乐（民宿）时应符合文物部门的有关规定。

第二章　消防基础设施要求

第七条　设有农家乐（民宿）的村镇，其消防基础设施应与农村基础设施统一建设和管理。

第八条　设有农家乐（民宿）的村镇建设给水管网时，应配置消火栓。已有给水管网但未配置消火栓的地区，村镇改造时应统一配置室外消火栓。无给水管网的地区，村镇改造时应设置天然水源取水设施或消防水池，山区宜设置高位消防水池。消防水池的容量不宜小于144m³，当村镇内的农家乐（民宿）柱、梁、楼板为可燃材料时，消防水池的容量不宜小于200m³。

第九条 砖木结构、木结构的农家乐（民宿）连片分布的区域，应采取设置防火隔离带、设置防火分隔、开辟消防通道、提高建筑耐火等级、改造给水管网、增设消防水源等措施，改善消防安全条件，降低火灾风险。

第三章 消防安全技术措施

第十条 农家乐（民宿）建筑应满足下列基本消防安全条件：
1. 不得采用金属夹心板材作为建筑材料；
2. 休闲娱乐区、具有娱乐功能的餐饮区总建筑面积不应大于500m²；
3. 位于同一建筑内的不同农家乐（民宿）之间应采用不燃性实体墙进行分隔，并独立进行疏散；
4. 应设置独立式感烟火灾探测报警器或火灾自动报警系统；
5. 每25m²应至少配备一具2kg灭火器，灭火器可采用水基型灭火器或ABC干粉灭火器，灭火器设置在各层的公共部位及首层出口处；
6. 每间客房均应按照住宿人数每人配备手电筒、逃生用口罩或消防自救呼吸器等设施，并应在明显部位张贴疏散示意图；
7. 安全出口、楼梯间、疏散走道应设置保持视觉连续的灯光疏散指示标志，楼梯间、疏散走道应设置应急照明灯。

第十一条 封闭楼梯间、敞开楼梯间、室外楼梯的出入口或直通室外的出口可以作为安全出口；当主体结构为可燃材料时，木质楼梯应经阻燃处理，楼梯的宽度、坡度应满足人员疏散要求。

第十二条 墙、柱、梁、楼板和屋顶承重构件等均为不燃材料的农家乐（民宿），应符合下列消防安全要求：
1. 采用钢结构时应进行防火保护，柱的耐火极限应达到2.0h，梁的耐火极限应达到1.5h。
2. 每层安全出口不应少于2个，相邻两个安全出口最近边缘之间的水平距离应大于5m。当房间门至楼梯入口的疏散距离小于15m，且使用楼梯疏散的各层人数之和不超过50人时，除首层外可设置1个安全出口。
3. 楼梯间隔墙、室外楼梯贴邻的外墙、楼梯的建造材料应采用不燃材料。

第十三条 墙、柱、梁、楼板等均为不燃材料，屋顶承重构件为可燃材料的农家乐（民宿），应符合下列消防安全要求：
1. 经营用建筑层数不应超过3层。

2. 采用钢结构时应进行防火保护，柱的耐火极限应达到 2.0h，梁的耐火极限应达到 1.0h。

3. 每层安全出口不应少于 2 个，相邻两个安全出口最近边缘之间的水平距离应大于 5m。当房间门至楼梯入口的疏散距离小于 15m，且使用楼梯疏散的各层人数之和不超过 25 人时，除首层外可设置 1 个安全出口。

4. 楼梯间隔墙、室外楼梯贴邻的外墙、楼梯的建造材料应采用不燃材料。

第十四条 柱、梁、楼板等为可燃材料的农家乐（民宿），应符合下列消防安全要求：

1. 经营用建筑层数不应超过 3 层；当经营用建筑层数为 3 层时，每层最大建筑面积不应超过 200m²；当经营用建筑层数为 2 层时，每层最大建筑面积不应超过 300m²。

2. 每一层安全出口不应少于 2 个，相邻两个安全出口最近边缘之间的水平距离应大于 5m。当每层最大建筑面积不超过 200m²，房间门至楼梯入口的疏散距离小于 15m，且使用楼梯疏散的各层人数之和不超过 15 人时，除首层外可设置 1 个安全出口。

第十五条 客房、餐厅、休闲娱乐区、零售区、厨房等不应设置在地下室或半地下室。零售区、厨房宜设置在首层或其他设有直接对外出口的楼层。

第十六条 客房、餐厅、休闲娱乐场所、厨房等应设有开向户外的窗户，确有困难时，可开向开敞的内天井。窗户不应设置金属栅栏、防盗网、广告牌等遮挡物，确需设置防盗网时，防盗网和窗户应从内部易于开启。窗户净高度不宜小于 1.0m，净宽度不宜小于 0.8m，窗台下沿距室内地面高度不应大于 1.2m。

第十七条 厨房与建筑内的其他部位之间应采用防火分隔措施。厨房墙面应采用不燃材料，顶棚和屋面应采用不燃或难燃材料，灶台、烟囱应采用不燃材料。

砖木结构、木结构的农家乐（民宿）厨房防火措施达不到要求的，与炉灶相邻的墙面应作不燃化处理，灶台周围 2.0m 范围内应采用不燃地面，炉灶正上方 2.0m 范围内不应有可燃物。

第十八条 有条件的地区，可在二层以上客房、餐厅设置建筑火灾逃生避难器材。

第十九条 具备条件的砖木结构、木结构农家乐（民宿）建筑可适当进行阻燃处理，以提高主要建筑构件耐火能力。

第二十条 单栋建筑客房数量超过 8 间或同时用餐、休闲娱乐人数超过 40 人时，应设置简易自动喷水灭火系统；如给水管网压力不足但具备自来水管道时，应设置轻便消防水龙。

第二十一条 禁止采用可燃、易燃装修材料。楼梯间的顶棚、墙面和地面应采用不燃装修材料；疏散走道的顶棚应采用不燃装修材料，墙面和地面应用不燃或难燃的装修材料；客房与公共活动用房的顶棚、地面应采用不燃或难燃的装修材料。建筑外墙不得采用可燃易燃保温材料和可燃易燃外墙装饰装修材料。

第二十二条 应当在可燃气体或液体储罐、可燃物堆放场地、停车场等场所以及临近山林、草场的显著位置设置"禁止烟火""禁止吸烟""禁止放易燃物""禁止带火种""禁止燃放鞭炮""当心火灾—易燃物""当心爆炸—爆炸性物质"等警示标志。在消防设施设置场所、具有火灾危险性的区域应在显著位置设置相应消防安全警示标志或防火公约。

第四章 日常消防安全管理

第二十三条 应确保疏散通道、安全出口、消防车通道畅通。不得损坏、挪用或擅自拆除、停用消防设施、器材，不得埋压、圈占、遮挡消火栓或占用防火间距。

第二十四条 每日昼夜应各进行一次消防安全巡检，确保消防安全。

第二十五条 不应在燃煤燃柴炉灶周围 2m 范围内堆放柴草等可燃物。严禁在卧室使用燃气灶具。严禁卧床吸烟。砖木结构、木结构的农家乐（民宿）建筑内严禁吸烟。

第二十六条 农家乐（民宿）的客房内不得使用明火加热、取暖。在其他场所使用明火加热、取暖，或使用明火照明、驱蚊时，应将火源放置在不燃材料的基座上，与周围可燃物确保安全距离。

第二十七条 燃放烟花爆竹、烧烤、篝火，或有其他动用明火行为时，应设置单独区域，并应远离易燃易爆危险品存放地和柴草、饲草、农作物等可燃物堆放地，以及车辆停放区域。

禁止在农家乐（民宿）建筑周边 30m 范围内销售、存储、燃放烟花爆竹，并严格遵守当地关于禁止燃放烟花爆竹的相关规定。

农家乐（民宿）临近山区、林场、农场、牧场、风景名胜区时，禁止燃放孔明灯。

第二十八条 室内敷设电气线路时应避开潮湿部位和炉灶、烟囱等高温部位，且不应直接敷设在可燃物上，导线的连接部分应牢固可靠。当必须敷设在可燃物上或在有可燃物的吊顶内时，应穿金属管、阻燃套管保护，或采用阻燃电缆。严禁私拉乱接电气线路，严禁擅自增设大功率用电设备，严禁在电气线路上搭、挂物品。

第二十九条 严禁使用铜丝、铁丝等代替保险丝，不得随意更换大额定电流保险丝。客房内严禁使用大功率用电设备；厨房内使用电加热设备后，应及时切断电源。停电后应拔掉电加热设备电源插头。用电取暖时，应选用具备超温自动关闭功能的设备。

第三十条 照明灯具表面的高温部位应与可燃物保持0.5m以上的距离；靠近可燃物布置时，应采取隔热、散热等措施。使用额定功率超过100W的灯具时，引入线应采用瓷管、矿棉等不燃材料作隔热保护；使用额定功率超过60W的灯具时，灯具及镇流器不应直接安装在可燃物上。

第三十一条 严禁紧邻安全出口、疏散楼梯、疏散通道及燃气管线停放电动汽车、电动自行车，或对电动汽车、电动自行车充电。电动汽车充电装置应具备充电完成后自动断电的功能，并具备短路漏电保护装置，充电装置附近应配备必要的消防设施。

第三十二条 严禁在地下室、客房、餐厅内存放和使用瓶装液化石油气。不宜在厨房内存储液化石油气；确需放置在厨房时，每个灶具配置不得超过1瓶，钢瓶与灶具之间的距离不应小于0.5m。存放和使用液化石油气钢瓶的房间应保持良好通风。

第三十三条 严禁超量灌装、敲打、倒置、碰撞液化石油气钢瓶，严禁随意倾倒残液和私自灌气。

第三十四条 严禁在客房内安装燃气热水器。

第三十五条 严禁在客房、餐厅内存放汽油、煤油、柴油、酒精等易燃、可燃液体。

第五章 施工现场消防安全管理

第三十六条 施工时应指定施工现场防火安全责任人，落实消防安全管理责任。

第三十七条 施工现场防火安全责任人在进场前应对施工人员进行消防安全教育培训。

培训内容应包括消防安全管理制度、防火技术方案、灭火及应急疏散预案，施工现场消防设施使用、维护方法，扑救火灾及自救逃生的知识和技能，报警程序和方法等。

第三十八条 施工现场室外临时存放的材料应分类成垛堆放，垛与垛间距不应小于2m，并应采用不燃或难燃材料覆盖。应及时清理施工现场产生的可燃、易燃建筑垃圾或剩料。

在室内使用油漆等易挥发物质产生易燃气体时，应保持通风、严禁明火、采用防静电措施。

第三十九条 施工现场存在以下情形之一时，严禁动火作业：

1. 防火安全责任人不明确；
2. 周围的可燃易燃杂物未清除；
3. 附近固定可燃物未采取防护措施；
4. 盛装易燃液体的容器、管道，未清洗彻底；
5. 受热膨胀、变形或破损的容器、管道，有爆炸危险；
6. 储存易燃易爆物品的场所，未排除火灾爆炸危险；
7. 高空焊接或焊割前，附近及下方可燃物未清理或未采取保护措施；
8. 未配备相应灭火器材。

第四十条 施工现场动火作业时，应做到以下要求：

1. 明确防火安全责任人；
2. 动火人员应严格执行安全操作规程；
3. 发现有火灾危险，应立即停止动火；
4. 风力达到五级及以上时，应停止室外动火作业；
5. 发生火灾爆炸事故时，应及时扑救并疏散人员。

第四十一条 施工现场动火作业后，应彻底清理现场火种，确保完全熄灭，施工人员应留守现场至少 30 分钟。

第四十二条 施工中，严禁使用绝缘老化或失去绝缘性能的电气线路，并应及时更换破损、烧焦的插座、插头。60W 以下的普通灯具距可燃物不应小于 0.3m，高热灯具距可燃物不应小于 0.5m。严禁私自改装现场供用电设施。

第四十三条 施工现场的防火安全责任人应定期组织防火检查，重点检查可燃物、易燃易爆危险品的管理措施是否落实、动用明火时的防火措施是否落实、用火用电用气是否存在违章操作、电气焊及保温防水施工是否执行操作规程、临时消防设施是否完好有效、临时消防车道及临时疏散设施是否畅通等内容。

施工现场应做好临时消防设施和疏散设施日常维护工作，及时维修和更换失效、损坏的消防设施。

第四十四条 在施工现场的重点防火部位或区域，应设置消防安全警示标志。施工现场严禁吸烟。

第六章 消防安全职责

第四十五条 乡镇人民政府、公安派出所、村民委员会、农民合作组、农家乐（民宿）行业协会应加强防火检查和消防安全网格化管理，制定防火公约，组织开展群众性的消防安全宣传教育。

第四十六条 农家乐（民宿）的业主（或负责人）是消防安全责任人，应履行下列消防安全职责：

1. 建立健全防火责任制和消防安全制度；
2. 配齐并维护保养消防设施、器材；
3. 组织开展防火检查，整改火灾隐患；
4. 每年对从业人员进行消防安全教育培训；
5. 制定灭火和疏散预案，每半年至少组织一次消防演练；
6. 及时报火警，组织引导人员疏散，组织扑救初期火灾。

第四十七条 农家乐（民宿）的从业人员应熟悉岗位消防职责和要求，做到"一懂三会"（一懂：懂本场所火灾危害性；三会：会报火警、会使用灭火器、会组织疏散逃生）。

第四十八条 村民委员会或经营管理农家乐（民宿）的行业协会应建立志愿消防队。有条件的地区，应根据需要建立专职消防队。

志愿消防队应有固定场所，配备消防车、手抬机动泵、吸水管、水枪、水带、灭火器、破拆工具等消防装备，设置火警电话和值班人员，有志愿消防队员。志愿消防队应组织队员每月开展不少于2次消防技能训练、1次消防业务学习。

06 《旅游安全管理办法》

第一章 总则

第一条 为了加强旅游安全管理，提高应对旅游突发事件的能力，保障旅游者的人身、财产安全，促进旅游业持续健康发展，根据《中华人民共和国旅游法》、《中华人民共和国安全生产法》、《中华人民共和国突发事件应对法》、《旅行社条例》和《安全生产事故报告和调查处理条例》等法律、行政法规，制定本办法。

第二条 旅游经营者的安全生产、旅游主管部门的安全监督管理，以及旅游突发事件的应对，应当遵守有关法律、法规和本办法的规定。

本办法所称旅游经营者，是指旅行社及地方性法规规定旅游主管部门负有行业监管职责的景区和饭店等单位。

第三条 各级旅游主管部门应当在同级人民政府的领导和上级旅游主管部门及有关部门的指导下，在职责范围内，依法对旅游安全工作进行指导、防范、监管、培训、统计分析和应急处理。

第四条 旅游经营者应当承担旅游安全的主体责任，加强安全管理，建立、健全安全管理制度，关注安全风险预警和提示，妥善应对旅游突发事件。

旅游从业人员应当严格遵守本单位的安全管理制度，接受安全生产教育和培训，增强旅游突发事件防范和应急处理能力。

第五条 旅游主管部门、旅游经营者及其从业人员应当依法履行旅游突发事件报告义务。

第二章 经营安全

第六条 旅游经营者应当遵守下列要求：

（一）服务场所、服务项目和设施设备符合有关安全法律、法规和强制性标准的要求；

（二）配备必要的安全和救援人员、设施设备；

（三）建立安全管理制度和责任体系；

（四）保证安全工作的资金投入。

第七条 旅游经营者应当定期检查本单位安全措施的落实情况，及时排除安全隐患；对可能发生的旅游突发事件及采取安全防范措施的情况，应当按照规定及时向所在地人民政府或者人民政府有关部门报告。

第八条 旅游经营者应当对其提供的产品和服务进行风险监测和安全评估，依法履行安全风险提示义务，必要时应当采取暂停服务、调整活动内容等措施。

经营高风险旅游项目或者向老年人、未成年人、残疾人提供旅游服务的，应当根据需要采取相应的安全保护措施。

第九条 旅游经营者应当对从业人员进行安全生产教育和培训，保证从业人员掌握必要的安全生产知识、规章制度、操作规程、岗位技能和应急处理措施，知悉自身在安全生产方面的权利和义务。

旅游经营者建立安全生产教育和培训档案，如实记录安全生产教育和培训的时间、内容、参加人员以及考核结果等情况。

未经安全生产教育和培训合格的旅游从业人员，不得上岗作业；特种作业人员必须按照国家有关规定经专门的安全作业培训，取得相应资格。

第十条 旅游经营者应当主动询问与旅游活动相关的个人健康信息，要求旅游者按照明示的安全规程，使用旅游设施和接受服务，并要求旅游者对旅游经营者采取的安全防范措施予以配合。

第十一条 旅行社组织和接待旅游者，应当合理安排旅游行程，向合格的供应商订购产品和服务。

旅行社及其从业人员发现履行辅助人提供的服务不符合法律、法规规定或者存在安全隐患的，应当予以制止或者更换。

第十二条 旅行社组织出境旅游，应当制作安全信息卡。

安全信息卡应当包括旅游者姓名、出境证件号码和国籍，以及紧急情况下的联系人、联系方式等信息，使用中文和目的地官方语言（或者英文）填写。

旅行社应当将安全信息卡交由旅游者随身携带，并告知其自行填写血型、过敏药物和重大疾病等信息。

第十三条 旅游经营者应当依法制定旅游突发事件应急预案，与所在地县级以上地方人民政府及其相关部门的应急预案相衔接，并定期组织演练。

第十四条 旅游突发事件发生后，旅游经营者及其现场人员应当采取合理、必要的措施救助受害旅游者，控制事态发展，防止损害扩大。

旅游经营者应当按照履行统一领导职责或者组织处置突发事件的人民政府的要求，配合其采取的应急处置措施，并参加所在地人民政府组织的应急救援和善后处置工作。

旅游突发事件发生在境外的，旅行社及其领队应当在中国驻当地使领馆或者政府派出机构的指导下，全力做好突发事件应对处置工作。

第十五条 旅游突发事件发生后，旅游经营者的现场人员应当立即向本单位负责人报告，单位负责人接到报告后，应当于1小时内向发生地县级旅游主管部门、安全生产监督管理部门和负有安全生产监督管理职责的其他相关部门报告；旅行社负责人应当同时向单位所在地县级以上地方旅游主管部门报告。

情况紧急或者发生重大、特别重大旅游突发事件时，现场有关人员可直接向发生地、旅行社所在地县级以上旅游主管部门、安全生产监督管理部门和负有安全生产监督管理职责的其他相关部门报告。

旅游突发事件发生在境外的，旅游团队的领队应当立即向当地警方、中国驻当地使领馆或者政府派出机构，以及旅行社负责人报告。旅行社负责人应当在接到领队报告后1小时内，向单位所在地县级以上地方旅游主管部门报告。

第三章 风险提示

第十六条 国家建立旅游目的地安全风险（以下简称风险）提示制度。

根据可能对旅游者造成的危害程度、紧急程度和发展态势，风险提示级别分为一级（特别严重）、二级（严重）、三级（较重）和四级（一般），分别用红色、橙色、黄色和蓝色标示。

风险提示级别的划分标准，由国家旅游局会同外交、卫生、公安、国土、交通、气象、地震和海洋等有关部门制定或者确定。

第十七条 风险提示信息，应当包括风险类别、提示级别、可能影响的区域、起始时间、注意事项、应采取的措施和发布机关等内容。

一级、二级风险的结束时间能够与风险提示信息内容同时发布的，应当同时发布；无法同时发布的，待风险消失后通过原渠道补充发布。

三级、四级风险提示可以不发布风险结束时间，待风险消失后自然结束。

第十八条 风险提示发布后，旅行社应当根据风险级别采取下列措施：

（一）四级风险的，加强对旅游者的提示。

（二）三级风险的，采取必要的安全防范措施。

（三）二级风险的，停止组团或者带团前往风险区域；已在风险区域的，调整或者中止行程。

（四）一级风险的，停止组团或者带团前往风险区域，组织已在风险区域的旅游者撤离。

其他旅游经营者应当根据风险提示的级别，加强对旅游者的风险提示，采取相应的安全防范措施，妥善安置旅游者，并根据政府或者有关部门的要求，暂停或者关闭易受风险危害的旅游项目或者场所。

第十九条　风险提示发布后，旅游者应当关注相关风险，加强个人安全防范，并配合国家应对风险暂时限制旅游活动的措施，以及有关部门、机构或者旅游经营者采取的安全防范和应急处置措施。

第二十条　国家旅游局负责发布境外旅游目的地国家（地区），以及风险区域范围覆盖全国或者跨省级行政区域的风险提示。发布一级风险提示的，需经国务院批准；发布境外旅游目的地国家（地区）风险提示的，需经外交部门同意。

地方各级旅游主管部门应当及时转发上级旅游主管部门发布的风险提示，并负责发布前款规定之外涉及本辖区的风险提示。

第二十一条　风险提示信息应当通过官方网站、手机短信及公众易查阅的媒体渠道对外发布。一级、二级风险提示应同时通报有关媒体。

第四章　安全管理

第二十二条　旅游主管部门应当加强下列旅游安全日常管理工作：

（一）督促旅游经营者贯彻执行安全和应急管理的有关法律、法规，并引导其实施相关国家标准、行业标准或者地方标准，提高其安全经营和突发事件应对能力；

（二）指导旅游经营者组织开展从业人员的安全及应急管理培训，并通过新闻媒体等多种渠道，组织开展旅游安全及应急知识的宣传普及活动；

（三）统计分析本行政区域内发生旅游安全事故的情况；

（四）法律、法规规定的其他旅游安全管理工作。

旅游主管部门应当加强对星级饭店和A级景区旅游安全和应急管理工作的指导。

第二十三条　地方各级旅游主管部门应当根据有关法律、法规的规定，制定、修订本地区或者本部门旅游突发事件应急预案，并报上一级旅游主管部门备案，必要时组织应急演练。

第二十四条　地方各级旅游主管部门应当在当地人民政府的领导下，依法对景区符合安全开放条件进行指导，核定或者配合相关景区主管部门核定景区最大承载量，引导景区采取门票预约等方式控制景区流量；在旅游者数量可能达到最大承载量时，配合当地人民政府采取疏导、分流等措施。

第二十五条　旅游突发事件发生后，发生地县级以上旅游主管部门应当根据同级人民政府的要求和有关规定，启动旅游突发事件应急预案，并采取下列一项或者多项措施：

（一）组织或者协同、配合相关部门开展对旅游者的救助及善后处置，防止次生、衍生事件；

（二）协调医疗、救援和保险等机构对旅游者进行救助及善后处置；

（三）按照同级人民政府的要求，统一、准确、及时发布有关事态发展和应急处置工作的信息，并公布咨询电话。

第二十六条　旅游突发事件发生后，发生地县级以上旅游主管部门应当根据同级人民政府的要求和有关规定，参与旅游突发事件的调查，配合相关部门依法对应当承担事件责任的旅游经营者及其责任人进行处理。

第二十七条　各级旅游主管部门应当建立旅游突发事件报告制度。

第二十八条　旅游主管部门在接到旅游经营者依据本办法第十五条规定的报告后，应当向同级人民政府和上级旅游主管部门报告。一般旅游突发事件上报至设区的市级旅游主管部门；较大旅游突发事件逐级上报至省级旅游主管部门；重大和特别重大旅游突发事件逐级上报至国家旅游局。向上级旅游主管部门报告旅游突发事件，应当包括下列内容：

（一）事件发生的时间、地点、信息来源；

（二）简要经过、伤亡人数、影响范围；

（三）事件涉及的旅游经营者、其他有关单位的名称；

（四）事件发生原因及发展趋势的初步判断；

（五）采取的应急措施及处置情况；

（六）需要支持协助的事项；

（七）报告人姓名、单位及联系电话。

前款所列内容暂时无法确定的，应当先报告已知情况；报告后出现新情况的，应当及时补报、续报。

第二十九条　各级旅游主管部门应当建立旅游突发事件信息通报制度。旅游突发事件发生后，旅游主管部门应当及时将有关信息通报相关行业主管部门。

第三十条　旅游突发事件处置结束后，发生地旅游主管部门应当及时查明突发事件的发生经过和原因，总结突发事件应急处置工作的经验教训，制定改进措施，并在 30 日内按照下列程序提交总结报告：

（一）一般旅游突发事件向设区的市级旅游主管部门提交；

（二）较大旅游突发事件逐级向省级旅游主管部门提交；

（三）重大和特别重大旅游突发事件逐级向国家旅游局提交。

旅游团队在境外遇到突发事件的，由组团社所在地旅游主管部门提交总结报告。

第三十一条　省级旅游主管部门应当于每月 5 日前，将本地区上月发生的较大旅游突发事件报国家旅游局备案，内容应当包括突发事件发生的时间、地点、原因及事件类型和伤亡人数等。

第三十二条 县级以上地方各级旅游主管部门应当定期统计分析本行政区域内发生旅游突发事件的情况，并于每年1月底前将上一年度相关情况逐级报国家旅游局。

第五章 罚则

第三十三条 旅游经营者及其主要负责人、旅游从业人员违反法律、法规有关安全生产和突发事件应对规定的，依照相关法律、法规处理。

第三十四条 旅行社违反本办法第十一条第二款的规定，未制止履行辅助人的非法、不安全服务行为，或者未更换履行辅助人的，由旅游主管部门给予警告，可并处2000元以下罚款；情节严重的，处2000元以上10000元以下罚款。

第三十五条 旅行社违反本办法第十二条的规定，不按要求制作安全信息卡，未将安全信息卡交由旅游者，或者未告知旅游者相关信息的，由旅游主管部门给予警告，可并处2000元以下罚款；情节严重的，处2000元以上10000元以下罚款。

第三十六条 旅行社违反本办法第十八条规定，不采取相应措施的，由旅游主管部门处2000元以下罚款；情节严重的，处2000元以上10000元以下罚款。

第三十七条 按照旅游业国家标准、行业标准评定的旅游经营者违反本办法规定的，由旅游主管部门建议评定组织依据相关标准作出处理。

第三十八条 旅游主管部门及其工作人员违反相关法律、法规及本办法规定，玩忽职守，未履行安全管理职责的，由有关部门责令改正，对直接负责的主管人员和其他直接责任人员依法给予处分。

第六章 附则

第三十九条 本办法所称旅游突发事件，是指突然发生，造成或者可能造成旅游者人身伤亡、财产损失，需要采取应急处置措施予以应对的自然灾害、事故灾难、公共卫生事件和社会安全事件。

根据旅游突发事件的性质、危害程度、可控性以及造成或者可能造成的影响，旅游突发事件一般分为特别重大、重大、较大和一般四级。

第四十条 本办法所称特别重大旅游突发事件，是指下列情形：

（一）造成或者可能造成人员死亡（含失踪）30人以上或者重伤100人以上；

（二）旅游者 500 人以上滞留超过 24 小时，并对当地生产生活秩序造成严重影响；

（三）其他在境内外产生特别重大影响，并对旅游者人身、财产安全造成特别重大威胁的事件。

第四十一条　本办法所称重大旅游突发事件，是指下列情形：

（一）造成或者可能造成人员死亡（含失踪）10 人以上、30 人以下或者重伤 50 人以上、100 人以下；

（二）旅游者 200 人以上滞留超过 24 小时，对当地生产生活秩序造成较严重影响；

（三）其他在境内外产生重大影响，并对旅游者人身、财产安全造成重大威胁的事件。

第四十二条　本办法所称较大旅游突发事件，是指下列情形：

（一）造成或者可能造成人员死亡（含失踪）3 人以上、10 人以下或者重伤 10 人以上、50 人以下；

（二）旅游者 50 人以上、200 人以下滞留超过 24 小时，并对当地生产生活秩序造成较大影响；

（三）其他在境内外产生较大影响，并对旅游者人身、财产安全造成较大威胁的事件。

第四十三条　本办法所称一般旅游突发事件，是指下列情形：

（一）造成或者可能造成人员死亡（含失踪）3 人以下或者重伤 10 人以下；

（二）旅游者 50 人以下滞留超过 24 小时，并对当地生产生活秩序造成一定影响；

（三）其他在境内外产生一定影响，并对旅游者人身、财产安全造成一定威胁的事件。

第四十四条　本办法所称的"以上"包括本数；除第三十四条、第三十五条、第三十六条的规定外，所称的"以下"不包括本数。

第四十五条　本办法自 2016 年 12 月 1 日起施行。国家旅游局 1990 年 2 月 20 日发布的《旅游安全管理暂行办法》同时废止。